搏动

姚茂敦　卢涵宇　著

山西出版集团
山西人民出版社

图书在版编目(CIP)数据

搏杀主力:读懂短线盘口玄机/姚茂敦,卢涵宇著.——太原:山西人民出版社,2011.1

ISBN:978-7-203-07061-0

Ⅰ.①搏… Ⅱ.①姚… ②卢… Ⅲ.①股票—证券投资—基本知识 Ⅳ.①F830.91

中国版本图书馆 CIP 数据核字(2010)第 245146 号

搏杀主力:读懂短线盘口玄机

著　　者:姚茂敦 卢涵宇
责任编辑:贺权
装帧设计:周周设计

出 版 者:山西出版集团·山西人民出版社
地　　址:太原市建设南路 21 号
邮　　编:030012
发行营销:0351-4922220　4955996　4956039
0351-4922127（传真）　4956038（邮购）
E-mail:sxskcb@163.com 发行部
sxskcb@126.com 总编室
网　　址:www.sxskcb.com

经 销 者:山西出版集团·山西人民出版社
承 印 者:三河市华新科达彩色印刷有限公司

开　　本:787mm×1092mm 1/16
印　　张:15.5
字　　数:200 千字
版　　次:2011 年 3 月第 1 版
印　　次:2011 年 3 月第 1 次印刷
书　　号:978-7-203-07061-0
定　　价:36.00 元

Foreword 前言

华夏历史五千载，泱泱风范今犹在。

万千国人逢盛世，前赴后继入股海！

作为一个具有悠久历史的文明古国，中华民族的先辈在改造自然、发展自我的过程中创造了丰厚的物质财富和伟大的精神财富，并形成了独具东方特色的古典文化。这些传承千年的优秀文化，体现了先辈们对人生、对社会、对自然、对自我的深刻认识及智慧感悟，与此同时，这些历经岁月洗礼和萃取的传统文化正影响着时代发展和社会变革，并将继续影响着我们的未来！

每当走进各大书店，看到摆放整齐、一字排开的股票书籍时，或者走进证券交易大厅，看到人们盯着大屏幕上的股指跳动兴奋不已时，我的内心深处总会泛起一种既高兴又忧虑的复杂情感。让我高兴的是，随着经济社会的快速发展，千百年来中国人的投资意识终于被时代唤醒；而让我忧虑的是，由于缺乏足够的知识储备和心理准备，当年轻的中国证券市场急速发展壮大，投资者所表现出来的，更多是急躁、盲目和慌乱！

为尽可能地解决无数股民想通过炒股增加财产性收入，却苦于技术和经验不足的现实困扰，笔者一直希望对中国悠久的古典文化进行深度挖掘，并将其与年轻而生机勃勃的中国股市有机融合，做一个开创性大胆尝试，让日益庞大的投资者群体，早日成为投资高手，分享到国家经济飞速发展所带来的丰硕成果。于是，便有了读者手中的这套“中国风”股市系列书籍。

众所周知，中国古典文化博大精深、包罗万象，并不是所有的精华都可以与现代股市完美结合并产生强大威力，所以，必须要花费大量时间去细致遴选和发掘。尽管这种工作很是辛苦，但经过笔者夜以继日的不懈努力，终于推出了“中国风”系列书籍。

在《搏杀主力》中，笔者根据反复论证，本书核心内容主要是利用我国古典小说和传统评书中的十八般兵器和技能，将之与股市规律巧妙融合，对“十八般兵器”进行新颖解析，并配以实战案例，指导散户如何练就各种防卫及进攻技艺，以便在与庄家或主力的残酷厮杀中，保全自身力量，并取得最终胜利。

大家都听说过古代有“十八般兵器”，但它们到底是哪些却不一定了解。那么，在我国悠久的历史长河中，“十八般兵器”究竟是什么时候开始出现的呢？据古籍记载，刀、枪、弓、箭为黄帝所造，此后，战国时代军事家孙膑、吴起不断扩充。此后，随着社会进步和冶金工业的日渐成熟，人们开始普遍使用铁和钢铸造的刀、枪、剑，兵器的样式也变得为复杂和丰富。到了明代，“十八般兵器”基本齐全。

因为年代、地区、流派和影响力的不同，“十八般兵器”起码有几十种不同的说法和归类。其中，比较有代表性的有下列几种：

(1) 据《五杂俎》和《坚集》两书所载，“十八般兵器”为弓、弩、刀、枪、剑、矛、盾、斧、钺、戟、鞭、锏、镐(挝)、殳(棍)、叉、耙头、锦绳套索、白打(拳术)。

(2) 汉武元封四年，“十八般兵器”为矛、镗、刀、戈、槊、鞭、锏、剑、锤、抓、戟、弓、钺、斧、牌、棍、枪、叉。

(3) 目前武术界普所指的“十八般兵器”则是刀、枪、剑、戟、斧、钺、钩、叉、鞭、锏、锤、抓、镗、棍、槊、棒、拐、流星。

为便于叙述和分门别类地解析，综合以上几种代表性分类，本书将“十八般兵器”定为弓、弩、刀、枪、剑、矛、盾、斧、钺、戟、鞭、锏、镐、棍、叉、耙头、拐、流星。此举一方面是希望读者在轻松阅读的过程中，多了解一些中华文化的瑰宝，与此同时，通过将这些兵器的作战特性巧妙转换成炒股实战技巧，让散户更容易理解和掌握，达到一书多能的特殊效果。

笔者坚持认为，征战股海是极富个性的实战操作技术，并无标准程序可言，别人的经验或技巧只供参考借鉴，不宜太过迷信。因此，必须说明的是，“中国风”系列书作为独创性尝试，很明显具有好看耐读、简单实用等鲜明特点，但广大读者仍需多一点理性，少一些盲从，坚持以科学理智的态度以及平和从容的心态驰骋股海。此外，要特别指出的是，笔者所著系列书籍既有一定的股票基础知识，又匹配了一些常用的实战技术，尤其适合广大散户朋友们，特别是那些正准备成为股民或已经进入股市半年时间以上的朋友们阅读、借鉴。

随着时间推移，最先由美国次贷危机引爆的全球性金融海啸，如今已硝烟渐散，世界主要经济体已先后进入缓慢恢复期，中国经济更是显示出强劲回升的大好势头。在此，笔者恭祝各位读者投资更理性、获利更稳健、年年发大财！

姚茂敦

2010 年 10 月 1 日

Content 目 录

第一章　拉弓满月：巧用均线系统进行短线狙杀

在武侠小说和影视剧中，我们常常可以看到身大力沉的勇士将弓箭拉直,然后骤然发射,顷刻之间,即可射中百步之外的来敌,并让其很快毙命。最经典的莫过于《射雕英雄传》里的郭靖大侠,他在蒙古草原上弯弓射大雕,其雄姿英发令人叹服。那么,弓箭到底是一种怎样的兵器?它又有何特点?威力如何呢?

弓的起源很早,考古发现,在距今三万年前的山西朔县峙峪文化遗址中有石镞,这表明当时先民已经学会了使用弓。只是早期的弓多为竹或木制,所以作战性能稍显不足。

据考证,黄帝战蚩尤于涿鹿,就是全靠弓的作用而取得胜利,这也是最先用弓作战的人。此后,随着时代进步,用于制造弓的材料和工艺,不断得以改进和提高,逐渐演化成大规模作战的强大利器。并且,后来很多战争中使用的武器,都是根据弓的作战性能和特点演变而来,如射程更远的弩。

作为最古老的一种弹射武器，弓主要由富有弹性的弓臂和柔韧的弓弦构成,当人把拉弦张弓过程中积聚的力量在瞬间释放时,便可将扣在弓弦上的箭、弹丸、石块等射向远处的目标。据记载,一些力气较大的人,可以使弓的有效射程达180米,甚至200米以上。因为杀伤性能特别优异,弓在春秋战国时期应用相当普遍,被列为兵器之首,很多王爷和武将子女,从小就学习射箭。骑马、拉弓、射箭作为一种必备技艺,可以说上至朝廷高官,下至平民百姓都相当流行。

在中国古代历史上,历代朝臣都十分重视弓的制作和使用。因为古代战争,不像现在动不动就是导弹飞机,无需太多步兵上战场。在冷兵器时代,当成千上万的两军士兵遭遇时,无论是攻守城镇,还是伏击战、阵地战,弓箭无疑是最厉害的武器之一,弓箭手在战场上的重要性不言而喻。不过,自从火器问世之后,弓箭的实战作用开始下降。时至今日,除了体育竞赛和游戏项目还继续使用之外,已经很难看到弓箭了。

实战案例:铜峰电子、西飞国际

众所周知,散户来到波涛汹涌的股海,因本身力量太小,技术力量相对薄弱,心理承受能力较低,于是在与大户、机构的直接对抗过程中,常常成为强大对手的口中食物,被杀得筋骨不存。因此,散户与主力共舞,需要讲究策略得当,智勇双全,千万不可盲干,否则后果严重。

为什么这样说?相信大家看了下面的实战例子后,就会一目了然。

2004 年 7 月 7 日,在铜峰电子(600237)上,就上演了机构暗中出逃、散户冲动被套的一幕。作为一只主营电子原器件,当时流通盘仅 8000 万的中小盘股,2003 年收益 0.25 元。当时很受普通散户喜欢。因为铜峰电子属于庄股,长期以来受到市场主力关照,走势经常独立于大盘,截至 2004 年首季,机构持仓量还有进一步增持迹象,人均 3000 余股的持仓结构远远大于市场平均持股数,二级市场中机构通过分散持仓手法拥有千余万筹码。

当时,随着铜峰电子股价不断下滑,深套其中的主力开始坐不住了。为吸引不明真相的中小投资者接盘,主力在 7 月 1 日大幅拉高,当天涨幅更是达到 4.4%,此后几天,主力一直小心稳住股价。7 月 6 日,见时机成熟,主力在该股小幅低开后一路拉升,并放出巨量,似乎给人一种见底回升的感觉。见此情形,很多散户果然中计,纷纷冲进场内,想抢一把反弹。殊不知,待大批人马冲进去之后,由于股价一直被 5 日和 10 日均线等短期均线死死压制,昙花一现之后继续下挫,到 2004 年 8 月 30 日,该股股价更是跌至 5.88 元,见图 1-1,1-2,1-3。

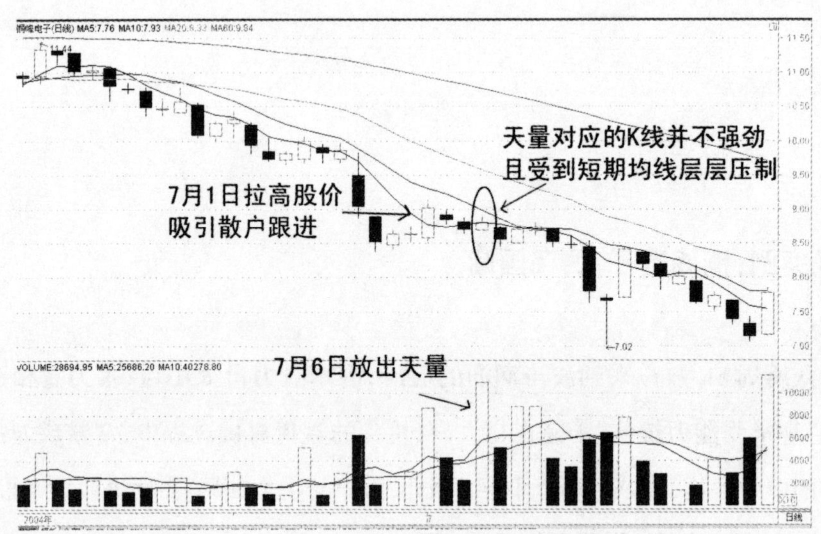

图 1-1 铜峰电子走势图

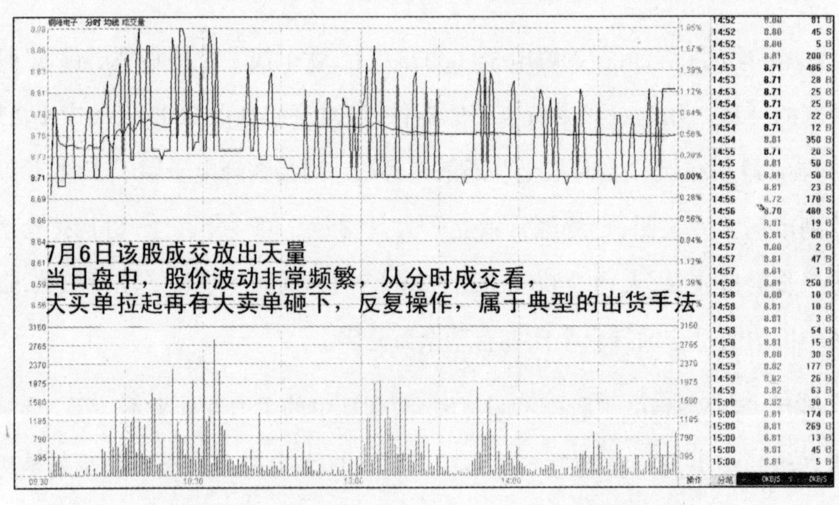

图 1-2 铜峰电子 7 月 6 日盘口研判

该股主力的这一手法,其实并不高深,就是采取对倒制造虚假成交量。其最根本的目的,无非是掩护主力自己出货。据统计,当天主力确实成功出逃了近 200 万筹码。既然主力出逃,那么当时冲动入场的大批散户自然成了替死鬼。

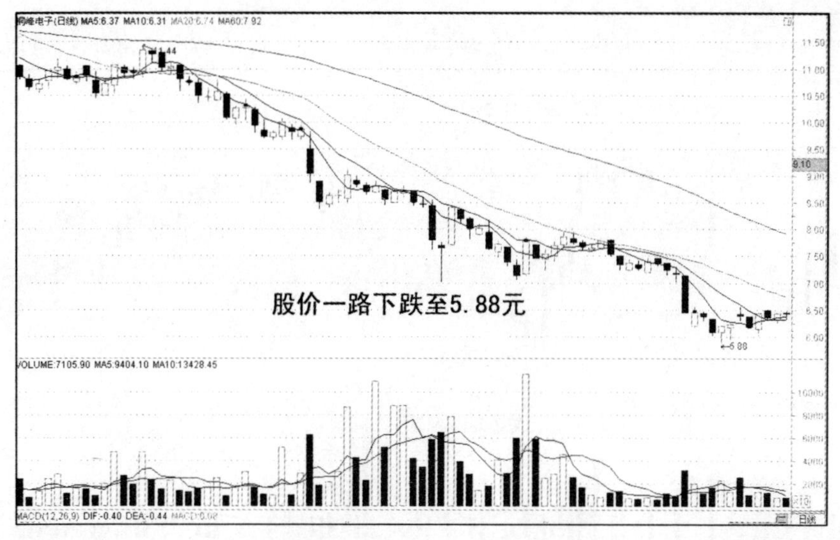

图 1-3 铜峰电子后续走势

说到主力对倒,估计一些读者不太明白其中含义。说简单一点,就是主力机构利用自己控制的多个账户之间相互买卖,制造虚假成交量,从而达到引诱跟风盘或吓唬持股者的一种特殊策略。这种策略一旦使用,在盘面的突出特征是:时不时在下方冒出大买单,但上方立即有更多大卖单砸下来,等股价跌下去后,下方买单再拉升起来,上方再接着出货。一般全天交易下来,股价波动频繁,但总体上处于震荡格局。例如 2009 年 12 月 14 日,西飞国际(000768)(见图 1-2),经过连续涨升之后,主力明明想抓紧出货,兑现利润,于是当天大幅高开,随后来回打压拉升,成交量放出天量。通过对倒,等手里的货出得差不多之后,该股股价立即陷入绵绵阴跌状态。

由此可见,炒股虽然需要胆量,但还需用在恰当之处,否则,有勇无谋,白白成为庄家的口粮,实在得不偿失。这叫好比古人使用弓箭,要想练成百步穿杨的绝世本领,绝对不是单靠天不怕地不怕的一股蛮力就能实现的。在实战过程中,作战者的身法、站式、步法、手法以及呼吸调节、身心配合等均大有讲究。

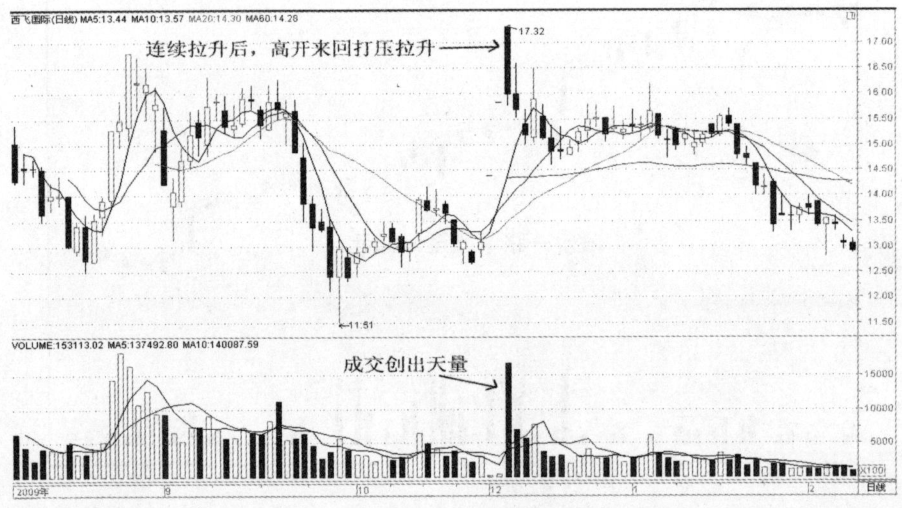

图 1-4 西飞国际

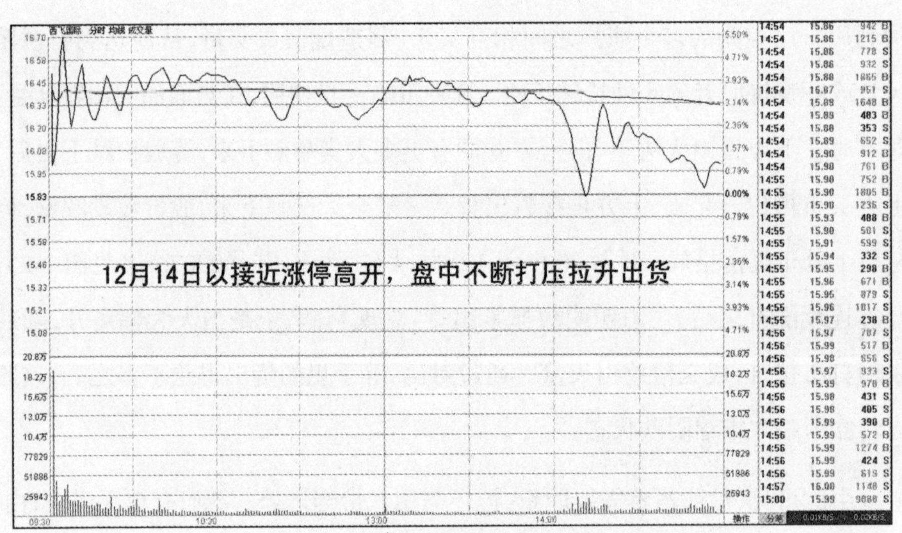

图 1–5 12 月 14 日盘口研判

在案例中,我们讲到铜峰电子股价被5日和10日等短期均线死死压制,最后无奈继续下跌,最终导致很多投资者被套。可能很多人对什么是均线、均线有什么作用等诸如此类的问题却不甚了解。

一、均线是什么

简单来说,均线是移动平均线的简称,是以道·琼斯的“平均成本概念”为理论基础,采用统计学中“移动平均”的原理,将一段时期内的股票价格平均值连成曲线,用来显示股价的历史波动情况,进而反映股价指数未来发展趋势的技术分析方法。

均线的计算方式如下:先将某一时间段的收盘股价或收盘指数相加,除以时间周期,得到一系列的均值点,再连接均值点就得到均线。以5日均线为例,将前5天(包括当天)的收盘价相加除以5,即得到当天的5日均值,再用此方法计算每一天的5日均值点,最后将所有均值点连线即得。

由于均线指标是反映价格运行趋势的重要指标,其运行趋势一旦形成,将在一段时间内继续保持,趋势运行所形成的高点或低点又分别具有阻挡或支撑作用,因此均线指标所在的点位往往是十分重要的支撑或阻力位,这就提供了买进或卖出的有利时机,正因如此,均线系统一直被广泛运用于股票、期货等实战交易当中。

二、什么叫多头排列?什么叫空头排列?

肯定很多读者经常听到什么多头排列、空头排列、但它们到底是什么意思却一窍不通。实战中,K线图中常标以MA5、MA10、MA20、MA30、MA60、

MA120、MA250。其含义分别为5日均线、10日均线、20日均线、30日均线、60日均线、120日均线、250日均线。其中MA60、MA120、MA250又分别被称为月线、半年线、年线。

通常，当均线系统向上，即5日均线、10日均线、20日均线、30日均线、60日均线、半年线、年线等从上往下依次排列，移动平均线托着K线上升即K线在均线左上方时，称为多头排列，那么后市理应看涨，见图1-6。

反之，当均线系统向下，且从K线的右上方压制K线向右下方行进，则称为空头排列，后市理应看跌，见图1-7。特别要说明的是，无论多头还是空头排列，当形成的均线条数越多时，后市保持这种运行趋势的时间就相对更长。

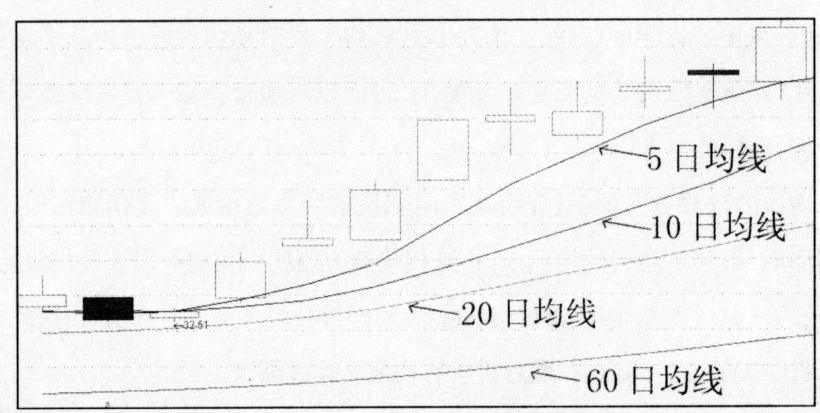

图1-6 均线多头排列

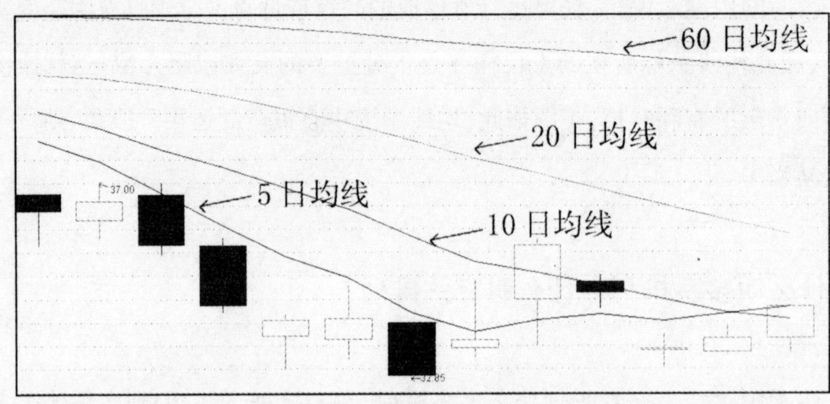

图1-7 均线空头排列

三、短期、中期与长期均线

其实,跟我们常说的短线持仓和中长线持仓一样,对如何划分均线的时间段,至今尚未统一。根据交易经验,人们习惯把 5 日均线、10 日均线划为短期均线。将 20 日均线、30 日均线、60 日均线归为中期均线。而将时间较长的 120 日均线、250 日均线看作是长期均线。

细心的朋友会发现,我们常见的均线有六种颜色。包括白、黄、紫、绿、灰、蓝,其分别代表生成指标线所用的交易天数的不同,分别是 5 日 、10 日 、20 日、60 日 、120 日 、250 日均线。也就是说 5 日均线是以当前收盘价向前推 4 个交易日共 5 天的平均收盘价格的均值生成的,其他以此类推。

不过,大家要注意,不同的交易软件其均线的颜色和代表天数会随着使用者的意愿可作修改。根据不同线还有不同的意义,随着天数的增加均线所代表的支撑和压力又相应增强,一般 5 日 、10 日均线可以确定一个短期股价走势,而均线代表的支撑和压力也只是短期作用,也相对较弱。而 60 日以上均线则能代表更强的压力和支撑,对股价的长期走势也起到了更强的作用,比如 120 日线很多人把它定为牛市熊市的转折点,可见其作用非同一般。

四、怎样运用均线把握最佳买入时机?

对于如何利用均线来判断买入时机,不同的投资者有不同的做法。一般来说,当均线第一次粘合向上发散时,激进型投资者可以先行买进。而当均线第二次,第三次粘合向上发散时,最佳买入时机来临。稳健型投资者可以积极做多,激进型投资者则可以加码买进。

估计有投资者要问:这究竟是为什么?难道买进时机还有一般或最佳之分?

回答是肯定的!这是因为当均线首次向上发散时,多方的力量还不够强大,市场共识也没有完全达成,如果此时空方进行强力打压,或多方暂时未能聚集更多上攻力量,那么反弹行情随时都有可能遭到失败。因此在这种情况下,稳健型投资者为了保险,最好先继续观望,千万别冒险入场。而激进型投资者即便做多,仓位也不能太重,顶多进行试探性轻仓买入。如果均线再次或多次向上发散时,则表明多方拉升已经获得市场认可,人气也逐渐高涨;多方主力再度攻击,很容易吸引跟风盘配合,股价继续上涨的惯性要比首次向上发散时大得多。此时,稳健型投资者可主动出击,而激进型投资者也可以大胆加仓。

肯定有人不明白:为何均线首次向上发散,激进型投资者和稳健型投资者所采取的投资策略有如此大的不同呢?其实说穿了也简单。因为激进型投资者所追求的,是高风险高收益,一看到均线向上发散就觉得买股良机来临,于是提前入场。但是,要注意,如果一旦主力故意诱多,那么先行进场的就可能遭遇很大风险。而看准了趋势形成之后再进场的稳健型投资者,虽然会少赚一点,但不必冒太大风险。

五、怎样运用均线变化判断大盘走势?

按理说,股市操作,每个人用的指标和方法基本一样,但为何有的人经常赚钱,有的人却经常亏损?原因在于,盈利的人善于总结,亏损的人善于跟风。散户要想成为赢家,下面的方法值得仔细研究。

1. 当大盘进入多头市道时, 指数会从下向上依次突破 5 日、10 日、30 日、60 日均线。此时可以谨慎做多。

2. 当多头市道趋于稳定时,5 日、10 日、30 日、60 日均线均向上勾头,并依次从上而下的顺序形成多头排列。此时可以大胆做多。

3. 当10日均线由上升移动而向右下方反折下移时,30日均线却仍向右上方移动,表示下跌只是技术性回调,多头市道仍未结束,可以继续持股。

4. 当30日均线跟随10日均线向下勾头,而60日均线仍然向上移动,表示回调幅度较大。此时可以先行出局观望。

5. 当60日均线跟随10日、30日均线开始向下勾头,表示多头市道已经结束,新一轮空头市道来临。此刻应空仓应对,尽量不要逆势买股。

6. 当大盘处于横盘阶段时,5日、10日、30日甚至60日均线会相互纠缠,表明多空双方力量均衡,大盘方向不明。此时保持观望为宜。

7. 当大盘处于盘局时,如5日、10日均线向上突破上升,则后市大多走高;如5日、10日均线向下回落,则后市大多下跌。此时继续观望。

8. 当大盘由多头市道转入空头市道时,指数首先跌破5日、10日均线,接着依次跌破30日、60日均线。此时不宜买股。

9. 当空头市道确立时,中短期均线会一路压在股价之上,其排列顺序从下向上依次为5日、10日、30日、60日均线,即均线呈空头排列。此时不宜买股。

10. 当大盘处于空头市道时,如指数向上突破5日、10日均线并站稳,是股价初步反弹的先兆。此时可以轻仓做多。

11. 当大盘处于空头市道后期时,如指数向上突破5日、10日均线后又站上30日均线,且10日与30日均线形成黄金交叉,则反弹将继续。此时可以逢低重仓抄底。

12. 当空头市道即将结束时,指数会先后向上突破了5日、10日、30日均线,并突破60日均线,基本表明多头市道重新开始。此时可以全仓追击。

需要特别说明一点,以上技术虽然是以大盘为例,但操作个股时,亦可据此灵活使用。

六、5日均线短线实操技法

因为国情不同和制度设计原因,目前绝大多数散户都宁愿选择风险极大的短线投机,而不是进行长期价值投资。在短线交易技术中,利用5日均线搏反弹较为常见和实用。不过,要特别注意,既然是短线操作,无论成败与否,均不宜过分恋战。根据笔者经验,现将五日均线短线必杀技法介绍如下:

1. 当某只股的股价持续低迷, 然后某日股价开始翻身向上突破5日均线,并且10日均线开始走平或拐头上行时,投机高手可以快进快出抢反弹。但抢反弹的前提最好是股价连续2天到3天站在5日均线之上,并且大盘保持稳定或向上为宜。因为有了这些条件的保证,成功率会提高很多。而当股价经过连续上涨,偏离5日均线过高时,可以考虑先行卖出,及时了结,耐心等待下一次出击机会。因为偏离幅度过大,容易遭遇获利回头压力,造成股价回落。如果不及时出逃,极有可能前功尽弃,最终落得竹篮打水一场空的下场。

实战举例:2009年11月4日,深圳惠程(002168)当天上涨2.55%,并且连续3天有效站稳5日均线,10日均线重新勾头上行,成交量也出现温和放大。如果此时果断入场,胜算较大,见图1-6。

此后半个月,该股股价一路狂飙,5日均线也越来越陡峭。11月19日,由于股价偏离5日均线幅度过大,该股上攻无力,最终回落收阴。实际上,这也预示着调整随时会来。果不其然,就在11月24日,已经赚到盆满钵满的主力开始大肆出货,凶狠向下打压。见此情形,获利盘立即汹涌而出,最终,该股当天暴跌6.89%,并由此拉开了长达一个月的新一轮调整序幕,见图1-7。由此可见,利于5日均线进行短线操作,买卖点的把握至关重要。

2. 当某只股的股价从高位回落,但在5日均线处重新反弹向上时,可以考虑再次介入。因为,这说明股价在5日均线处获得强力支撑,主力后面可能继续拉升。

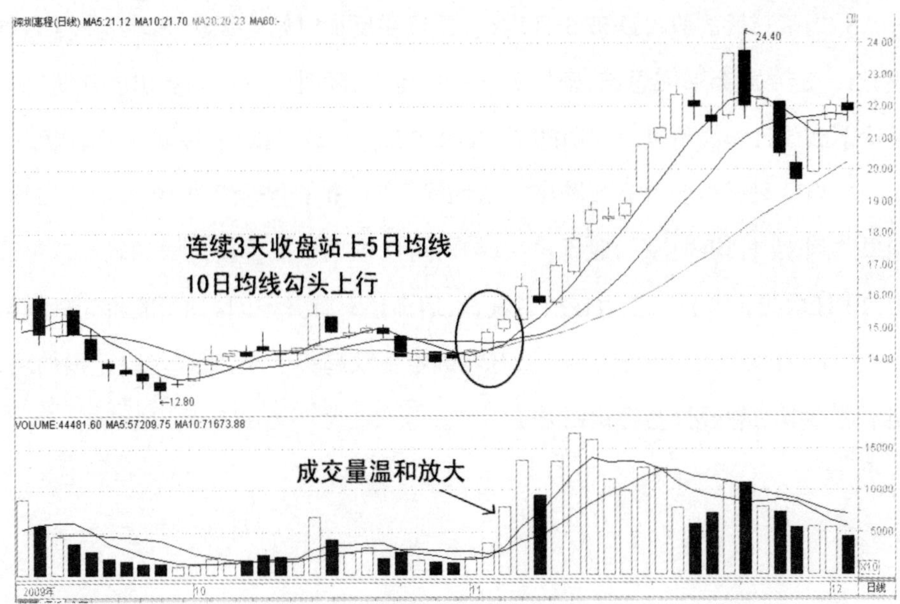

图 1-6 深圳惠程

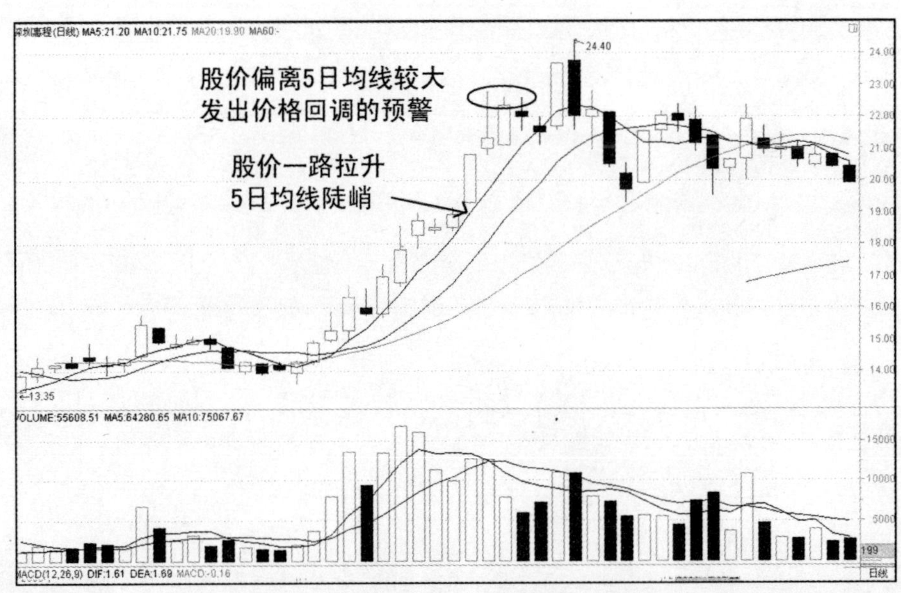

图 1-7 深圳惠程后续走势研判

3. 当某只股的股价跌破 5 日均线，并且在反抽时始终无法重新站上 5 日均线时，一定要放弃追涨思维，密切关注股价走势，随时注意逢高卖出。这是因为股价下破 5 日均线不拼命收回的话，表明多头主力放弃抵抗，短期涨势结束。

4. 当某只股的股价有效跌破 5 日均线之后，多半会继续向 10 日均线靠拢。如果跌到 10 日均线止跌，股价再次回升，可以根据情况重新捡回筹码。这是因为，10 日均线止跌表明主力在故意洗盘，后市还有弹升空间。如果股价先后跌破 5 日和 10 日均线时且无法收回时，基本确定下跌趋势形成，短线坚决止损离场，切不可过多幻想股价会很快回升。

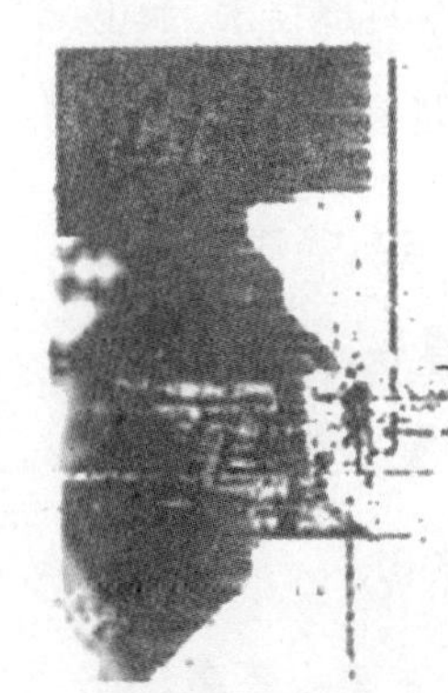

第二章 劲弩爆射：抓住利好利空精选强势个股

弓箭是最古老的一种弹射武器，但是随着社会进步和新形势下的军事需要，人们对弓的要求越来越高。有人就想，如果有更高的穿透力，更远的射程，更好的准确性，那么，毁伤性不是更大吗？可是，弓箭要达到这些要求，难度可谓不小，因人的力量极其有限，当超出了双臂的极限之后，人们就不得不去想其他的办法。在这种条件下弩就应运而生，自然走上了历史的舞台。

弩是我国冷兵器时代用于进攻或防守的重要兵器。相对于制作简单的弓来说，复杂的弩机无疑是人类发展的一大技术进步。有人说，它是黄帝所造。又有人说，它是战国时期的楚琴氏发明的。由于我国有优秀的复合弓制造技术，加上中国战国时期青铜弩机的发明，弩成为了历史上威名远扬的战场利器。

弩是一种构造相对复杂的弓，它主要由弩臂、弩弓、弓弦和弩机等四部分组成。弓横装于弩臂前端，弩机安装于弩臂后部。弩臂用以承弓、撑弦，并供使用者托持；弩机用以扣弦、发射。使用时，将弦张开以弩机扣住，把箭置于弩臂上的矢道内，瞄准目标，只要扳动弩机，弓弦回弹，箭即可爆射而出。

弩的射程比普通弓箭要提高好几倍，杀伤力也更为强大，命中率也更高。据记载，一般强弩的射程可达六百到七百米，特大型床弩的射程更是能达千米以上。正是因为杀伤力惊人，弩是一种让对手胆寒的可怕武器。由于设计巧妙，使用弩时，无须使用者有强健的体魄和超人臂力，只要掌握了操作之法，普通士兵亦能让敌人损兵折将。不过，自南宋以后，火药在军事上的运用越来越广，火铳、火炮等远程武器的发明，使曾经雄霸一时的弩逐渐退出历史舞台。

实战案例:新黄浦、中国软件

对于股市中的散户来说，庄家和机构就像是手握弓弩虎视眈眈的猎人,稍有不慎,散户就会成为庄家手中的“猎物”。而弩的威力,比普通的弓箭更为强大。在实战中,庄家经常利用种种优势,将散户玩弄于“股掌”之间。

客观而言,尽管庄家实力强大、技术高超,但只要我们多花心思,在运动战中学会巧妙避其锋芒,不受恫吓或利诱,同样能够达到让庄家“强弩之末,不穿鲁缟”,看着一块肥肉从嘴边溜走,也只能顿足捶胸,望洋兴叹。

2009 年的 A 股市场,完全算得上一个小牛市,市场上翻倍的股票一抓一大把。但是,就在人人期待年底收官战大红大紫时,国务院终于对老百姓意见很大的高房价开刀。

12 月 14 日，国务院常务会议提出了研究完善房地产市场健康发展的政策措施,被市场认为是地产调控正式开始的信号。随后,从国务院到各部委再到地方政府频频表态,无一例外地,均剑指失去理性的高房价。

12 月 17 日,财政部、国土部等五部委出台《进一步加强土地出让收支管理的通知》,明确开发商以后拿地时,分期缴纳全部土地出让价款期限原则上不得超过一年。

受利空消息打击,第二天,万科、保利、招商地产、金地集团等“四大金刚”掉头暴跌,房地产板块几乎无一幸免,当天更有 10 多只房地产股直接跌停,地产板块整体跌幅高达 6.35%。眼看针对地产领域的调控政策不断出炉,各大券商纷纷下调了房地产股的评级。

然而，就当大家都认为地产股必将在很长一段时间难以翻身时，其中一只却显示出独立于大盘和板块的“霸气”。它就是兼具新上海、参股金融、期货等多种概念的新黄浦（600638），见图 2-1。

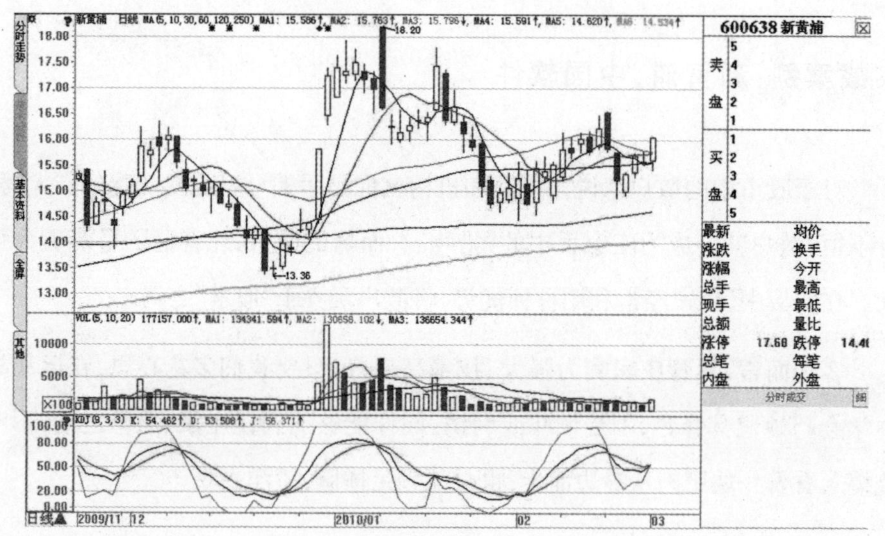

图 2-1 新黄浦

12 月 18 日当天，很多地产股跌幅超过 6%，但新黄浦仅跌 1.67%。表明该股有主力在拼命护盘，该股的“抗跌性”令人眼前一亮。12 月 22 日，万科等地产龙头再度大幅下跌，并拖累两市股指继续下滑。当时，新黄浦出现补跌态势，全天暴跌 5.61%，从表面看，完全给人一种主力已经放弃抵抗，不再勉强维持股价的意图。如同经验丰富的老猎人利用威力惊人的弓弩，对欲与其争抢猎物的对手进行吓阻。见图 2-2。

可是，正当惊恐的散户慌忙割肉出逃时，新黄浦的主力开始展开了雷霆行动！此后两天，尽管大部分地产个股依旧反弹乏力，但新黄浦股价却被连续拉高，KDJ 指标也形成低位金叉。12 月 30 日，沪深大盘双双小幅收出阳线，但新黄浦竟然被封死涨停。

12 月 31 日，是 A 股市场 2009 年的最后一个交易日。当天，沪深股指分别小幅上涨 0.45%和 0.41%，总算以红盘结束年度收官战。但是，新黄浦的主力当天居然再拉涨停。而且，在此后的几个交易日里，地产板块大多下跌的情况下，该股一路走高飙红，甚至拉出阶段新高。见图 2-3。

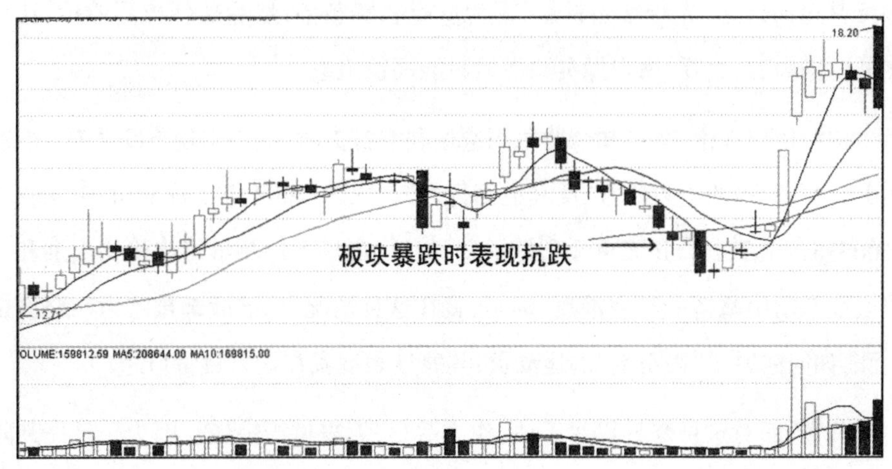

图 2-2

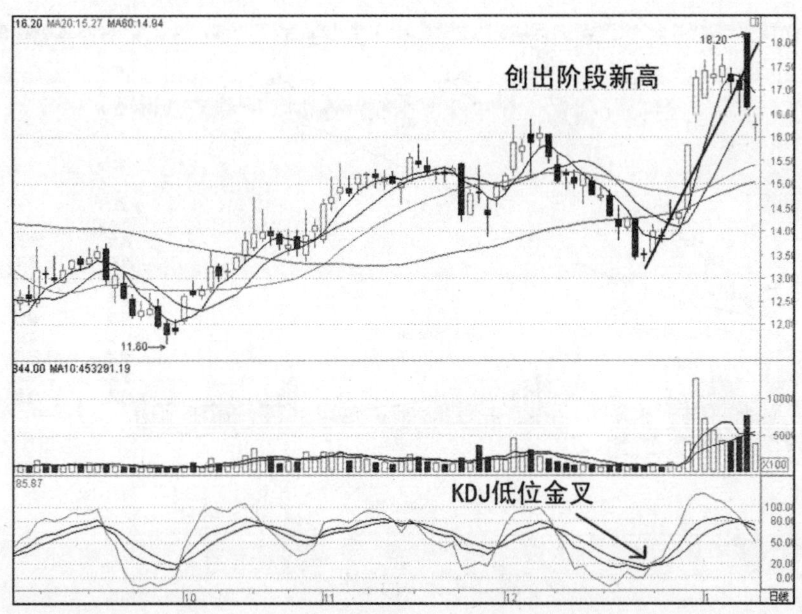

图 2-3

在股市博弈中，我们经常说最大的不变就是变化。随着散户水平的提高，庄家的操盘手法也在不断变化着。按照传统观念，如果庄家意欲运作某只股票时，通常喜欢一上来就连续拉升，引诱你在懊恼之中追高被套。但在新黄浦上，庄家却反其道而行之，先行猛烈打击，人为造成恐慌态势，然后猛烈拉高股价，让你在低位割肉后，大呼“悔之抛矣”，然后只能高位追进。

按照传统理论，市场和个股每当遭遇利空打击时，应该出现下跌才对。但事实上，一些狡猾的主力经常“反其道而行之”。比如，2009 年 3 月上旬，中国软件(600536)（见图 2-4）并无重大利好消息，相反，市场上还相继爆出机构出逃和公司大股东暗中减持的利空消息，但是，就在这种情况下，该股却被主力一路狂拉上涨，如同注射了“兴奋剂”的运动员，其疯狂表现实在让人目瞪口呆！

其实，面对这种怪异操盘手法，作为散户，无需过于惊慌。因为一旦先乱阵脚，就是犯了兵家大忌。笔者认为只要好好运用十二字方针，照样能够轻松应付。这十二字方针是：**避庄锋芒、消除利诱、后发制人**。

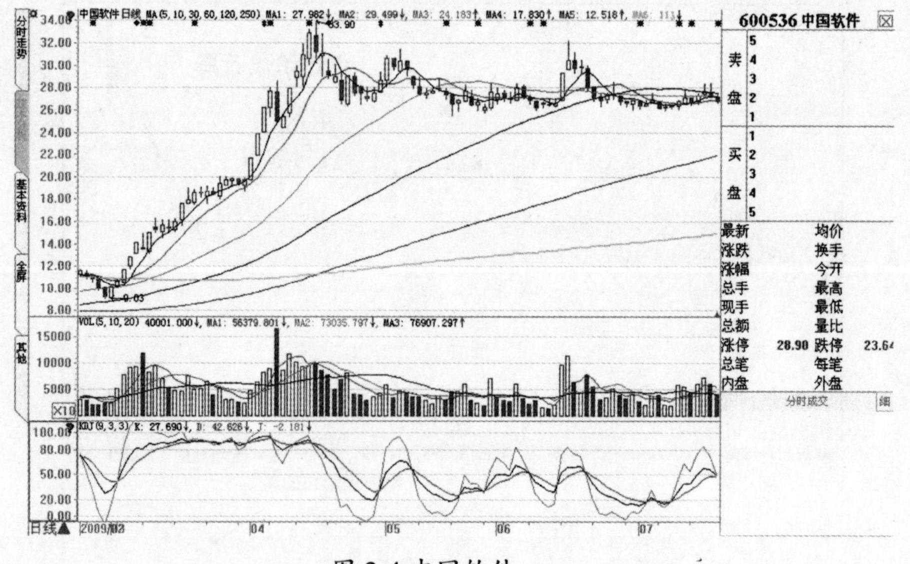

图 2-4 中国软件

在股市中,利好和利空无时无刻不在直接或间接地影响着大盘和个股运行方向。现在,笔者就为大家详细解析相关知识,并且提出应对策略。

一、利好与利空消息

通常情况下,人们将能促使指数、板块或个股上涨的政策或消息,称为利好消息。比如降息、降低股票印花税。因为这些会直接影响上市公司贷款成本和股票的交易成本,从而提振投资者信心和刺激交易热情。

而与利好相反,人们将能够促使指数、板块或个股下跌的政策或消息,称为利空消息。比如大盘股 IPO 重启、大小非减持等。因为这些会增加市场的股票供应,导致资金面供求紧张,从而打击投资者信心和抑制交易热情。

二、利好与利空的辩证关系

我们应清醒看到,所谓的利好和利空,并不是一成不变的,两者之间可以相互转化。比如,2007 年,央行连续加息和提高准备金率,按照一般理解,对股票市场无疑是利空,大盘理应下跌。但因为投资者失去理性,每一次加息,都被视为利空出尽,股指也不断上涨,最终上证指数创下 6124 点历史新高,至今仍难以望其项背。

小时候我们看电影,最喜欢问剧中人“到底是好人还是坏人”,长大了才明白人性之复杂,好人也可能干坏事,坏人的天性中也可能有从善一面。所以,有些股市创新制度,也不能单单用“利好”或者“利空”来做简单划分。比如 2010 年

1月8日中国证监会证实，国务院已原则同意开展证券公司融资融券业务试点和推出股指期货品种。两项创新制度将会如何影响A股市场呢？一些市场人士表示，股指期货和融资融券会引发市场对大盘蓝筹股的追捧，这一群体在A股市场占有极高的权重，因而有可能带来整体估值水平的上行。但与此同时，股指期货有可能令部分高风险偏好的资金从A股市场转移，从而令市场资金面承受重压。股指期货和融资融券对A股市场的影响，或许并不能简单地用"利好"或是"利空"来概括。因为正如其所具有的"双向交易"特征，市场创新的本身就是一把"双刃剑"，在低迷的时候加热，在疯狂的时候降温。

因此，在对待利好和利空消息时，一定要多加分析，万不可机械理解，以免受到误导，遭受不必要的损失。

三、消息面、基本面、资金面、技术面

在很多著作及财经媒体上股市实战中，经常有消息面、资金面，基本面、技术面的叫法，估计有很多散户并不清楚这些说法的真正含义。

1. 简而言之，消息面就是能够影响指数或股价的各种消息。包括前面说到的利好和利空。

2. 基本面主要指宏观经济运行态势和上市公司基本情况。宏观经济运行状况是上市公司进行经营及取得业绩的基础，故与上市公司及股票价格有密切关系。上市公司的基本面包括财务状况、盈利状况、市场占有率、经营管理体制、人才构成等。

3. 资金面则主要表示货币供应量以及市场调控政策对金融产品的支持能力。有时，专指市场上能够用于购买股票的资金宽裕程度。与资金面的指标包括广义货币供应量（M2）、印花税、央行利率等。

4. 技术面指反映大盘及股价变化的各种技术指标、走势形态以及 K 线组合等。

需要指出的是，无论消息面、基本面、资金面、技术面等，都是分析大盘及股价运行趋势的重要依据。在运用时，最好结合起来使用效果更为准确。

四、利率变动如何影响股市运行方向

通常情况下，资金面的变动会影响股市资金供给，对证券市场的中短期，甚至长期趋势造成至关重要的制约或推动作用。按照传统理论，市场利率与股票价格成反比。也就是说，当利率提高时，股指或股价会下跌；而当利率下调时，股指或股价会上涨。

那么，为什么利率的调整会影响到大盘或股价运行方向呢？这是因为：

1. 当利率提高，上市公司的借款成本、利息支出也会相应增加，企业进行扩大再生产和技术升级时，融资能力会变弱。于是，上市公司就不得不削减生产规模，从而影响到公司业绩和利润增长。反映到二级市场上，对应上市公司的股票价格就会下降。与此相反，当利率下调时，股票价格就会上涨。

2. 当利率提高，投资者据以评估股票价值所在的折现率也会上升，股票价值因此会下降，从而，也会使股票价格相应下降；与此相反，当利率下调时，股票价格就会上升。

3. 当利率提高，会诱导股市上的部分资金开始撤离，转而存进银行，会减少市场上的股票需求，促使股票价格下跌。与此相反，当利率下调时，把钱放在银行储蓄的获利太低，人们就会把资金转入股市，对股票的需求从而增加，进而推动大盘和股票价格上涨。

不过，我们说利率与股价运动呈反向变化，只是理论上如此，万万不能生搬硬套。因为，在证券市场的演变过程中，有时这两者之间却是正相关关系。例如，在疯狂的 2007 年，当时市场人气高涨，“全民皆股”，随便一个不懂股票的闭着眼买票就可以赚钱。因此，尽管央行先后六次（时间分别为2007.3.18、2007.5.19、2007.7.21、2007.8.22、2007.9.15、2007.12.21）提高人民币存贷款基准利率，但每次宣布消息后，市场总认为是"利空出尽是利好"，从而推动大盘大多低开高走，毫不理会所谓的利空消息。所以，今后面对这种情况时，务必要综合考虑当时的投资大环境，再做交易抉择。

五、如何判断突发消息有无价值

很显然，无论成熟股市还是A股市场，几乎每时每刻都有各种消息在市场中传播。这些消息，既有真实的，也有虚假的。有无意被人泄露的，也有故意被人放出的。

很多时候，主力要想运作某只股票，对消息的发布、建仓、洗盘、拉高以及出货方案等均有严密的计划，在实施这些计划时多有上市公司以及舆论界的配合，以到达预期目的。比如，庄家想在低位吃货时，相关公司会发布一个公告，说"我公司与某某公司重组失败，敬请广大投资者注意投资风险"。见此利空消息，散户大多会割肉逃命，而庄家则暗中吃下廉价筹码。待时机成熟后，公司又发布一个公告，称"经反复与重组方努力，重组有望重启"。见此利好消息，散户又着急买进，庄家只需稍微用力一拉，股价就会一路上扬，并在单边上攻过程中，不断派发获利筹码，让不明就里的散户高位"站岗"。

正是通过有计划、有预谋的连贯动作，庄家经常把散户搞得晕头转向，从而实现盈利目标。那么，作为股海中的弱势群体，我们又该如何去甄别消息真伪、判断其有无价值，从而减少上当的次数，达到保全有生力量甚至发现新的战机。

1. 从长远大局判断消息对大盘影响

利空消息在多头市场中就会形成一个良好的介入机会，由于多头市场人气鼎沸，强劲的购买欲一时很难平息，因而利空只造成短线客的出逃观望，不会造成大的下跌。例如，为进一步促进证券市场的健康发展，经国务院批准，财政部决定从2007年5月30日起，调整证券(股票)交易印花税税率，由现行1‰调整为3‰。这就是历史上著名的“5.30半夜鸡叫”。这一特大利空公布之后，立即引发股指连续狂跌。2007年6月4日，上证指数竟然暴跌8.6%。然而，正当投资者纷纷夺路出逃时，却没想到在“全民皆股”的巨大投资热潮中，股指再度翻身上扬，并一路狂涨。

从这一事例中，我们不难看出，要研读一些突然出现的利好(利空)，到底是否适合果断出击，还得从长远大局来进行战略考量。如果当时，有人敢于在利空突发时，大胆买股，抄底入市，后面必定大赚特赚。

2. 从战略高度判断消息对板块影响

2010年1月4日，国务院发布《关于推进海南国际旅游岛建设发展的若干意见》，为海南未来定位及发展明确了方向，同时中央给予海南投融资、财税、土地、行业开放等诸多政策支持。“意见”将海南国际旅游岛建设上升为国家战略，足见国家对未来海南发展的重视，其中免签证和零关税了成为最受外界关注和热议的看点。

其实，在《关于推进海南国际旅游岛建设发展的若干意见》出来之前，相关海南板块个股就已经有主力资金关注，并且在股价上有所反应。而真正等《意见》公布之后，以罗顿发展(600209)、海德股份(000567)、海南航空(600221)、海峡股份(002320)为代表的一批海南板块个股立即闻风起舞，纷纷争相创出阶段性新高。

以上情况表明，类似《关于推进海南国际旅游岛建设发展的若干意见》这样的利好政策，从战略高度看，肯定将对区域内相关上市公司构成长期利好。所以，在实战中，如果再次遇到这种情况，大家首先要经过认真分析，尽快判断消息是属于短期利好？还是中期或长期利好？以便据此作出不同的操作策略。倘若只是短期性利好，最好不要盲目追高，以防提前进驻的庄家借利好消息掩护出货。而一旦确认属于中长期利好消息，即便是消息公布之后再择机介入，同样能获得不菲收益。所以广大散户朋友要分清某消息到底是“短期利好”、“中长期利好”或者“虚假利好”，不但需要在市场上摸爬滚打的时间经验，还需要良好的耐心和敏锐的视角，才能“凭靠一双慧眼，让我把这纷扰看得清清楚楚明明白白真真切切”。

六、突发消息配合技术指标选股技巧

实战中，每当我们遇到上调存款准备金率、提高印花税、央行加息等突发消息时，又该如何选股呢？笔者认为，要确保成功选到牛股，以下几点条件最好能满足部分或全部。

1. 尽量选择突发消息构成利好的板块个股。
2. 尽量选择均线、KDJ、MACD 等技术指标保持完好的个股。
3. 尽量选择成交量稳步放大的个股。

实战举例：2010 年 3 月 22 日，在湖北省经济形势及重大项目信息通报会上，该省发改委主任许克振介绍，截至目前，全省重大项目库已入库项目 3.76 万个，投资总规模达 12.06 万亿元。这些项目，最迟将在“十二五”初期集中开工建设。

这一庞大投资计划，几乎接近湖北省 2009 年 GDP 的 10 倍。

很明显，这一计划对湖北相关区域概念股构成重大利好。然而，消息公布之后，不但立即遭到社会各界广泛质疑，二级市场似乎也没有什么太大动静。不过，这一切只是表面现象，事实上，表面的背后是暗流涌动。就在 3 月 24 日这天，沪深股指表现低迷，但以武汉控股（600168）（见图 2-5）为代表的湖北板块却大放异彩,全天竟然有 7 只封死涨停。

如果投资者稍微细心一点,对照笔者前面提到的几点条件,我们不难看出,无论从多头排列的均线系统、金叉向上的 KDJ 指标、红柱放大的 MACD 指标,以及规则增加的成交量等诸多方面来看,武汉控股有即将短线爆发的种种迹象,其实在 3 月 23 日已经露出端倪了,见图 2-6。至于 24 日和 25 日连续两天的强势涨停,只不过是有备而来的多头利用突发利好消息进行一场华丽的表演而已,见图 2-7。

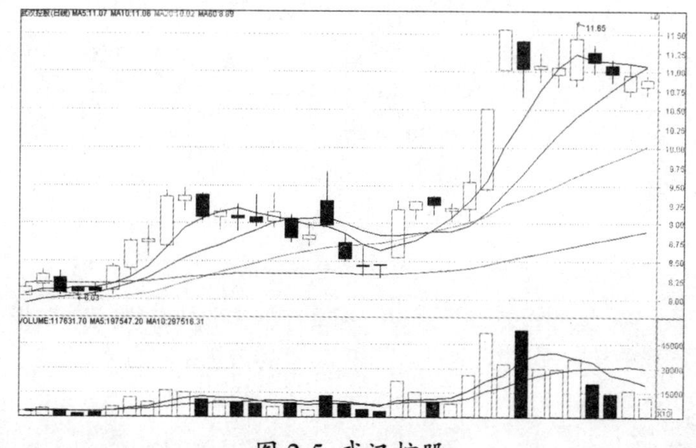

图 2-5 武汉控股

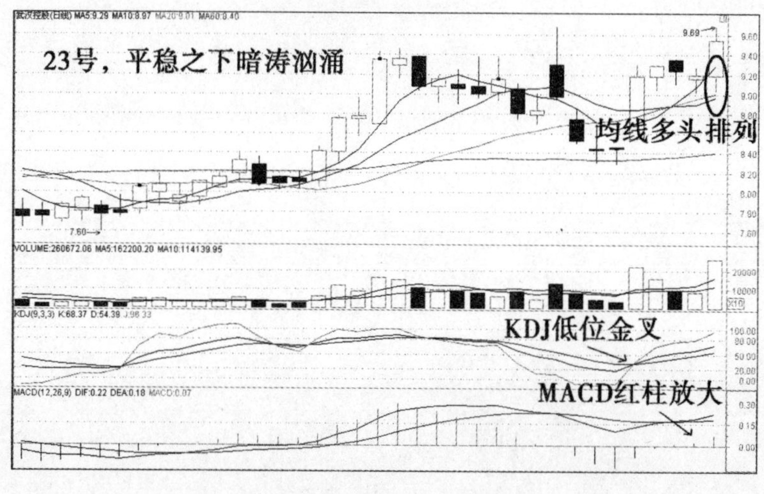

图 2–6

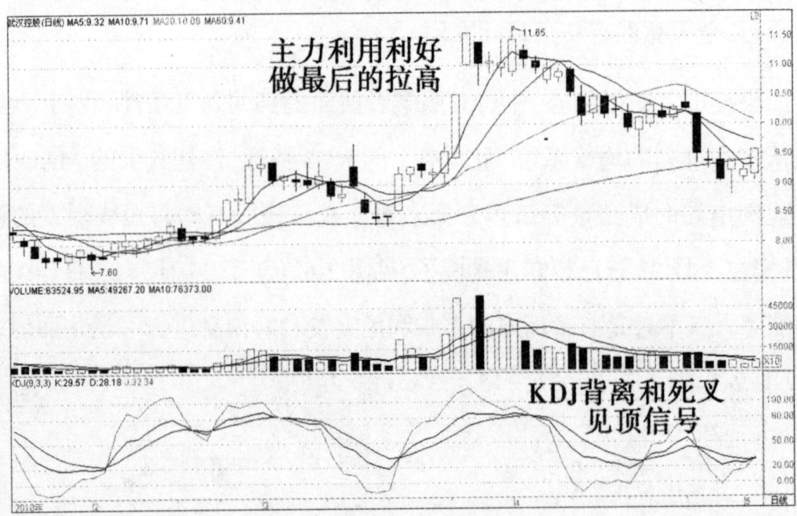

图 2-7

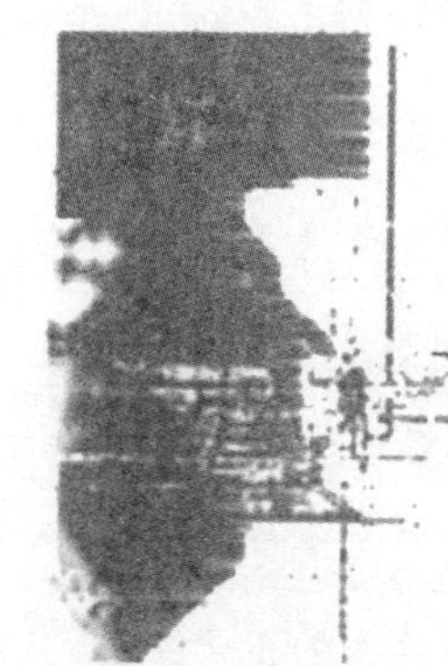

第三章 快刀频出：会用KDJ指标保证交易胜算

在我国悠久的军事历史上哪种兵器最常见最平民化？刀！没错！如果给五花八门造型各异的兵器排序，刀无疑将雄居“草根”首位。

刀是我国最早出现的兵器之一。刀的最初形态，与钺非常接近。其形状为短柄，翘首，刀脊无饰，刃部较长。据考证，在原始社会，古人类就用石头、蚌壳、兽骨打制成各种形状的刀，用它切、砍，划、刮，或割兽皮之用。古人不仅用刀作为劳动工具，还随身携带作为防身自卫的武器。在我国历史上，随着时代变迁，刀的发展也经历了漫长岁月。从殷商的铜刀，到后来明朝的腰刀。刀的制造工艺越来越高，刀刃也日趋锋利，由此，中国还曾经出产过一些声名遐迩的名刀。

因为极具雄浑、豪迈、威猛的风格，刀可谓声名远播。很多武林高手，常用“刀如猛虎”来描述刀的勇猛彪悍，雄健有力。简略来看，刀的种类很多：比如大刀、短刀、马刀、砍刀、单刀、双刀等几十种，而且，不同的刀，也有不同的使用方法。例如大刀，其作战特点是，能做到劈、抹、撩、斩、刺、压、挂、格等。单刀讲求裹胸和劈、砍、刺、撩、抹、拦、截等，而双刀则讲究两手用力均匀，刀式清楚，步点灵活，上下协调。刀在使用时可谓千变万化，招式灵活，堪称近身攻击的王者兵器。

武侠小说作家都有最钟爱的一种武器，这形成作家独特的个人风格，比如梁羽生之剑、温瑞安的神秘力量，古龙的刀。1981年2月12日夜，古龙在新著《飞刀·又见飞刀》序中深情地讲到“刀之情结”：刀不仅是一种武器，而且在俗传的十八般武器中排名第一……刀是普遍化的，平民化的。所以，古龙认为，用刀，不必在高雅中求精彩，自可在平凡中见伟大。刀与剑相比，虽然不足“优雅”或“贵气”，但它的平民彪悍作风，使之无愧于“十八般兵器”的重要一席。

有人说：“剑是君子所佩，刀乃侠盗所使”。这说明在古时候，你佩戴什么兵器，其实还有另外一层身份象征意义。随着时代进步，现在少有人随身带刀，但学习这些知识，有利于增强民族自豪感，亦可将相关知识延伸到股市操作中。

实战案例:德赛电池、智光电气

在 A 股市场,随着市场规模不断壮大,国人投资意识开始觉醒,参与股市交易的人群也变得日趋庞大。在数以亿计的股民群体中,有掌控过亿资金的机构投资者、身价千万的企业家、手握百万的职业投机客;也有月薪几千的都市白领、尚在读书的大学生更有赋闲在家的退休老人。

在上述各种角色中,前面三种在理论上有成为市场主力或庄家的条件及能力,只不过,因自身资金大小和社会背景不同,其影响大盘或个股走势的控制力则多少有些区别。而后面几种人,因身单力薄,就是我们常说的散户投资者,庄家或主力经常欺负的特定对象。

虽然,投身股海,人人都渴望赚大钱。但事实上,人人都赚钱根本不现实,否则那这个市场就无存在的必要了。说得通俗一点,按照“七亏两平一赚”规律,在多数情况下,亏损的始终占大多数,而且,多半是散户。

于是,很多散户朋友就要捂着心口皱着眉头跺脚询问了,为什么受伤的总是我?为什么亏损的总是我们?我们和主力使用一样的技术指标啊?难道他们就真的要比我们聪明比我们好运?

其实事实并非如此!就是两柄一模一样的刀,即便它们所铸造的工艺和质量完全相同,可到了不同的人手里,有人拿着纯属废铁,有人却令它威力无穷。古有“明珠暗投”一语,自然也有“宝刀蒙尘”之憾。那么,到底原因何在?为什么削铁如泥的“屠龙刀”到了某些散户手里,还不如一把生锈钝刀?经过梳理,笔者认为散户之所以容易遭遇失败,是因为他们容易成为下面几种人:

1. 热衷学习，杂而不精

很多散户，算得上绝对的勤奋努力。但凡打听到哪里有名师的证券讲座，无论代价多高必定去早早占座洗耳恭听。看到书店有证券新书上市，无论是国内还是国外的，统统买回来拼命研读。从表面上看，这类投资者的“勤学苦读”应该受到表扬。可实际上，一旦到了实战阶段，他反而被脑海里各种各样的所谓大师绝招、经典理论弄得云山雾罩、糊里糊涂，在投资时不能举一反三，将理论应用于实践，更遑论有什么好收益了。

2. 毫无主见，盲目跟随

我们知道，很多人之所以毫无主见，关键在于自己基础薄弱，缺乏自信。可还有一种人，是性格上本身就属于随从型，缺少担当，不敢自己做决策，总认为只要跟随他人就不会犯大错。港剧《溏心风暴之家好月圆》里，一个年迈的“云婆婆”拿了棺材本去买股票，几天就亏成废纸一张，她还不相信地大嚷：不会的不会的，人家说要赚几倍的！最终看到自己一生积蓄化水东流，她气得晕倒住院。事实上，电影电视里太多这种盲信他人而亏得跳楼自杀的“股盲案例”，正是因为自己有意无意把决定权交给了别人，极易养成盲目跟随的惰性，长此以往，听见谣言就见风见雨，不亏才怪呢。

3. 死不认错，反复跌倒

俗话说：知错能改，善莫大焉！可就是有很大一部分人，明明知道自己不该在大盘下跌趋势形成时心存侥幸，乱抢反弹，更不该被主力用同样的手法欺骗无数次，但他就是死不认错，置“吃一堑，长一智”的古训于不顾，脾气死倔，不承认投资失误，宁愿选择在同一个地方反复跌倒，扩大亏损。

4. 无所畏惧，疯狂做多

前面我们说了，这炒股是技术活，也是心理战。必要的勇气和良好的心理素质缺一不可。可是在市场上，始终有一部人偏偏满脑子都是多头思维，大盘涨了，他不断买进，坚定认为后面还有新高。大盘跌了，他照买不误，因为逢低介入，持股待涨收获更大。可他就是不愿抬头看看外面的"天气"变化。比如外围市场、全球经济情况、国家财经及货币政策等有无转向，统统一概不管。所以，一厢情愿，井底观天，疯狂做多大都结局糟糕。

5. *左右打探，渴求内幕*

过去，由于游戏规则不够健全，人们将捕捉超级大黑马寄希望于到处打探所谓的内幕消息。而随着相关法规的完善和监管水平的提高，市场上公开透明的信息越来越多，上市公司披露信息的渠道也变得更加正规，从而使得这种现象稍有减少。但是，不可否认，由于很多不良上市公司、大股东以及利益攸关方利欲熏心，依靠"内幕门"大发横财的事件时有发生，于是乎，也导致很多散户疏于锻炼自身能力，而是乐于到处打探所谓的内幕消息。殊不知，等拿到"绝密利好消息"你兴冲冲入场时，人家早已吃饱喝足，专门让你接棒站岗，傻乎乎地接下"烫手山芋"，然后惊觉自己"高处不胜寒"呢。

很明显，以上几种散户，在股海淘金时，不是被巨大的浪花打得分不清东西南北，就是成为"最后的裸泳者"。而只要我们用心分析，不难发现，散户频频遭遇陷阱，归根结底要么是不愿加强自身学习，要么是不懂得如何去科学合理地运用相关知识。

在下面的实战案例中，小王正是因为平日学的知识和指标太多，临场发挥时，他始终不敢下手，犹豫徘徊举棋不定，最后竟然白白错失赚钱良机。

2008 年，全球股市无一例外均遭受金融危机的严重冲击。10 月 6 日，A 股市场迎来国庆后第一个交易日。当天早盘，德赛电池(000049)(见图 3-1)高开后，以"迅雷不及掩耳之势"直奔涨停而去。而当时的大盘，沪市低开于 2267 点，盘中几无反弹，最终上证指数全天暴跌 5.23%。

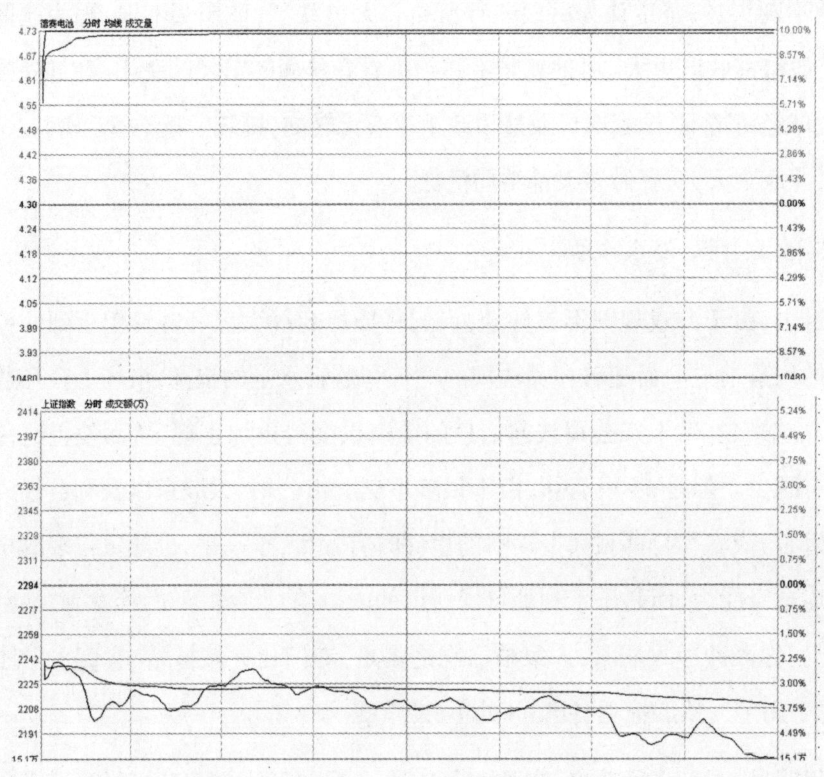

图 3-1 德赛电池与大盘走势对比

按理,当天的大盘形态恶化,确实不该冲动买股。但经过 10 月 6 日和 7 日连续两天的逆势涨停,可以清晰看出德赛电池的主力实力强大,其股价走势已经完全独立于大盘。从技术上看,该股 MACD 指标虽然仍未上穿 0 轴,但已经向上发散;而且,KDJ 指标更是在 9 月 26 日即已形成金叉,短期向上攻击趋势明显,见图 3-2。

10 月 8 日,该股收出十字线,量能继续保持放大,属于典型的上涨中继,也正是大胆买入的好时机。但小王因为一直死记硬背"做个股,必须看大盘"的规则,也认为该股已经突破 BOLL 线上轨,随时会被打压下来。与此同时,他还考虑到诸如 BIAS(乖离率)、DMI(动向指标或趋向指标)、RSI(相对强弱指标)等指标是否也全部符合，而当他瞻前顾后，老下不了决心时，该股股价是一路攀升。无奈之下，小王只好眼睁睁看着一只大牛股扬蹄狂奔，扼腕叹息，可这一切都已经“悔之晚矣”，再捶足顿胸又有何用？见图 3-3。

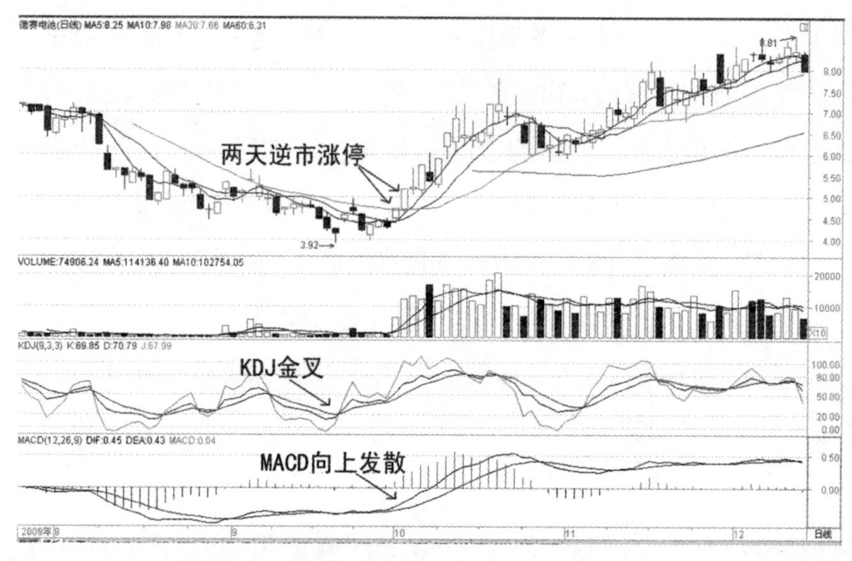

图 3-2 德赛电池技术研判

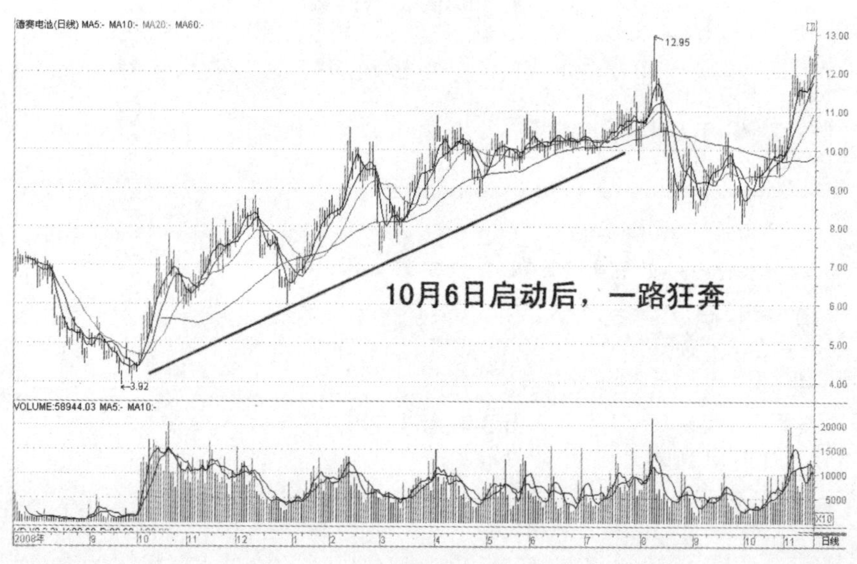

图 3-3 德赛电池

笔者经常说,因为股票市场变化是在太快,如果等你什么都考虑好了才下手,那么赚钱的机会也会很快溜走,真是“过了这村找不着这店”。特别是做短线的朋友,只要能把两到三个常用的指标运用好,一旦机会来临时,一定要敢于主动“亮剑”,而不必过于计较一些细枝末节。例如:智光电气(002169)(见图 3-4),如果 2009 年 11 月 2 日当天你不敢买入,很正常。因为当日沪深大盘走势强劲,该股表现一般。但在第二天,大盘继续上涨,配合相当良好,并且,智光电气平淡开盘后,先后突破 5 日和 10 日均线,同时,MACD 指标白线上穿黄线,KDJ 指标已经形成金叉,量能也出现温和放大,如此绝佳机会不果断介入更待何时?事实证明,尽管此后几天的大盘还算平稳,但智光电气却是一口气连续三天封上涨停,其靓丽表现可谓牛气逼人。如果在“牛股抬头”时就善于入场,坐稳“牛背”,还担心不赚个眉开眼笑么?

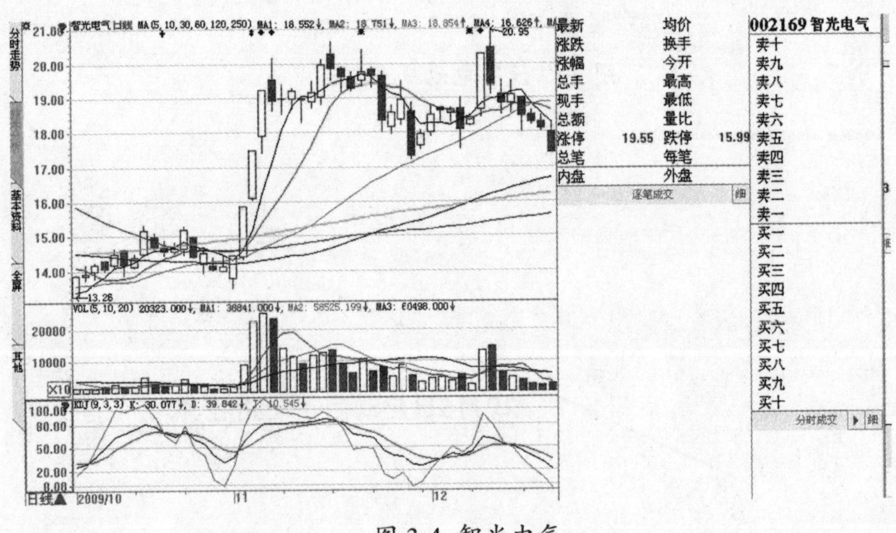

图 3-4:智光电气

正如本章引言中指出的,虽然武器种类繁多,但作为最常见的武器,练武的人大多会使用刀。只不过,造诣高的使用起来变化多端,杀敌威力强大。而造诣低的人,总觉得刀太普通,不如多练几种其他兵器,可是到头来,却样样都练不精,学武多年依然技艺平平。

在股市搏杀,很多散户觉得学到的技术指标和理论知识越多,炒股时必定厉害无比,屡战屡胜。但是,他或许并不知道,炒股完全是个性化操作,并无标准技术,只要掌握两三个最基本最适合自己的技术,就是最厉害杀敌武器。如同随处可见的刀,看起来极为普通,但修为高的人却能“人刀合一”,将刀的优势发挥得淋漓尽致,占尽先机。下面,笔者就为大家介绍“股市快刀”,即 KDJ 指标。

一、KDJ 指标的概念

中文名称叫随机指数。最先用于期货市场,由乔治·莱恩首创。这一指标主要通过当日或最近几日最高价、最低价及收盘价等价格波动的波幅,来反映大盘或股价中短期运行趋势。KDJ 指标有三条曲线,K 线、D 线和 J 线。在应用时主要从五个方面进行考虑:KD 取值的绝对数字;KD 曲线的形态;KD 指标的交叉;KD 指标的背离;J 指标的取值大小。其中,K 为快速指标,D 为慢速指标,当 K 线向上突破 D 线时,表示为上升趋势,可以买进;当 K 线向下突破 D 线时,可以卖出,又当 KD 值升到 90 以上时表示偏高,跌到 20 以下时表示偏低。太高就有下跌的可能,而太低就有上涨的机会。见图 3-5。

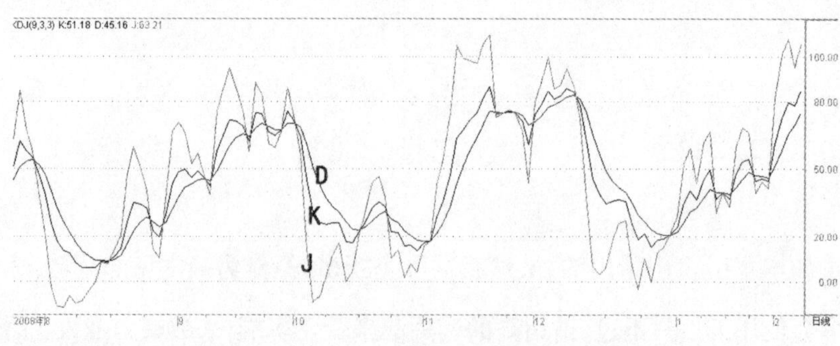

图 3-5 KDJ 指标

二、KDJ 指标的原理是什么

随机指标 KDJ 是以最高价、最低价及收盘价为基本数据进行计算，得出的 K 值、D 值和 J 值分别在指标的坐标上形成的一个点，连接无数个这样的点位，就形成一个完整的、能反映价格波动趋势的 KDJ 指标。它主要是利用价格波动的真实波幅来反映价格走势的强弱和超买超卖现象，在价格尚未上升或下降之前发出买卖信号的一种技术工具。它在设计过程中主要是研究最高价、最低价和收盘价之间的关系，同时也融合了动量观念、强弱指标和移动平均线的一些优点，因此，能够比较迅速、快捷、直观地研判行情。

随机指标 KDJ 最早是以 KD 指标的形式出现，而 KD 指标是在威廉指标的基础上发展起来的。不过威廉指标只判断股票的超买超卖现象，在 KDJ 指标中则融合了移动平均线速度上的观念，形成比较准确的买卖信号依据。在实践中，K 线与 D 线配合 J 线组成 KDJ 指标来使用。由于 KDJ 线本质上是一个随机波动的观念，故其对于掌握中短期行情走势比较准确。

三、当 KDJ 钝化时怎么办

前面说了，KDJ 指标是进行股票交易使用最多的指标之一，它的最大优点是反应敏感,能给出非常明显的入场和离场信号。但是,KDJ 指标的缺点同样也比较明显,就是容易产生低位钝化和高位钝化,从而导致投资者要么入场太早被套,要么离场太早损失利润。

那么,一旦遇到这种问题,我们又该怎么办才好呢?笔者认为,下列方法基本可以解决上述困扰。

A. 如果我们在在日 K 线图上看到 KDJ 出现低位金叉,但无法确定是不是入场信号时,可把它替换到周 K 线图上去观察,如果在周 K 线图上也是低位金叉,那么说明这一信号得到验证,此时做多正确的概率极高。倘若周 K 线图上看到的却是下跌,则日 K 线图上的低位金叉有可能是庄家诱多,此时千万不要盲目做多,以免操作失误,造成不必要的损失。

B. 鉴于 KDJ 指标太过敏感,有时经常太早给出信号。那么,我们在操作时,可以通过观察 KDJ 指标的形态来确认入场和离场时机。比如,当股价遭遇连续下跌,KDJ 指标在低位形成双底,或者 W 底,多重底时再积极做多,则胜算较大。相反,经过连续拔高之后,如 KDJ 在高位形成双头、M 头或者头肩顶时,及时抛股离场较为安全。

C. 当大盘或股价进入单边市时,无论是上涨还是下跌,KDJ 指标会反复多次发出信号。但是,此时这种信号极具欺骗性。为防止此种情况出现,可以在 K 线图上自行添加一条下降趋势线或上升趋势线,只要大盘或股价没有有效突破该线,不要过分相信 KDJ 指标所发出的信号。

四、日、周、月线结合判断有何妙用

大家知道,为了防止主力骗线,那么,我们在炒股时,经常将短期、中期、长期均线或 K 线结合起来研判,力求做到风险最小,盈利最大。同样的道理,在运

用 KDJ 指标时,这种方法也比较有效。方法如下:

A. 当 KDJ 日线、周线、月线全部形成低位金叉时

通常,若目标股日线 KDJ 指标的 D 值小于 20,KDJ 形成低位金叉,而此时周线 KDJ 的 J 值在 20 以下向上金叉 KD 值,或在强势区向上运动;同时月线 KDJ 也在低位运行,方向朝上,此时果断进场,一般该股会有一波强劲上涨行情。

B. 当 KDJ 日线形成金叉,但周线和月线处于高位时

若目标股日线 KDJ 指标在低位金叉,而周线 J 值在 90 以上,月线 J 值在 80 以上运行,这表明该股涨幅将尽,随时可能掉头向下,出现深幅调整,此时最好的策略是先行卖出或持币观望为宜。

C. 当 KDJ 日线形成金叉,周线 KDJ 向上,但月线 KDJ 向下时

若目标股日线 KDJ 指标形成金叉,周线 KDJ 的运行方向朝上,但月线 KDJ 的运行方向朝下,则可能是反弹行情,如要参与,也要严格控制仓位。

D. 当 KDJ 日线形成金叉,月线 KDJ 向上,但周线 KDJ 向下时

若目标股日线 KDJ 金叉,月线 KDJ 向上,但周线 KDJ 的运行方向朝下,很有可能是庄家故意设局打压洗盘,引诱散户交出手中筹码。一旦周线 KDJ 方向扭头上行,后市会有更大升幅。

E. 当 KDJ 日线、周线、月线全部处于高位时

若目标股日线 KDJ 的 J 值大于 100,周线 KDJ 的 J 值大于 90,月线 KDJ 的 J 大于 80,表明 KDJ 指标已经超买,股价可能随时回调。获利较大的投资者,应随时准备抛股离场,锁定利润,回避风险。

F. 当 KDJ 日线处于高位,周线和月线处于低位时

若目标股日线 KDJ 的 J 值在 100 以上,而周线和月线运行在低位,方向朝上,最好等待股价回调后,并且日线 KDJ 重新形成金叉再入场。

五、日线 KDJ 指标短线实操技法

KDJ 属于实战性特别强的基本指标之一，一些短线高手，甚至不用其他指标，仅用 30 分钟和 60 分钟 KDJ 来决定买卖，即可实现盈利目标。但笔者认为，由于 A 股市场经常出现与外围市场走势相背离的情况，并且变盘时间很短，就算上午买股时，30 分钟和 60 分钟 KDJ 指标很完美，一旦等你杀将进去，下午突然风云突变，尾盘跳水，极易遭遇当天买入，当天被套的风险。因此，我个人比较喜欢使用日线 KDJ 指标，而且成功率极高。当然了，由于不同的人习惯和性格有别，于是会出现很多种不同的使用方法。而下面的方法，就是笔者经常使用的，感兴趣的朋友务必记住：

1. 当 K 线从低位上穿 D 线时，通常可择机建仓买入。相反，当 K 线从高位下穿 D 线时，则可择机高抛卖出。

2. 一般情况下，KD 的运行区间为 0～100，50 可被视为中轴线。

3. 如果大盘或个股处于牛市，50 是回调的重要支持线；如果大盘或个股处于熊市，50 则变成了反弹的重要压力线。

4. 当 K 线进入 85 时，可视为超买，10 以下可视为超卖；与此同时，当 D 线进入 75 以上时，可视为进入超买区，15 以下则为超卖区。

5. J 值的取值范围更广，一般区间为 0～100，但极限时可以超过 100 或小于 0。实战中，当 J 值大于 100 时，可先行卖出了结利润。而当 J 值小于 0 时，可大胆入场建仓。不过，考虑到 KDJ 指标有钝化的情况，实操时也需保持灵活，不可生搬硬套。

实战举例：2007 年 7 月 5 日，沪深股指当天大跌 5.25%和 5.8%，而莱茵置业（000558）更是直奔跌停。然而，第 2 天，两市大盘双双暴涨，大盘 KDJ 指标形成金叉，此时，莱茵置业的日线 KDJ 指标也出现积极变化。见图 3-6。首先，KDJ

指标已经形成完美低位金叉，这可从 J 值由负转正，K 值和 D 值均在 20 以下，K 线由下上穿 D 线，这些明显信号已经显示买入时机来临。

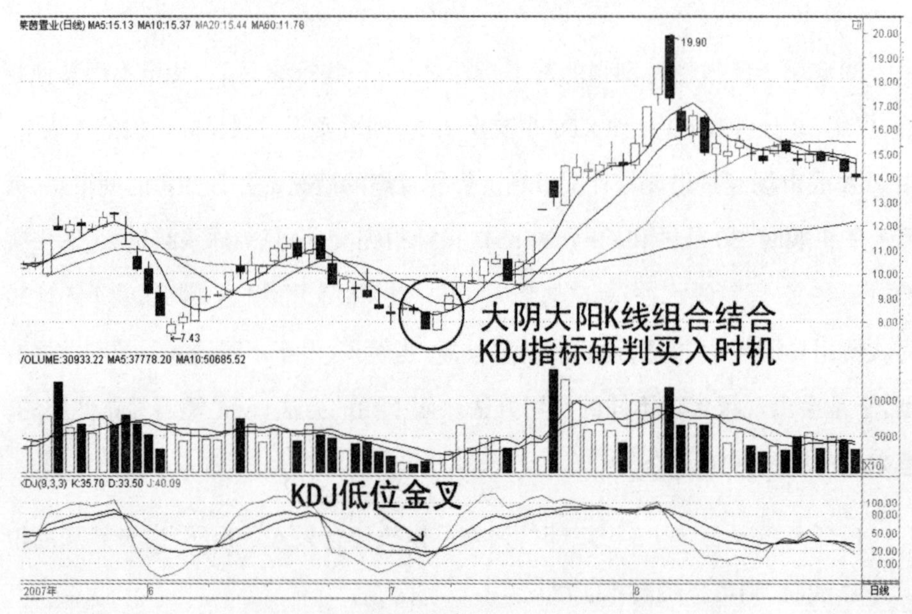

图 3-6 莱茵置业技术研判

经过一个月的强劲上涨，虽然大盘仍持续发烧走高，但莱茵置业的本轮涨势基本结束。2007 年 8 月 2 日和 3 日，该股连续两天涨停，然而，这确是下跌前最后的疯狂。其实，只要投资者认真观察 8 月 3 日的 KDJ 指标，即可从高达 100 的 J 值，超过 93 的 K 值和 90 的 D 值嗅到危险的气息。果然，就在第二天，已经获利颇丰的主力开始疯狂出货，由此，该股走上漫长调整之旅，至今仍未回到当时的高点。由此可见，利用日线 KDJ 指标进行短线操作，一定要对指标形态和取值做到心中有数，并坚定执行纪律才行，否则很容易碰到“偷鸡不成反蚀把米”的尴尬情况。

第四章 金枪如电：板块轮动技术及MACD短线实操

枪由矛演变而来，是中国古代兵器之一，通常装有长柄，主要用于近身刺击。枪的长度大约2米左右，即普通成年男人直立时手臂伸直向上的高度。因为使用者性别、年龄和爱好的不同，枪杆的粗细和材质也大有区别。

通常情况下，枪都配有红色的缨须。枪法以拦、拿、扎为主，这是枪术的基本动作。此外，刺、挞、抨、缠、圈、扑、点、拨、舞花等均是常用枪法。其中扎枪要平正迅速，直出直入，力达枪尖，做到枪扎一线，出枪似潜龙出水，收枪如猛虎入洞。历史上，名气较大的套路有杨家枪、犁花枪、六合枪、四平枪等。

在古代战争历史上，专门靠枪为主的部队中，明代秦良玉统率的“白杆兵”因战功显赫而闻名于世。据说，秦良玉是一位女将军，它的白杆兵全部使用白蜡树作柄的长枪，在镇压杨应龙和抗御后金，以及平定奢崇明之乱和张献忠之乱的战斗中，屡立战功，一时被传为佳话。而大名鼎鼎的岳飞元帅，更是以一手“岳家枪”驰名，他的“沥泉枪”也陪着他东征西战，为他立下了赫赫战功。

作战时，为了尽可能地保护自己不受对手伤到，枪的枪身必须足够长，以便能在一定范围内攻击敌方。而骑兵在使用枪时，他必须保证在对手近身之前就杀伤对方的马匹。虽然普通长枪的威力不足以刺穿厚重的马甲，但加上骑士本身的速度和冲击力，是足够对马匹构成伤害的。

长枪兵身上大多随身携带有匕首、短剑、锤子、狼牙棒、枷链等武器，用以对抗重甲部队。因为一旦交战双方过于靠近，进行混战时，长枪的强大威力将不复存在，实战作用基本为零，无论格挡还是攻击效果都很差。此时，必须借助其他武器攻击敌方。俗话说，“尺有所短，寸有所长”就是这个道理。

实战案例:士兰微、长春燃气

在股市交易中,一些短线高手充分利用了自己身手灵活、资金量小的优势,将枪的作战特性融会贯通,看准了时机后出手飞快,最后一击即中,如同快、狠、准的枪法,从而暂获胜利。下面笔者以士兰微(600460)为例,具体谈谈散户如何真正做到闪电出击。

2009 年 12 月 24 日,士兰微发布公告称“正在筹划有关非公开发行股票事宜,公司股票自 2009 年 12 月 25 日起停牌,最晚于 2010 年 1 月 4 日公告并复牌。”打开士兰微的 K 线图,无论 KDJ 和 MACD 均走势良好,根据多年实操经验,笔者认为该股很有可能出现一波脉冲式短线行情,见图 4-1。

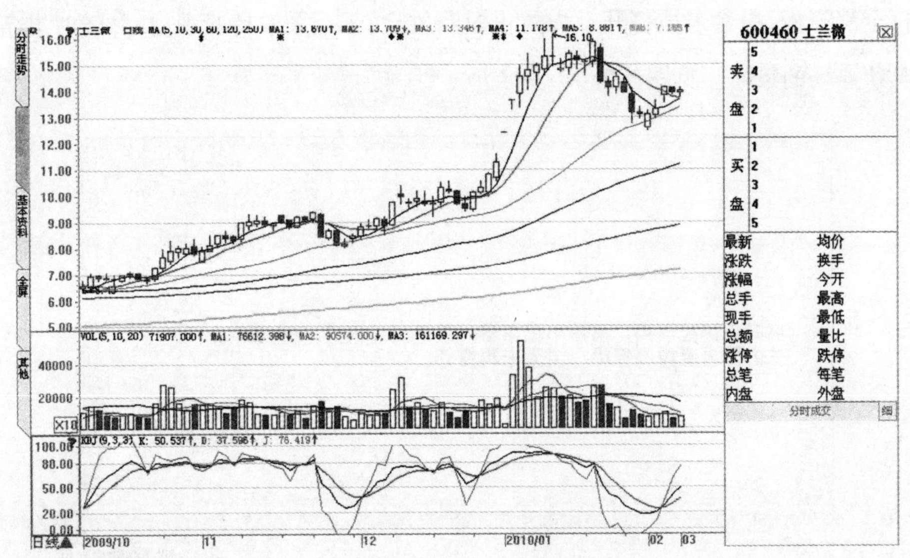

图 4-1 士兰微 12 月 24 日走势研判

但是，由于此前市场一直担心来年货币政策紧缩，12 月下旬，沪深股指遭遇连续下挫。所以，笔者还是不敢掉以轻心。不过，就在此前一天，即 23 日股市交易结束后，央行终于定调 2010 年货币政策。第二天，各大网站和股票行情软件上，铺天盖地的头条新闻全是有关"明年货币政策基调，将继续实施适度宽松的货币政策，把握信贷增速，引导均衡放款，避免过大波动，严格控制新开工项目等贷款"的内容。由于市场紧绷的神经得以松弛一下，24 日当天，上证指数和深圳成指全部高开高走，全天涨幅均超 2.5%。

眼看政策基调已定，我决心半仓出击一直密切跟踪的士兰微。12 月 24 日下午，我果断以每股 11.2 元的价格介入。2010 年 1 月 4 日，士兰微再次发布公告称"将非公开发行 2000-6000 万股 A 股用于 LED 项目"。受此消息刺激，该股复盘后立即强势封死涨停，中间一直没有被打开，当日换手率仅为 0.56%，表明上方几乎没有什么抛压。

1 月 5 日，士兰微开盘后再度高开涨停，虽然随后小幅下滑，但立即被主力打至涨停板，中途未被打开。为防止短期风险，于是采取持股观望，并随时准备卖票离场的策略。见图 4-2。

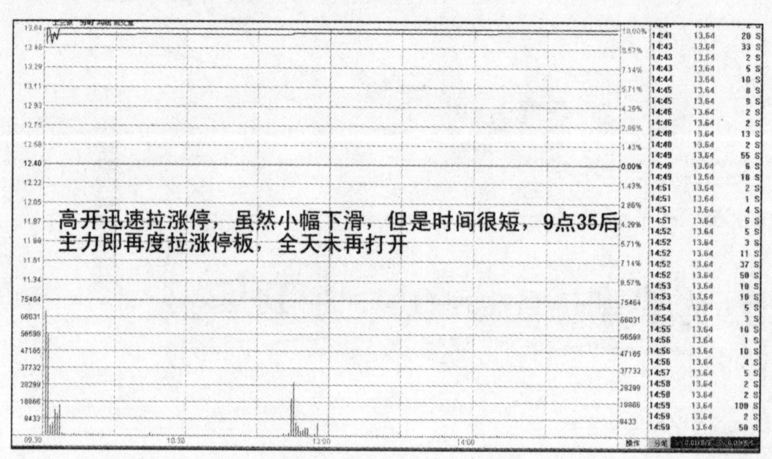

图 4-2 士兰微 1 月 5 日盘口研判

1 月 6 日，该股早盘小幅高开后，全天大部分时间做窄幅整理。午后，股价被主力拉升。但是，考虑到当天换手率高达 13.2%，成交量也放出巨量，加上 KDJ 指标有走平迹象，于是在尾盘以每股 14.52 的价格清仓离场。至此，一次完美超短线以快进快出，3 个交易大赚 30%而胜利落下帷幕。

随后几天，虽然庄家经常故意拉出小阳线，但从 KDJ 指标开始向下勾头来看，一波调整随时会来。果然，1 月 12 日的一根十字线，明白宣告调整开始，见图 4-3。不过，此时的我，早已提前锁定利润，逃之夭夭了。

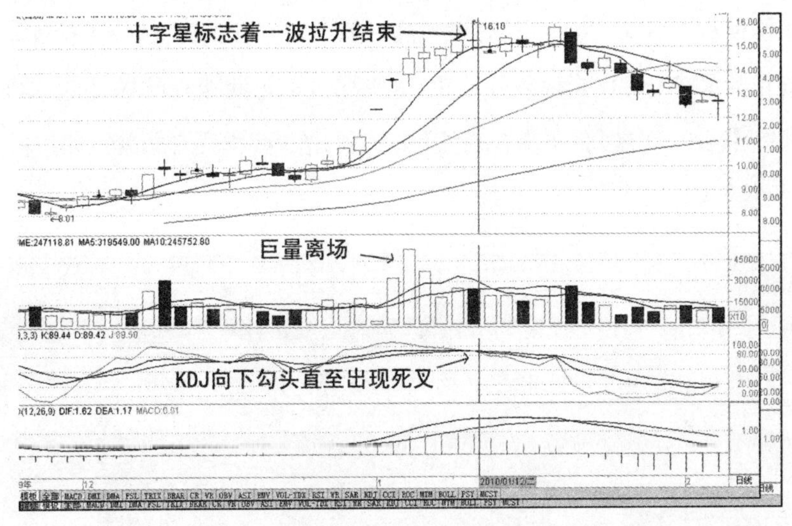

图 4-3 士兰微后市研判

金枪如电，讲究的就是速战速决，打对手一个措手不及。下面，笔者再举一个 2009 年 11 月底介入操作一只燃气类股票的实战案例。

虽然地球人都知道全球变乱，但不知为何，牛年的冬季似乎特别冷。随着全国从北到西迅速降温，普降大雪，很多地方用煤用气量开始猛增，甚至有的地方不得不限电限气。

而在股票市场上，向来嗅觉灵敏的机构资金，也在秘密酝酿一次大行动。11 月 18 日，长春燃气(600333)率先发飙涨停。当天，另外两只燃气类股票巨头大通然气(000593)、陕天然气(002267)纷纷跟进涨停,立即形成明显的板块效应。

不过,由于缺乏国家政策支持,我判断此次燃气类股票的持续性不会像此前的甲流概念和物联网那样,得到主力资金的长期关注。毕竟,冬天再寒冷,也会很快过去。打定主意之后,我决定第二天择机入场,伺机炒作一把短线,只要有利润就随时走人。

2009 年 11 月 19 日,长春燃气惯性高开于 9.22 元。我立即市价挂单介入。当然,尽管大盘表现一般,但该股依然在早盘强势涨停。此后几天,更是连续打出三个涨停板。11 月 26 日,长春燃气高开低走,冲高无力。从技术指标看,KDJ 出现高位死叉,MACD 指标红柱缩短,这些均显示短期涨势已尽,再不卖股恐错失良机。午后一开盘,我坚决执行"及早获利,落袋为安"的操盘纪律,马上抛股离场。见图 4-4。

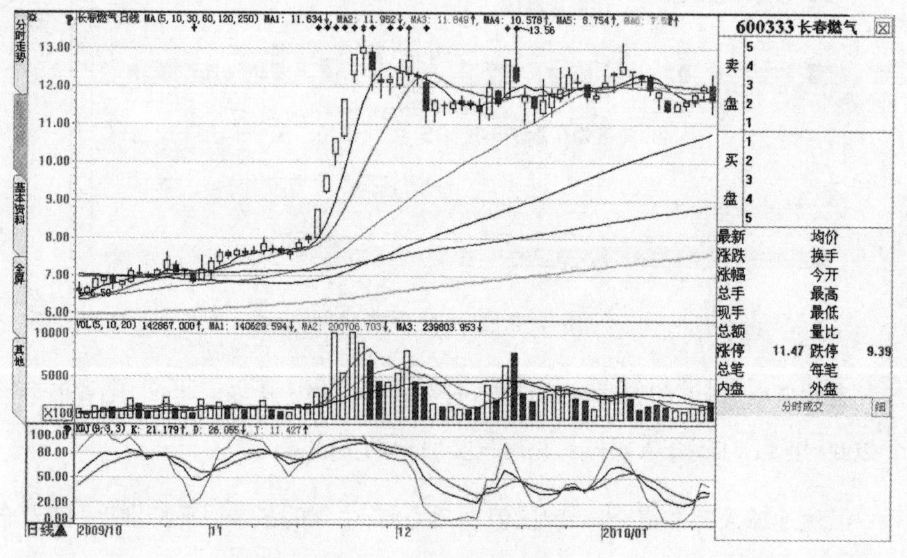

图 4-4 长春燃气

在古代战争中,当勇敢的士兵面对强敌,使用长枪时,除了拦、拿、扎、刺、挞、抨、缠、圈、扑、点、拨、舞花等常用枪法,保持战术灵活多变至关重要。同理,从以上案例中,我们可以得出,散户投资者短线操盘时,除讲究快、准、狠,还得打开一双慧眼,随时跟踪国内外时事变化和剖析国家政策战略决策,并及时快速拿出应对措施,将盈利的主动权牢牢掌控在自己手中。

前面我们分析了如快枪手一般闪电入场、再急速撤退的实战案例。既然强调要快、要准、要果断,一般情况下,只有在短线操作时,对此要求较高,至于中长线投资,在时间点选择上粗略得多。可能很多喜欢做短线的散户朋友就问了:那么,到底短线操作有哪些讲究?下面笔者就重点讲解一下板块效应及 MACD 指标的相关概念及实战技法。

一、板块效应与板块轮动

1. 板块效应

在一些财经媒体上和股评家口中，经常建议投资者要多注意热点轮换,密切跟踪板块联动。这些专业术语所指的,就是板块效应。

“板块”一词,是股市借鉴地质学的概念。板块构造学说认为,岩石圈并非整体一块,而是分裂成许多块,这些大块岩石称为板块。板块之中还有次一级的小板块。

所谓板块效应,意指同一板块内的股票之间因具有同一特点或同一题材而存在有机的联系。如钢铁板块,顾名思义,是由钢铁行业的上市公司组成的一个板块,这些公司在行业上存在关联性;再如上海板块,这说明构成这个板块的上市公司在地理区域上都集中在上海附近;而 IPO 受益概念板块,则说明构成这个板的上市公司相同的地方是这些公司的子公司或者所投资的公司可能将上市,而这些公司将会从中受益。以此类推,还有券商重仓,基金重仓,预增预亏,含 H 股,新能源,新材料等等板块。无论哪个板块,都说明构成这个板块的上市公司总会在某个方面存在着高度的相似性,关联性。

在市场运行中存在这种“板块结构”形成的“板块联动”,所以当某只龙头个股上涨时，也会带动同一板块内的其他股票上涨。反之，则会同时下跌。比如，2009 年 9 月，当物联网概念横空出世时，新大陆(000997)、厦门信达(000701)、东信和平(002017)等具备相同概念的个股连续大涨，板块效应极为明显。

2. 板块轮动

板块联动范围相对较窄，主要指板块内部个股之间的关联关系，但板块轮动的范围要大得多。

板块轮动指的是板块与板块之间轮流上涨，不断推动大盘上扬的格局。每一轮牛市都离不开市场不间断的热点板块的推动。比如大盘由熊转牛时往往需要依靠国企大盘这些中坚力量带领大盘指数攻克紧要关隘，但由于大盘权重股的市场值与流通盘过大，因此我们很难见到这些大盘股能有几倍十几倍的涨幅，如中国银行，工商银行这些股票。

当股指在权重大盘股的指引下，重新由熊转牛之后，权重大盘股往往维持原地踏，偶尔上涨，然后横盘消化的格局。接下来就轮到各行业的龙头大显身手。这时候，市场上的概念，题材层出不穷。基金，券商，境外投资者包括私募这些集团军的资金往往是不断入驻一个板块，营造出市场的热点，这时候，我们往往看到涨幅居前列的个股中有不少股票都存在着某种关联性，既某个板块会形成热点，而当当获利丰厚之后，会设法撤退再选择其它的板块介入。因此，在牛市主升段，板块轮动是主旋律。短线高手可以紧跟热点操作，高抛低吸，在板块热点轮动中操作得顺风顺水。而如果缺乏技巧的投资者应该耐心持股，等到手中股票所处板块走热。

每一轮牛市，无非先是由大盘股指引向上，然后行业龙头，业绩优良的一线、二线股开始发力，板块轮动，再接下来绩优股价格被炒高之后，开始轮到低价的三线四线股发力，最后往往是在 ST 之类的垃圾股疯狂盛宴中落上牛市的帷幕。

二、如何快速捕获率先启动板块中的领涨股

在实战中，我们经常会看到，原来异常沉闷的大盘，有时会突然有市场热点板块启动，形成集体联动的板块效应，并迅速刺激买盘人气，从而引领大盘强势上攻。

通常，一个板块率先启动，大多数是主力有预谋，有准备发起的。他们一般会选择一到两只具有龙头地位的个股作为目标，用大资金连续买入，推动其快速拉升或直接打上涨停板，让人感觉想抓却来不及的感觉。

而一些庄家正是利用这种突然出现的“赚钱效应”，吸引场外观望资金进场买股。一方面，此举可以让更多的资金维持市场向上，为自己的拉升目标股节省“弹药”；另一方面，当人气被激发后，自己可以暗中出货，达到掩护出逃的目的。

虽然，主力的目的或不可告人，但总的来说，见此情形，也正是散户高手闪电出手，追击领涨股的大好机会，如果运作得好，时机把握精准，很容易逮到短期内翻番的超级牛股！具体操作方法如下：

首先，要在第一时间发现热点板块。

主力选择热点板块，不是随随便便，而是要充分考虑到该板块能否得到市场普遍认同，投资者愿否积极跟进的问题，否则，他自己自弹自唱，岂不是做亏本买卖？而要达到这些要求，最好得到国家政策大力支撑。比如2009年频频跑出大黑马的甲流概念板块、智能电网概念板块、海峡西岸概念板块等。

要想在短线操作上赚钱，散户投资者必须要训练出火眼金睛。平日里，要多研究一些国家政策明文政策的区域和行业概念股，并在行情软件上将之放入自选板块中，这样，一旦市场上这类板块突然启动，成为市场热点时，也不至于搞得手忙脚乱。

其次，要在第一时间发现领涨龙头个股。

我们知道，大盘需要热点板块来推动行情向纵深发展，而再厉害的热点板块也需要龙头个股站出来号召“群雄”。很多经验丰富的庄家，会同时进驻同一板块内的几只不同个股，只要他强势拉高其中一只龙头个股时，其他资金眼看龙头已经涨高，会立即涌进板块内的其他个股，如此一来，无需太多资金，别人帮着抬轿的目的即可达到。所以，散户朋友除了学会寻找热点板块，第一时间发现领涨龙头并当机立断买入显得极为关键。否则，当龙头股已经涨幅很大了，再追进去风险很大。根据经验，主力用于发动领涨行情的龙头个股，大多具有盘子适中（太大占用资金太多，太小难以刺激人气），业绩尚可，具有一定号召力等特征。如农业板块，龙头个股一般是隆平高科（000998）和北大荒（600598）。创投板块多半是大众公用（600635）和复旦复华（600624）。而地产板块则会是万科 A（000002）、保利地产（600048）、招商地产（000024）等。

再次，要重点观察量价配合和技术形态。

可能有读者说了，那是不是代表一看到有个股发射升空，就立即跟进呢？显然不是，除了考虑该股是否属于近期热点板块内龙头之外，还要重点观察其量价是否配合，技术形态是否漂亮。比如，某只龙头个股其他条件都不错，但当它启动时，全是小单买，大单卖，KDJ 和 MACD 等技术形态全在高位运行，并已经向下勾头，你再不顾一切地杀进去，很容易跳进庄家设置的诱多陷阱，后果可想而知。

最后，要在第一时间及时获利出场。

我们常说，兵无常法，水无常形。既然有板块轮动，那么很显然，所谓的领涨龙头也不是一成不变的。“你方唱罢我登场”永远是证券市场不变的规律。所以，当你发现手里的领涨龙头在经过一段时间的拉升，量能放大，但股价却再也涨不动，并且指标出现背离时，多半是庄家出货前兆。虽然，强势牛股不会一下子就跌下来,但一见苗头不对,最好在第一时间及时锁定利润,抛股离场。如果你实在看好该股后期表现,也要等它回落整理时再度入场较为安全。

从捕捉战机的角度出发,笔者所说的“金枪如电,以快制慢连出夺命狠招”绝非虚言,散户朋友一定要反复琢磨和深入理会。

三、怎样研判市场有无短线机会

股票市场上,只要是正常交易时间,无论大盘是跌,还是涨,个股的短线获利机会时刻都存在。只不过,大环境向好时,机会要多些。大环境恶劣时,机会相对少些。那么,作为资金量较小的散户,又该如何在起起伏伏的近 2000 只股票中,快速判断市场有无稍纵即逝的机会呢?

第一步,密切跟踪大盘形势。

虽然,一些实力强大的庄家经常逆大盘而动,故意拉高炫耀甚至直接将目标股封死涨停,以吸引市场眼球,但这种情况毕竟是少数。大多数情况下,为节约成本,主力运作一只股票,要顺利完成建仓、拉升、出货基本三部曲,最终实现盈利,通常会根据大盘的变化来操作。所以,当大盘上涨时,快速追击领涨龙头个股胜算较大,而当大盘出现大跌时,尽量谨慎操作,逆势而动风险极高。

第二步,注意涨幅榜有无板块联动效应。

前面说了,短线捕捉牛股,不能见涨就追。一方面,要看目标股的量价是否配合良好,技术形态是否完美,此外,还要特别注意,当目标股启动时,与之同一板块、同一概念的其他个股是否及时跟着上涨?如果居于涨幅榜前列的个股无法形成联动效应,根本不具任何关联性,则说明市场热点散乱,领涨股缺乏强大市场号召力。此时,最好先行观望,不要盲目出击。

第三步,尽量选择国家政策支持板块及个股。

众所周知,A股市场近年来发展较快,管理层的监管和服务水平也不断提升,但国家政策对股市的影响,始终没有也永远不会消失。这也明白告诉我们,在短线操作股票时,尤其要尽量回避国家政策打压的板块和个股,转而要积极选择国家政策支持的板块和个股。比如,2009年下半年,国务院连续召开会议并出台相关措施,坚定抑制钢铁、水泥、风电设备及多晶硅等行业产能过剩问题,此时,即便这些行业个股时不时冒出短线机会,也要尽可能地回避。而对于国务院刚刚提出并大力支持的三网合一(即将电信网、计算机网和有线电视网进行技术融合)概念股,如中信国安(000839)、歌华有线(600037)、天威视讯(002238)、广电网络(600831)、电广传媒(000917)、东方明珠(600832)等可以反复择机做多!

四、MACD指标概念及运用原则

1. 基本概念

MACD又称指数平滑异同移动平均线,由杰拉尔得·阿佩尔于1979年首先提出。该指标从双移动平均线发展而来,由快的移动平均线减去慢的移动平均线,MACD的意义和双移动平均线基本相同,但使用更为方便。通常,当MACD从负数转向正数,为买进信号。当MACD从正数转向负数,为卖出信号。见图4-5。

2. 如何运用MACD指标

在上一本书《老鼠戏猫》中,笔者曾重点提到,由于技术指标太多,我们不可能全部学习和使用。而作为既简单又实用的指标之一,MACD比较适合广大散户投资者使用,其基本运用法则如下:

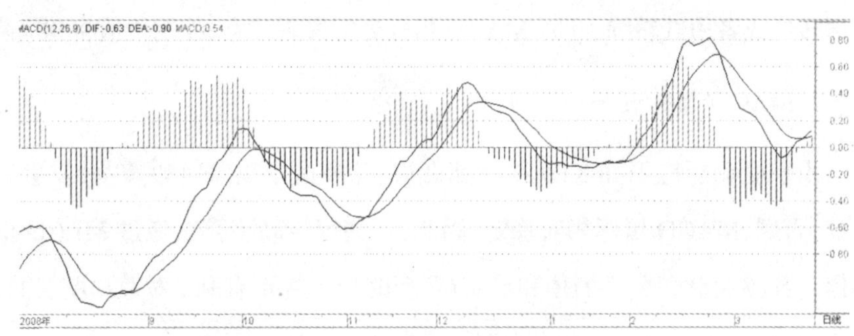

图 4-5 MACD 指标

A. DIF 和 DEA 均为正值时，明显属多头市场,DIF 向上突破 DEA 是买入信号,DIF 如向下跌破 DEA,暂时当做技术回档,可以持股观望。

B. DIF 和 DEA 均为负值时，明显属空头市场,DIF 向下突破 DEA 是卖出信号,DIF 如向上突破,暂时当做技术性反弹,务必随时做好卖股离场准备。

C. 通常,柱状线的持续收缩表明趋势运行的强度正在逐渐减弱,当柱状线颜色发生改变时,趋势确定转折。例如,当红柱柱体不断缩减时,表明涨势已尽。反之,当绿柱柱体不断缩减时,则表明跌势即将结束。

D. 当形态上 MACD 指标的 DIF 线与 MACD 线形成高位看跌形态,如头肩顶、双头等,应当保持警惕;而当形态上 MACD 指标 DIF 线与 MACD 线形成低位看涨形态时,应考虑进行买入。在判断形态时以 DIF 线为主,MACD 线为辅。当价格持续升高,而 MACD 指标走出一波比一波低的走势时,意味着顶背离出现,预示着价格将可能在不久之后出现转头下行,当价格持续降低,而 MACD 指标却走出一波高于一波的走势时,意味着底背离现象的出现,预示着价格将很快结束下跌,转头上涨。

E. 当价格并不是自上而下或者自下而上运行,而是保持水平方向的移动时,我们称之为牛皮市，此时虚假信号将在 MACD 指标中产生，指标 DIF 线与 MACD 线的交叉将会十分频繁,同时柱状线的收放也将频频出现,颜色也会常常由绿转红或者由红转绿，此时 MACD 指标处于失真状态，使用价值将相应降低。

3. MACD 指标有哪些作用

由于变动反应不如 KDJ 指标那么快，除非盘中出现巨幅震荡，发生突然性变盘，否则，MACD 指标相对稳定，因此，一些短线高手喜欢通过 MACD 指标能够提前预测大盘和个股的顶和底，以及何时出入场更有利。对散户朋友而言，一定要掌握 MACD 的如下几点作用。

A. MACD 指标能够判断大盘或个股一天、一周甚至一月的可能走势。

B. MACD 指标能够判断大盘或个股行情走势中，庄家进行的打压建仓、震仓洗盘、横盘出货等情况。

C. MACD 指标能够判断持股时间。简单点说，如果 MACD 指标的日、周、月红柱保持同向放大时，投资者即可放心持股。如果 MACD 指标的日、周、月绿柱保持同向增长时，投资者必须尽快减仓离场。

D. 当 MACD 指标首次在 0 轴下方出现金叉时，大盘或个股会产生一定幅度的反弹，但很容易夭折，此时建议观望为主。当出现两次以上的金叉时，大盘或个股会产生幅度更大的上涨，甚至行情发生逆转，一旦向上突破 0 轴，此时建议积极入场做多。

4. MACD 指标的缺点及修正技巧

稍微有点实战经验的人都知道，在最常用的两大指标中，KDJ 是短线指标，而 MACD 是中线指标。为了安全起见，很多中短线投资者将两者搭配使用，且实战效果较佳。

通常来说，如果个人比较喜欢和擅长使用 MACD 指标，那么，也要尽量避免这一指标的缺陷。于是有人就问了，MACD 指标本身有缺陷？是的。其实，无论什么指标，它再经典厉害，都不可能做到万无一失。作为使用者，唯一要做的，就要尽可能地利用指标的长处,而不是短处。

那么,MACD 指标的短处在哪里呢?在笔者看来,它的缺点主要有:

第一,当指数或股价盘整时,DIF 和 DEA 会经常出现相互缠绕的状况,这时,总给人一种方向不明的感觉,容易引起误判,从而导致亏损或过早出局。

第二,MACD 指标时间有迟滞效应,当指标明显发出买入和卖出时,要么是股价已经涨高了,要么是股价已经跌多了。即该指标无法精准给出买卖时机。

为解决以上不足,我们一般会在操盘时进行策略修正,以达到更好效果。具体技巧如下:

A. 短线投资者尽量使用 KDJ 指标。如果进行短线操作时,投资者一定要用 MACD 指标,也要选择 15 分钟、30 分钟或 60 分钟 MACD 分时图来进行判断。

B. 当大盘或股价处于盘整状态时,为避免被指标发出的错误信号误导,可少采用 MACD 指标,改用其他技术指标。

C. 修改 MACD 指标的参数。当前,很多行情软件(如大智慧,同花顺等)均对很多指标设置了默认参数。如 DIF 及 DEA 分别是 12、26、9,投资者可以在软件上,将鼠标放在 MACD 指标上,点击右键,然后在"调整指标参数"中,重新修改成 6、13、5,即可使得调整后的 MACD 信号变得更为灵敏。

5. 如何用 MACD 指标把握最佳卖出时机

在个股交易时,MACD 指标除了可以用于低位抄底、中线建仓、捕捉强势领涨龙头股之外,还经常被用于短线逃顶,以确保利润安全入袋。具体操作如下:

A. 调整 MACD 参数。通常,大多数软件的 MACD 的默认参数为 12、26、9。如果要用于短线操作,可将 MACD 的快速 E-MA 参数设定为 8,将慢速 E-MA 参数设定为 13,将 D IF 参数设定为 9,移动平均线参数分别为 5、10、30。设定好参数后,便可找到比较好的卖点。鉴于股票的卖点较多,现主要介绍两种最有效、最常用的逃顶方法：

B. 第一卖点。当股价经过大幅拉升后出现横盘，从而出现第一卖点。判断第一卖点是否成立，关键是看“股价横盘、MACD 死叉”。换句话说，当股价经过连续的上涨出现横盘时，5 日、10 日均线尚未形成死叉，但 MACD 率先死叉，并且红柱缩短。此刻，投资者已经获利不小，需要分批出货或减仓，以兑现利润。

C. 第二卖点。当第一卖点形成之后，有些股票价格并没有出现大跌，反而在回调之后主力继续拉升，以吸引散户高位接货。此时形成的高点很有可能成为股价一段时间的头部。判断第二卖点是否成立，一般看“价格与 MACD 背离”，即当股价被不断拉高时，MACD 却并不跟随创出新高，二者走势产生背离，这是股价见顶的明显信号。此刻，表明主力在暗中出货，散户一定要眼疾手快，先行出逃，否则容易被套在高位。

五、MACD 指标短线实操技巧

大家知道，MACD 指标因为不如 KDJ 指标那么敏感，多数被用于中长期交易。但是，有的人却喜欢将该指标单独使用，并指导短线交易。这就表明，只有善于总结经验，运用得法，MACD 指标同样能成为短线投机客的杀手锏！使用方法如下：

1. 当 DIF 和 DEA 双双向下勾头，并且前者从上向下穿过后者时，一般看作短线涨势到头，调整随时到来。如果红柱缩短或出现绿柱，则信号更为准确。遇此情况，后市要么是技术回调，然后继续上涨；要么是直接展开新一轮调整。而无论是哪种情况，短线均需果断卖出。尤其是高位勾头，更是不可恋战。

2. 当 DIF 和 DEA 双双下穿 O 轴时，并且绿柱持续放大时，基本表明已进入空头市场，此时，必须做好逢高离场的准备，不要盲目乱抢反弹。

3. 当 DIF 和 DEA 双双向上勾头，并且前者从下向上穿过后者时，可被视为短线建仓机会来临。如果红柱放大,则信号更为准确。不过,由于难以确定到底是反弹还是反转,故要严控仓位。

4. 当 DIF 和 DEA 双双上穿 O 轴时,并且红柱持续放大时,基本表明已进入多头市场,此时,可以分批建仓入场,不宜过分看空。

实战举例:2010 年 2 月 1 日,长源电力(000966)的 MACD 指标形成金叉,DIF 和 DEA 双双向上拐头,DIF 从下向上穿过 DEA,并且出现红柱,这就表明该股即将进入新一轮上涨,见图 4-6。而到了 2010 年 4 月 8 日这天,情况刚好相反,这预示着该股涨势随时有可能结束,见图 4-7。此后,虽然股价再创阶段新高,但 MACD 指标却继续下行,产生明显的顶背离。果然,从 4 月 27 日开始,随着 DIF 和 DEA 双双向下拐头,股价开始连续下挫,下跌速度和幅度实在惊人,见图 4-8。

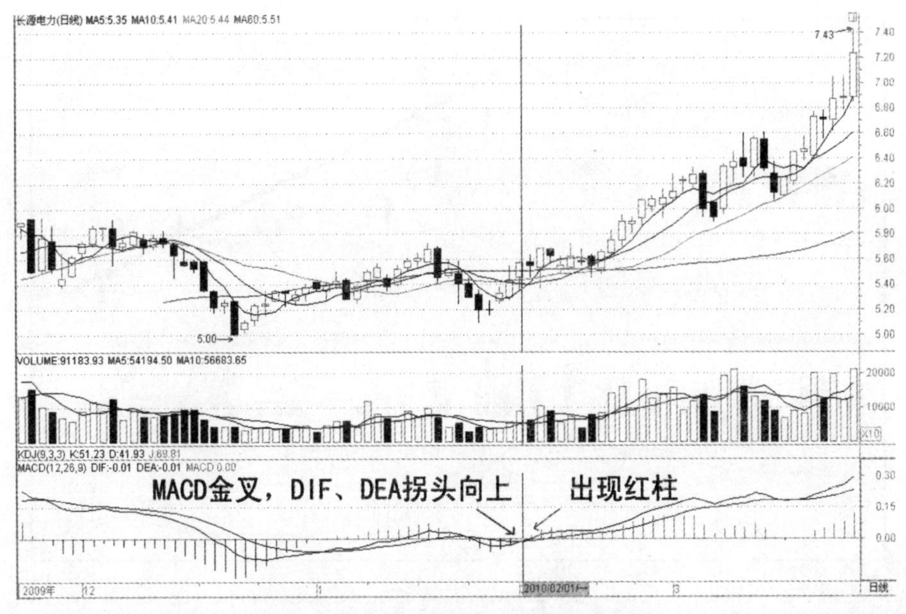

图 4-6 长源电力 2 月 1 日技术研判

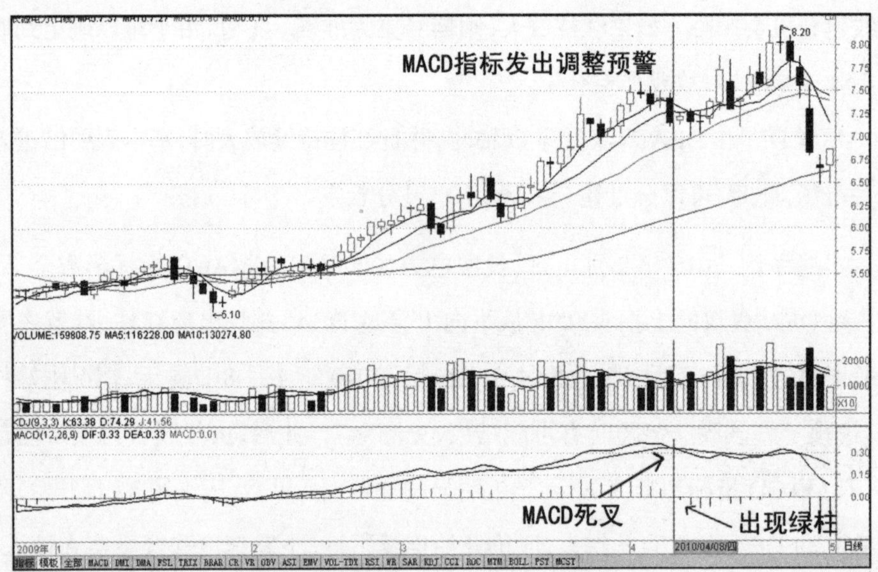

图 4-7 长源电力 4 月 8 日技术研判

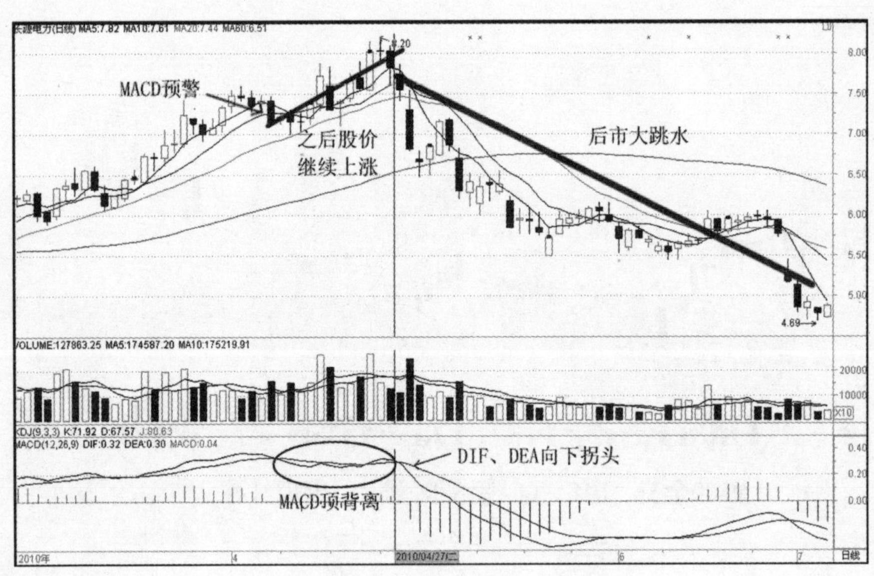

图 4-8 长源电力后续走势分析

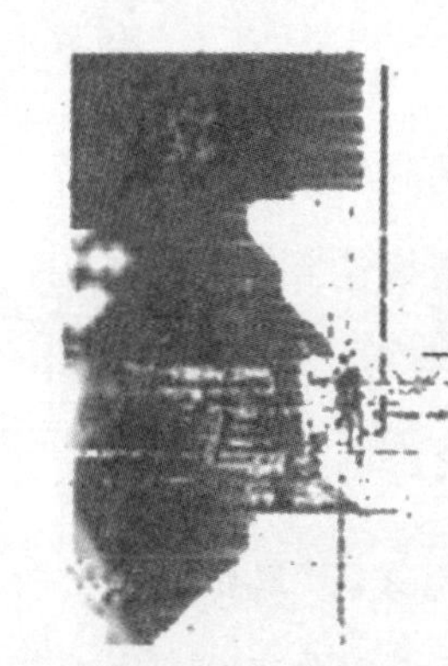

第五章 宝剑出鞘：参与涨停板交易的八大要点

剑素来有“百兵之君”的美誉。在古代战争中多由国王或高级将领佩戴。身份地位较高的人或文人学士为彰显个性和派头，也喜欢随身佩剑。比如李白，他就善于舞剑，当时去长安也随身戴着宝剑一柄，既可防身，还能健身，亦显出诗人的高贵气质。他善写“阳刚之剑”，比如“高冠佩雄剑，长揖韩荆州”；善写“悲情之剑”，比如“倚剑增浩叹，扪襟还自怜”，亦善写“薄凉之剑”，比如“边尘染衣剑，白日凋华发”，还有“豪迈之剑”，比如“愿将腰下剑，直为斩楼兰”。

据史料记载，剑在商代就出现了。剑属于用途较多的短兵器，最早脱胎于矛形刺兵及短匕首，刚开始外形短小，外面没有用来保护使用者安全的管筒之类。古人将剑插在腰间，使用时可割可刺，以抵御匪寇与野兽。到了春秋战国时期，已成为主要短兵器。从外形看，剑大多呈柳叶或锐三角形，初为铜制。从结构上看，剑由剑身和剑柄两部分组成。剑身包括剑尖、剑刃、剑脊；剑柄包括剑格和剑茎，绝大多数剑还带有剑首，可以系剑穗。剑身安装在剑柄上即可称之为剑，通常配有一个剑鞘，可以套在剑身上，有保护剑身和方便携带的作用。

在中国文化里，剑与刀是两种不同的武器，剑特别用来用来指“双锋直型刃”，而刀则是指“单锋弯型刃”。历史上，我国曾出现过很多让人印象深刻的名剑，如干将、莫邪、鱼肠等。

通常剑有三种攻击动作：即砍、割和刺。其招式主要以劈、砍、崩、撩、格、洗、截、刺、搅、压、挂、云等。在作战性能方面，剑有着刃面锋利、杀伤力大等特征。而一旦舞动起来，给人一种刚柔相济、吞吐自如、飘洒轻快、矫健优美的特点。

经过不断发展和融合，剑术的名目繁多，套路复杂，流派不一。如根据练法不同，可分为行剑、势剑、双手剑、长穗剑、双剑、反手剑等。而根据套路来看，又有青萍剑、武当剑、三才剑、三合剑、云龙剑、八卦剑、太极剑、螳螂剑、通备剑、醉剑、宣化剑、七十三剑、龙形剑、奇门十三剑、白虹剑、纯阳剑、七星剑等。

实战案例:中国建筑、ST得亨

作为文明古国,中国的古代兵器库完全可以用“品种众多,无所不包”来形容。而被称为“百兵之君”的剑,尽管不像刀那么常见,但普通人都极为熟悉。我们知道,剑在制作时带有双刃,并且刃面锋利无比。因此,在使用时如果动作不当,不但不能达到克敌制胜的预期效果,相反还容易伤及自身。所以我们常常听到“双刃剑,伤人又伤己”的说法。同理,反向思考,在股市交易中,中小投资者只要善于观察和总结,完全可以巧妙地躲过主力咄咄逼人的凶狠杀招,冷静等待出击时机,从而一举反胜。

如果按操作风格划分,主力也与散户一样,可分为稳健型与激进型两种。顾名思义,稳健型主力大多喜欢操作业绩稳定的大盘蓝筹股,并且运作和持股周期相对较长,其建仓、洗盘、拉抬、出货等基本步骤跟大盘走势联动性较强,整个过程始终给人一种不慌不忙的从容感觉。例如,某些股光建仓过程,主力就要花上几个月或更长时间来收集低价筹码。建仓完成后,即使大盘和其他个股走势强劲,目标股的表现也是不温不火。不过,一旦进攻时刻来临,即便大盘下跌,它依然能独立走出向上行情,甚至有可能连续强势封上涨停。由于稳健型主力股拥有雄厚的资金实力与超常的耐心,未来股价上扬的幅度通常也比较大,翻几倍不是什么稀罕事。所以,如果能逮到此类个股,中长线投资者必定收获丰厚。

而激进型主力正好相反,他们与散户一样,由于自身资金实力稍弱和信心不足,或者出于其他原因,他们急迫地希望建仓、洗盘、拉抬、出货等一气呵成,早日锁定利润,以期换股再战。

有经验的老股民应该知道,以江浙游资为代表的“涨停板敢死队”就是激进型庄家的典型代表。虽然这些操盘手法凶悍的人经常无坚不摧，屡次演绎股市神奇，但也有惨败的时候。而之所以遭遇挫折，大多与他们操之过急密切相关。

2009 年 8 月 31 日，中国建筑(601668)(见图 5-1)公布了上市以来的第一份中报，“宁波敢死队” 主力之一马信琪作为唯一的自然人股东，持有公司股票 2360.22 万股，出现在该股第十大无限售条件股东位置。不过，让市场大跌眼镜的是，在股市沉浮多年，杀敌无数，所向披靡的马信琪却折戟中国建筑，截止中报当天收盘，亏损额度近 5000 万元。

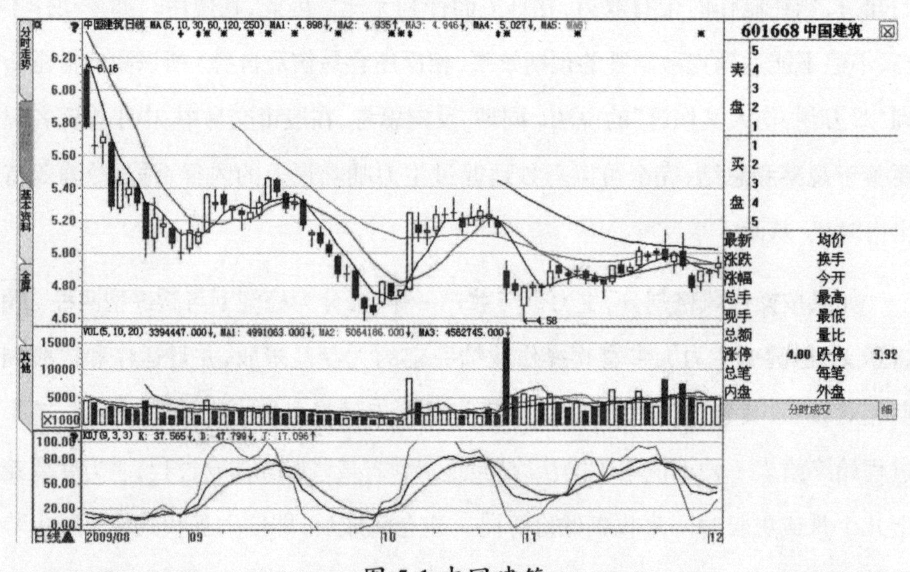

图 5-1 中国建筑

2009 年 7 月 29 日，大盘股中国建筑在上海市场挂牌上市。随后没几天，A 股市场开始掉头向下，彻底宣告单边上扬格局提前结束。而在此前，沪深指数却是一路上扬，大有“疯牛再现”之势。作为 2009 年全球融资规模最大的一只股票，中国建筑上市首日随即受到基金、机构等大资金追捧。据称，上市首日买入中国建筑的资金超过了 290 亿元，可是，随着 2010 年 2 月 3 日早盘中国建筑无情破发，其糟糕表现与中国石油如出一辙。

客观来看，尽管马信琪最初并不是想做中国建筑的主力(因为盘子太大，单靠一己之力根本无法控盘),但由于他常年以吃庄家为生(即洞悉庄家动向,果断吃进,火速撤离),喜欢打“奇袭战”和“闪电战”,已经没有多少耐心去被动等待。最终,因判断出现失误,时机把握不准,入场时间过早,也不得不吞下巨额亏损的苦果。

我们再看一个实例。2009 年 9 月 2 日,经过连续几天的下跌之后,ST 得亨(600699)(见图 5-2)突然以涨停开盘。虽然涨停在盘中一度打开,但全天表现可谓异常亮眼。此后几天,该股要么涨停,要么长阳不断。而当时的大盘,尽管也在碎步上扬,但涨幅都比较小。那么,为什么 ST 得亨能如此牛气冲天呢?

其实,原因很简单。简单来说,就三个字:赌重组!

以往,因为赌赢重组,“乌鸦变凤凰”的神话市场上经常出现,不过这一次,因为操之过急,主力在 ST 得亨身上算是栽了大跟头。2009 年 10 月 16 日,公司发布公告,宣布“终止重大资产重组”,并承诺自公告后三个月内不再策划有关重大资产重组的事项。公告当天,该股在二级市场上立即以直接跌停收盘予以回应。

尽管 10 月 19 日尾盘被主力拉至涨停,但从全天总成交金额 24572.21 万元,成交量放出天量,换手率高达 21.39%来看,很明显又是主力再次利用涨停掩护出货的伎俩。此后几天,随着股价继续回落,完全可以看出主力在运作 ST 得亨过程中,不但没有赚钱,反倒以亏损收场。

从以上两个实例可以看出,一些实力强大的主力或庄家,刚开始时信心满满,急冲冲地杀进场内,以求干净利索地结束战斗。但事实证明,这些在市场中经常呼风唤雨的角色并不是次次都能如愿以偿。

这就好比一柄削铁如泥的宝剑,时常被庄家用来肆意宰割弱小的散户,但他们的惯用招式,也有使用不当的时候,甚至也有被别人破解的风险。如果散户朋友善于观察,好好把握庄家使剑割伤自己时露出的破绽,必定能知己知彼百战不殆，反败为胜。

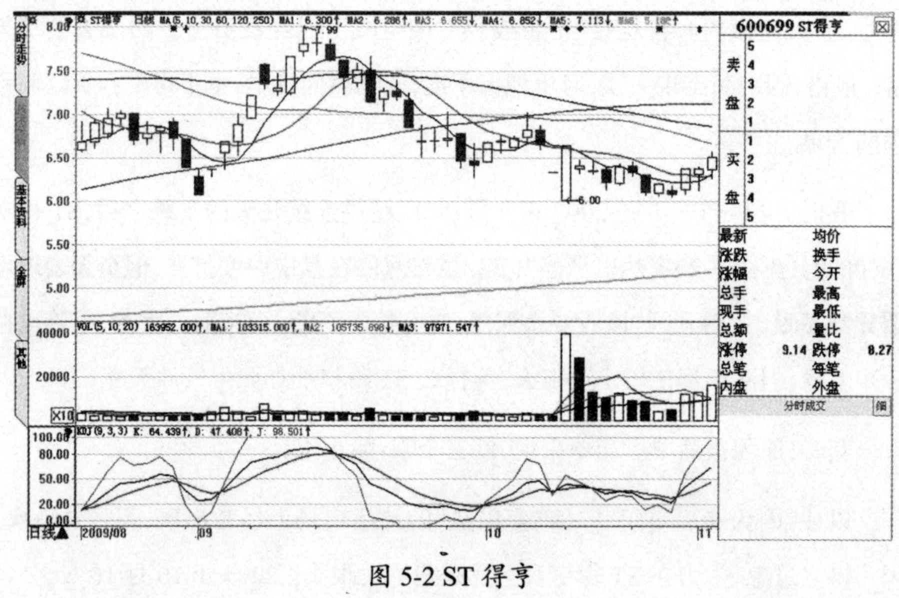

图 5-2 ST 得亨

只要稍加留意，有心的读者可能会发现，笔者多次谈到两个字：涨停。其实，在实战中，很多与涨停有关的概念和实操技法都值得散户们去学习。下面，我们就来重点了解一下。

一、涨跌停板制度

涨跌停板制度，又称每日价格最大波动限制。源于国外早期证券市场，是证券市场中为了防止交易价格的暴涨暴跌，抑制过度投机现象，对每只证券当天价格的涨跌幅度予以适当限制的一种交易制度。即规定交易价格在一个交易日中的最大波动幅度为前一交易日收盘价上下百分之几，超过后便停止交易。

我国证券市场现行的涨跌停板制度是 1996 年 12 月 13 日发布，1996 年 12 月 26 日开始实施的，旨在保护广大投资者利益，保持市场稳定，进一步推进市场的规范化。制度规定，除上市首日之外，股票（含 A、B 股）、基金类证券在一个交易日内的交易价格相对上一交易日收市价格的涨跌幅度不得超过 10%(以 S,ST,S*ST 开头的股票不得超过 5%),超过涨跌限价的委托为无效委托。

二、怎样透过涨停板看主力意图

通常情况下,涨停板可分为一直封死的和中途打开的两种。前者又分无量涨停和带量涨停。而后者则有吃货型、洗盘型和出货型。

1. 无量涨停。如果某只股突发利好,或者主力实力强大,股价直接以涨停开盘,并且中途几无卖盘,说明股价上升得到认同,多空分歧较小,后市继续看涨。

2. 带量涨停。如果某只股突发利好,或者主力实力强大,股价直接以涨停开盘,但因大盘或关联板块表现不佳,盘中卖盘较多,而下方买盘始终强大,就会形成有量涨停现象。这种情况后市是否维持强势需结合大势进行研判。

3. 涨停吃货。一些个股,虽然全天收于涨停,但中途多次被打开,给人一种有点封不住的感觉。其实是主力利用涨停吃货。之所以这么做,主要原因有:该股业绩优秀,有成为市场阶段热点的潜力;前面吸筹不够,此时即便涨停股价也处于低位,中途开板吸货便于后面控盘拉升。

4. 涨停洗盘。当经过一轮拉升之后,股价上涨不少,此时,为提高投资者持股成本,或者进行高抛低吸,赚取差价,主力会悄悄撤走下方买单,然后用一笔大卖单瞬间下砸,造成封不住的错觉,以达到恐吓不坚定者卖股离场,自己低位接货的目的。

5. 涨停出货。利用涨停板出货,是主力惯用手法。即主力用大买单将股价急速拉高并封上涨停板,眼见股价启动,很多投资者觉得买股时机来临,于是奋起直追。此时,主力会暗中把买单撤消,转而填上卖单,从而达到出货目的。如果想要尽可能多的出货,主力会故意在盘中反复打开涨停,多操作几次即可。

三、如何判断真假涨停?

俗话说:眼见为实!按理,股价被封涨停,是主力实力的最强表现。但要注意一点,在机遇与危机并存的股票市场,你所看到的未必是真实的。换句话说,涨停板上,庄家可以做很多让人想不到的事情。

1. 封死涨停的并非全是主力所为

不可否认,股价能封涨停,必须要大量资金推高股价。大多数情况下,该股主力是决定性力量。但是,有时情况并未如此。比如,当盘中突发重大利好消息时,主力只要用几笔大单往上拉升,很多大户和散户就会疯狂抢筹,一些热门个股很快涨停,并且因持股者惜售,涨停后成交量变得极为稀少。很显然,除了开始时动用了一点资金,后面出力的并非庄家。

2. 主力利用开盘冲高诱多

大家应该有这种经历,就是大盘开局平淡,一些个股小幅低开,没几分钟,主力趁开盘人气未稳时,急速拉高,大有瞬间涨停的态势,但就是不涨停。面对这种情况,很多心急的投资者会全仓跟进,但是,无论大盘全天表现如何,该股股价总体呈逐波回落状态。很明显,庄家这一招,就是利用开盘冲高诱多,掩护自己出货。

3. 尽量回避当日涨停,第二天低开的个股

既然有涨停,那么最终目的还是为了出货。有的股,今天尾盘突然被庄家拉升直至涨停,很多投资者还没反应过来,交易已经结束了。第二天,主力估计低开。昨天尾盘追进的,第二天低开立即处于亏损状态,大多不愿离场。昨天没追进的,以为机会来临,马上追击。结果,主力利用强大跟风盘的力量,完成出货的战略目的。因此,遇到当日涨停,第二天低开的个股,要尽量回避。

四、怎样预测个股是否具有涨停潜力?

1. 有炒作题材

这个比较好理解,有这样或那样的题材,题材有想象力,主力炒作时才会容易引起市场高度关注,以及吸引更多跟风盘,便于后面出货。否则,庄家一个自弹自唱根本没有利润可言。

2. 流通盘不宜太大

通常情况下,当流通盘太大时,主力要运作的资金成本就太高。这样一来,如果大盘不好,上方抛压过重,主力就无力护盘,更谈不上强势表现了。而当流通盘仅有几千万股时,便于庄家控制股价走势。

3. 技术形态保持完好

前面说过,短线操作主要看 KDJ 指标和 MACD 指标。当某只股的这两个指标同时保持金叉向上,形成完好的攻击形态时,后市涨停概率较大。

4. 均线系统保持向上

当 5 日、10 日、30 日均线呈多头排列,并且股价一直稳稳站在 5 日均线上方时,表明多头已经控制局面。只要大盘配合,可随时发力攻击涨停。

五、参与涨停板交易八大要点

只要是参与股市交易的人,没有谁不渴望多拿涨停板的。因为股价涨停,显示股价走势较强,特别是连续涨停的个股,可使投资者短期内得到丰厚收益。如 A 股市场上大名鼎鼎的著名“妖股”ST 金泰(600385),2007 年竟然一口气拉出 42 个涨停,实在让人唏嘘不已。

不过,再牛气的黑马,在大涨之后通常伴随大跌,还是 ST 金泰,在上演了 42 个涨停之后,马上掉头向下砸出 7 个跌停。因此,参与涨停股交易,首要任务是防范风险。

那么，作为散户，我们又该怎样参与涨停股交易呢？根据实战经验，下面几个要点可供参考。

1. 尽量以短线为主。换句话说，如果做对了，就大胆持有，直到短期趋势遭到破坏。就算做错了，只要及时认错出局，亏损也不会太大。

2. 尽量以中小盘股为主。简单来说，盘子越小，主力连续进行拉升的阻力就越小，后市涨幅也会更大。而盘子太大的个股则很难出现连续涨停的情况。

3. 尽量在早盘猛烈拉升回调后介入。很明显，早市敢于表现，表明主力实力雄厚。那种尾盘突袭涨停的，主力资金实力相对有限。统计显示，连续上涨 6 次以上的股票，其涨停之初都呈现出开盘迅速涨停、量能萎缩的格局。因为前几个涨停最容易吸引跟风盘的目光，同时庄家是有计划进行拉高，不会受大盘当天涨跌的太大影响，涨停往往能封得很快，而且买单可以堆积，获利者迅速捂盘，成交量萎缩，涨停封死的可能性非常大，保证了次日走势雷同。而尾盘拉高涨停的股票，则多是庄家尾市做盘，目的一般是为了第二天能在高点出货，同时在上午和下午买进的散户获利很大，第二天的抛压也就很重。庄家在尾市拉高不是用资金去硬做，而是一种取巧行为，此时跟进，风险非常大。

4. 尽量在大盘较强时参与涨停股交易。具体点说，当市场有 10 只以上个股涨停时，可考虑追击涨停板。最好不要在大盘很弱时逆势操作，因为主力有时会在弱势中故意制造涨停亮点掩护出货。

5. 尽量参与在低位技术形态较好的涨停个股。如上市数日小幅整理、某一日忽然跳空高开并涨停的新股；或是选股价长期在底部盘整，未出现大幅上涨的底部股；或是在整理末期结束整理而涨停的强势股。

6. 尽量选择有量能配合的个股参与。成交量保持温和放大，是股价后市能否持续向上拓展空间的根本基础。但需注意，成交量也不能太大，换手率不宜太高，否则有庄家暗中出货的嫌疑。

7. 尽量选择领涨龙头个股。无论是牛市还是熊市，主力要想点燃市场激情，吸引更多投资者进场，大多会择机对那些有号召力的龙头股进行猛烈攻击，以驱动板块联动，营造行情火爆的热烈氛围。一段行情低迷时期无涨停股，一旦强烈反弹或反转要追第一个涨停的，后市该股极可能就是领头羊，即使反弹也较其它个股力度大很多。

8. 盘中及时搜索涨幅排行榜，对接近涨停的股票翻看其现价格、前期走势及流通盘大小，以确定是否可以作为介入对象。当涨幅达 9%以上时应做好买进准备，以防大单封涨停而买不到。

六、MACD 结合 KDJ 抓涨停股实操技法

我们知道，KDJ 是一种超前指标，多以短线操作为主；而 MACD 一般反映中线的整体趋势。实战中，很多人喜欢将两者结合起来使用，事实证明，二者搭配使用比单一指标效果要好得多，并且利用这种方法，很容易抓到涨停牛股。

按照传统理论分析，KDJ 指标的超前主要是体现在对股价的反映速度上，根据 K 值和 D 值的变化，看分为超买区、徘徊区、超卖区，并且，依照数值和形态的变化，投资者可以决定建仓与离场时机，但由于其速度较快而往往造成频繁出现的买入卖出信号失误较多。MACD 指标则因为基本与市场价格同步移动，使发出信号的要求和限制增加，从而避免了假信号的出现。这两者结合起来判断市场的好处是：可以更为准确地把握住 KDJ 指标短线买入与卖出的信号。同时由于 MACD 指标的特性所反映的中线趋势，利用两个指标将可以判定股票价格的中、短期波动。根据个人经验，笔者用 MACD 指标搭配 KDJ 指标时，通常会特别注意下面几点：

1. 当股价在经过漫长的下跌后，开始筑底，随后股价开始缓慢回升。此时，5日、10日等短期均线开始拐头向上，MACD 指标和 KDJ 指标都出现低位金叉，这是股价见底的信号，如果底部随之不断抬高，则准确性越高，该股后市将走出一波上升行情，甚至，还有出现连续涨停的喜人局面。此刻可以择机入场。

2. 当股价经过一轮大涨，主力已经赚得盆满钵满，并且打定主意开始派发筹码，那么，在技术指标上会表现为：5 日、10 日等短期均线开始向下勾头，MACD 指标和 KDJ 指标同时出现高位死叉，这是股价见顶的信号，该股后市随时会出现新一轮调整。此时必须择机离场。

实战举例：因为忧虑央行加息，以及管理层不断出台强力政策抑制高房价，进入 2010 年之后，A 股市场持续回落，前 5 个月表现跻身全球最差。而就是在这种恶劣环境中，德赛电池(000049)却从 3 月 2 日开始一路走高，此后甚至上演连续涨停好戏。

或许，有人觉得有点不可思议，就算该股具有低碳概念，但其业绩并不突出啊？但为什么能逆势暴涨呢？其实，笔者多次说过，短线牛股，业绩有没有关系不大，只要题材丰富，技术形态保持完好即可。如图 5-3，打开德赛电池的 K 线图，我们可以看到，该股 MACD 指标从 2 月 11 日在 O 轴下方形成低位金叉开始，之后一路上扬。4 月 14 日，MACD 指标再次金叉，无疑是空中加油，见图 5-4。

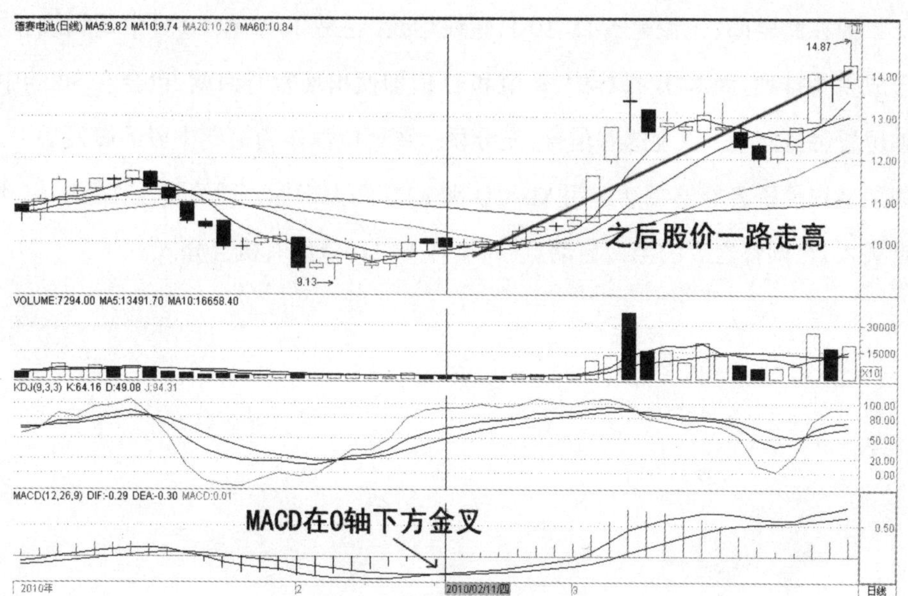

图 5-3 德赛电池 2 月 11 日技术研判

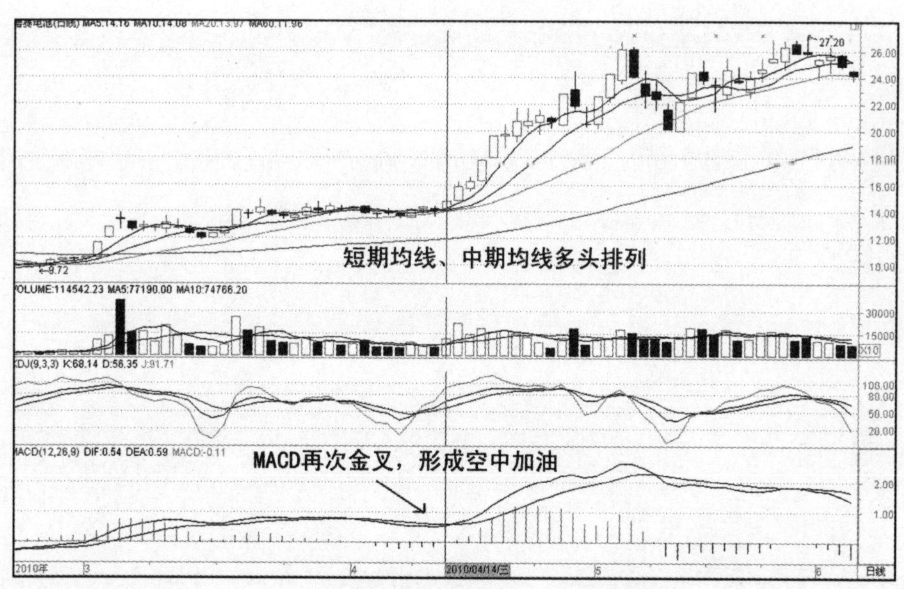

图 5-4 德赛电池 4 月 4 日技术研判

而在此期间,无论是5日、10日短线均线,还是30日和60日中期均线,均形成多头排列,而KDJ指标中,K值和D值即便出现暂时回调,也会在50的中轴位置翻身向上。以上这些信号,充分显示德赛电池作为短期牛股的爆发潜力。如果散户投资者能够灵活运用MACD和KDJ两大指标,就算没法在第一启动点买入,在调整之后的第二启动点(即4月14日)依然有机会介入。

第六章 丈八蛇矛：掌握三大要点出击创业板块

在我国古代兵器中，矛属于刺兵，是枪的前身。远在原始社会，人类就用兽角、竹片、尖形石块等捕猎动物，获取生存所需的食物，后来为方便使用还安装了柄，就成了矛。由于矛在兵刃中长度最长，因此，矛又有丈八蛇矛之称。

矛的构造很简单。主要由矛头、柄两部分组成。矛头分为“身”和“骹”两部分。矛身中部为“脊”，脊左右两边展开成带刃的矛叶，并向前聚集成锐利的尖锋。有的脊两侧带凹槽，称“饮血”，为矛头刺入人体时出血进气，以减少阻力。“骹”是用来连接脊的直筒，下粗上细便于装柄。为防止拔矛时矛头脱落，有的矛稍两边铸有环状钮，可用绳穿过把矛头牢牢绑缚在柄上。矛柄有木柄和积竹柄两种。竹柄是用细竹做柄，打通竹节，竹芯内填充木条，然后用绳裹扎起来涂上漆。积竹柄坚韧而富有弹性，不易折断，性能优于木柄。

春秋时期的矛，按其用途分为酋矛和夷矛两种。据《考工记》记载，酋矛柄长二丈，是步卒使用的兵器，夷矛柄长二丈四尺，是战车上使用的武器。当时的矛头多为青铜质，但外形开始从凸脊扁体双叶形趋向三叶窄长棱锥形，前锋更加锐利，刺透力增强。矛杆长度一般在270厘米至300厘米之间。

矛的作战性能较为单一，一般只能做刺、扎、挑等动作。但是，由于矛头锋利，并且带有长柄，长距离刺杀效果要比戈、戟等更为强大。因此，在冷兵器时代，矛一直是步兵的主要兵器之一。

在古代战争中，矛一直占据重要位置。三国时，大名鼎鼎的张飞所用兵器正是“丈八蛇矛”，猛张飞持长矛一出，敌军皆闻风丧胆两腿颤抖。那弯曲的矛头正如张飞的性格，如同火苗一样，起伏不定，令人挡无可挡！

虽然长矛能够阻隔敌人近身攻击，但它的短处也比较明显。那就是，柄部较长，近身防守不够灵便。

实战案例:力合股份、大众公用

很多著名历史人物的形象,甚至兵器会被艺术化,广泛出现在绘画、雕塑、戏曲、影视等作品中,如张飞的丈八蛇矛、关羽的偃月大刀、吕布的方天画戟等,早已深刻于老百姓的心底。

过去,很多人只知道黑张飞脾气暴躁,并且勇猛异常。最出名的一仗就是手持丈八蛇矛率二十骑兵在长坂坡一声怒吼,吓退曹操五千精骑。殊不知,张飞除了长相吓人,打仗勇敢,他还是一位文化素养极高的人。尤其是书法不错,擅画美人,现今仍有其墨宝、画像留下。

现在,我们回过头去看,其实当年的张飞,面对曹军气势汹汹,实力超强的曹军,如同弱小散户对阵庄家。不过,由于他粗中有细,冷静实施心理战术,最终战胜可怕对手。可以说,“猛张飞”遭遇强敌时所实施的战略战术,很值得散户学习和借鉴。

很多人不了解,我们能从张飞哪里学到什么啊?很简单,简要地说就八个字:**处变不惊,遇事冷静!**

其实,只要仔细分析,不难发现,历史上著名的那场“长坂坡之战”,完全就是散户力克主力的精彩战斗。为何这么说?

让我们还原当时的场景:刘备背离曹操投靠袁绍、刘表。刘表死了以后,曹操进兵荆州,刘备到了江南。曹操追刘备,追了一日一夜,到了当阳的长坂坡,终于追上了刘备。如狼似虎的曹军紧追不舍,欲对刘备赶尽杀绝。赵云孤身一人抱着阿斗逃至长坂桥,此刻,只听后面喊声大震,曹军追兵将至。赵云见张飞手持长矛站立桥上,立即大喊救命!张飞声如洪钟说:“你快快离开,追兵由我解决。”

大话是说出口了,但张飞心理还是不踏实,毕竟,面对数千铁骑,不免心里犯嘀咕:我就是一小散户,又该如何迎敌?

不过,别看张飞平日里大大咧咧,一副粗狂摸样,但此时却是急中生智。它命令随行的二十个骑兵,将树枝捆于马尾上,在林中大喊狂奔,一时间卷起黄沙漫漫,似有千军万马一般。

曹操大军追赶赵云至长坂桥,只见张飞倒竖虎须,圆睁环眼,手握蛇矛,又见桥边树林,尘头飞扬,不敢贸然靠前,生怕中了埋伏。随后,夏侯□、夏侯渊、乐进、张辽、张□、许褚等人尽数追到,但见张飞怒目横矛,大家都不敢造次。

立即有人飞报曹操,静待机构首领决策。不过,见到曹操,张飞声音更大,打起了心理战术。厉声怒叫:“老子我就是传说中杀人不眨眼吃饭不给钱的张飞张翼德,不服的话就来和我单挑!谁敢站出来与我决一死战?”

见此阵势,曹军中胆子小的将士吓得魂不守舍。曹操见张飞气势吓人,担心中了圈套,也不敢冒险进攻。张飞眼看自己的战术不错,于是继续大声叫阵。没想到,曹操身边的大将夏侯杰竟然被吓得肝胆碎裂,当场栽倒马下。曹操于是策马逃走,身后诸将一看形势不对,也不管三七二十一,跃马四散,一片慌乱之中,曹军自相践踏死伤无数。

从以上故事中,大家应该可以看出,股海无边,尽管大多数时候是实力强大的机构或主力主宰他人命运,屡屡兴风作浪,但只要散户们懂得运用策略,暂时结成团结联盟,一样可以打败主力。

2009 年 10 月 30 日,绝对称得上是中国资本市场值得隆重纪念的日子。因为就是在这一天,十年磨一剑的中国创业板市场终于正式扬帆起航。当天,股票代码以“3”打头的首批创业板个股挂牌上市。首批 28 只个股为:特锐德(300001)、神州泰跃(300002)、乐普医疗(300003)、南风股份(300004)、探路者

(300005)、莱美药业(300006)、汉威电子(300007)、上海佳豪(300008)、安科生物(300009)、立思辰(300010)、鼎汉技术(300011)、华测检测(300012)、新宁物流(300013)、亿纬锂能(300014)、爱尔眼科(300015)、北陆药业(300016)、网宿科技(300017)、中元华电(300018)、硅宝科技(300019)、银江股份(300020)、大禹节水(300021)、吉峰农机(300022)、宝德股份(300023)、机器人(300024)、华星创业(300025)、红日药业(300026)、华谊兄弟(300027)、金亚科技(300028)。创业板上市首日,其异常火爆的场面有人干脆用"惊涛骇浪"来形容。因为涨幅过于惊人,28只个股均在盘中被临时停牌。从收盘情况看,红日药业以106.5的收盘价高居榜首,成为创业板"最贵"股票。

不过,与首批创业板个股火爆异常形成鲜明对比的是,此前曾遭反复爆炒的相关概念股却纷纷逆势下跌。比如:力合股份(000532)(见图6-1)。

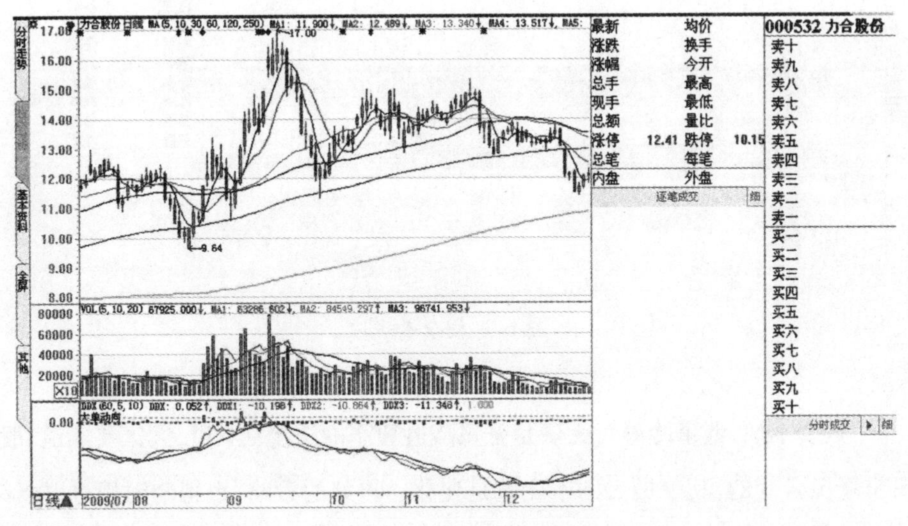

图6-1:力合股份

2009年8月20日,随着创业板即将上市的消息不断在市场上疯传,该股主力兴冲冲地开始连续拉升,并在9月16日创出17元的阶段性高点。但是,就在10月30日首批创业板个股上市当天,曾经风光无限,如今已失去炒作价值的创投概念股很快被投资者抛弃,将资金投向创业板个股。力合股份也未能幸免,全天高开低走，收盘时大跌 4.34%。

此后几天，尽管主力试图力挽狂澜，拼命连拉阳线，给人一种随时爆发的态势，但一些经验丰富的中小投资者早已识破庄家意图，于是采取了冷眼观望，就是不跟风追涨的态度。因为散户不肯配合，始终自弹自唱的庄家再也无力阻止股价下滑趋势，最终只得接受失败的结局。而与力合股份的主力有相同命运的还有另外一只创投龙头大众公用(600635)(见图 6-2)

图 6-2 大众公用

“处变不惊，遇事冷静”，无疑是张飞战胜曹军的法宝！不过，大家要知道，股票市场风云变幻，其中最大的不变就是变化。再好的策略，也得与时俱进，能够适应市场新的变化才行，否则，绝招变笨招，到头来，吃亏的还是自己。这不，经过多年精心准备，有着中国特色的“纳斯达克”创业板终于成功上市，面对这一具有里程碑意义的新生事物，我们又该如何去科学把握战机，攫取最大利润呢？下面，笔者进行介绍。

一、创业板及与主板、中小板之间的区别

1. 创业板的概念

简单地说，创业板是地位次于主板市场的二板证券市场，以美国的纳斯达克市场为代表，在中国特指深圳创业板。创业板在上市门槛、监管制度、信息披露、交易者条件、投资风险等方面和主板市场有较大区别。其目的主要是扶持中小企业，尤其是高成长性企业，为风险投资和创投企业建立正常的退出机制，为自主创新国家战略提供融资平台，是对主板市场的有效补充，对构建多层次的资本市场体系有着最大战略意义。

在创业板市场上市的公司大多从事高科技业务，具有较高的成长性，但往往成立时间较短规模较小，业绩也不突出，但有很大的成长空间。创业板市场最大的特点就是低门槛进入，严要求运作，有助于有潜力的中小企业获得融资机会。

对广大投资者来说，参与创业板市场的风险要比主板市场高得多。不过，相对应的，其回报也会相对有所提高。

2. 创业板与主板、中小板之间有何区别

（1）主板。也称为一板市场，指传统意义上的证券市场，是一个国家或地区证券发行、上市及交易的主要场所。相对创业板而言，主板市场是资本市场中最重要的组成部分，很大程度上能够反映经济发展状况，有“国民经济晴雨表”之称。中国大陆的主板市场包括上交所和深交所两个市场。

（2）中小板。中小板块即中小企业板，是指流通盘 1 亿以下的创业板块，是相对于主板市场而言的，有些企业的条件达不到主板市场的要求，所以只能在中小板市场上市。

（3）创业板。所谓创业板(Second Board)，是与主板(Main Board)相对应的概念，是指在主板之外为中小型高成长企业、高科技企业和新兴公司的发展提供便利的融资途径，并为风险资本提供有效的退出渠道的一个新市场。创业板市场是指专门协助高成长的新兴创新公司特别是高科技公司筹资并进行资本运作的市场，有的也称为二板市场、另类股票市场、增长型股票市场等。创业板市场是一个高风险的市场，因此更加注重公司的信息披露。

比较中小企业板块和创业板的定义，可以看出两者的上市对象和功能基本相同。虽然如此，但是它们之间还是有区别的，主要表现在：

A. 中小企业板块的进入门槛较高，上市条件较为严格，接近于现有主板市场。而创业板的进入门槛较低，上市条件较为宽松。

B. 中小企业板块的运作采取非独立的附属市场模式，也称一所两板平行制，即中小企业板块附属于深交所。中小企业板块作为深交所的补充，与深交所组合在一起共同运作，拥有共同的组织管理系统和交易系统，甚至采用相同的监管标准，所不同的主要是上市标准的差别。

C. 从设立的时间顺序来看，中小企业板块要先于创业板。

二、创业板有哪些风险

和主板上市公司不同，创业板上市公司平均规模较小，经营尚不稳定，在具有较大成长潜力的同时也蕴含着较高的风险。因此，适用严格的退市标准是保证创业板上市公司质量、发挥资源优化配置的必要“过滤阀”。这点既是对海外创业成熟做法的借鉴，也是对我国证券市场以往经验的总结。

与现有主板的退市规则相比，《创业板股票上市规则(征求意见稿)》公布的退市标准出现了不少变化，概括起来主要有三个特点：“多元标准，直接退市，快速程序”。

1. 多元标准。《征求意见稿》制定了多元化的退市标准。除了主板规定的退市标准外，创业板将新增若干退市标准，包括：①上市公司财务报告被会计师事务所出具否定意见或无法表示意见的审计报告而在规定时间未能消除的；②上市公司净资产为负而未在规定时间内消除的；③上市公司股票连续 120 个交易日累计成交量低于 100 万股，限期内不能改善的。一旦触发以上任何一项退市标准，上市公司都将面临退出创业板的命运。

2. 直接退市。创业板公司退市后不再像主板一样，必须进入代办股份转让系统。如符合代办股份转让系统条件，退市公司可自行委托主办券商向中国证券业协会提出在代办股份转让系统进行股份转让的申请。

3. 快速程序。为提高市场运作效率，避免上市公司该退不退，无意义的长时间停牌。创业板将针对三种退市情形启动快速退市程序，缩短退市时间。这些退市情形包括：未在法定期限内披露年报和中期报告；净资产为负；财务会计报告被出具否定或拒绝表示意见。

三、全球主要创业板市场有哪些

1. 纳斯达克(Nasdaq)

纳斯达克始建于 1971 年，是一个完全采用电子交易、为新兴产业提供竞争舞台、自我监管、面向全球的股票市场。纳斯达克是全美也是世界最大的股票电子交易市场。

纳斯达克的特点是收集和发布场外交易非上市股票的证券商报价。目前在该市场挂牌的上市公司有 5400 家。纳斯达克是全世界第一个采用电子交易的股市，它在 55 个国家和地区设有 26 万多个计算机销售终端。

纳斯达克指数是反映纳斯达克证券市场行情变化的股票价格平均指数，基本指数为100。纳斯达克的上市公司涵盖所有新技术行业，包括软件和计算机、电信、生物技术、零售和批发贸易等。世人瞩目的微软公司便是通过纳斯达克上市并获得成功的。

纳斯达克拥有各种各样的做市商，投资者在纳斯达克市场上任何一支挂牌的股票的交易都采取公开竞争来完成——用他们的自有资本来买卖纳斯达克股票。这种竞争活动和资本提供活动使交易活跃地进行，广泛有序的市场、指令的迅速执行为大小投资者买卖股票提供了有利条件。这一切不同于拍卖市场。它有一个单独的指定交易员或特定的人。这个人被指定负责一种股票在这处市场上的所有交易，并负责撮合买卖双方，在必要时为了保持交易的不断进行还要充当交易者的角色。

2. 英国 AIM 市场

20世纪70年代前，英国长期坚持推行中小企业淘汰政策。1973年后，英国开始改变这种错误政策；转而积极扶持中小企业的发展。80年代，英国相继出台了11项有关中小企业的法案，来推动中小企业的发展。在这种背景下，英国于1980年设立非挂牌证券市场，当年有23家公司。到1989年底，USM共有上市公司448家，总市值为89.75亿英镑。这之后，USM市场逐年萎缩，至1996年关闭时只有12家公司和8.39亿英镑市值。尽管USM市场受到挫折，但英国扶持中小企业发展的政策没有变化。1995年，英国设立了可供选择的市场(AIM)，将目标定位为中小企业和初创企业上。该市场由伦敦证券交易所负责监管和运营。AIM市场已成为全球瞩目的中小型企业上市地之一。

AIM以中小企业为主，同时包含规模较大的企业，行业分布非常广泛。截至2006年10月，AIM市值最大公司的市值达18.29亿英镑，市值前50名公司的市值平均达5.04亿英镑。不仅有高科技公司，还有大量制造业、金融业、消费品、第三产业的公司，上市公司的产业结构呈现多元化，共分9大类、39小类。

AIM 市场之所以取得成功，主要有如下几方面因素：

A. 包容性强。目前，AIM 上市公司的行业结构呈现出典型的多元化特征，包括 39 个行业板块，104 个分板块。从市值和上市公司数量来看，位于前列的既有采矿、能源等传统行业，也有金融服务、IT 等新兴行业。

B. 上市程序便捷。考虑到中小企业融资的时效性，AIM 设计了简便快捷的上市规则。主板企业上市需要英国金融监督管理局的审批，而 AIM 企业的上市审批权在伦交所，上市审批便捷。

C. 融资方式灵活。AIM 公司单笔融资规模并不大。1995 年到 2002 年，AIM 平均单笔融资额为 370 万英镑，与同期的欧洲大陆新市场和香港创业板市场相比都低。AIM 这种小额多次的融资方式充分满足了中小企业的发展特征及融资的客观需求。

D. 实行以“终身保荐人”为核心的监管制度。终身保荐人制度是指上市企业在任何时候都必须聘请一名符合法定资格的公司作为其保荐人。保荐人的职责是保证 AIM 的上市企业遵守 AIM 制定的规则。

E. 政府进行全方位支持。政府承担了中小企业培育方面的大量工作。除了有意认地通过系列教育计划来培养创业者外，政府还通过一整套财税政策来刺激创业投资活动的发展。此外，英国政府还设立了小企业服务局，帮助新建小企业熟悉和遵循监督法规、提供贷款担保和国外市场信息，以及采用先进经营手段。在 IPO 阶段，政府继续在财税政策方面给予扶持，并针对散户和机构投资者制定了不同的税收优惠政策。

3. 香港创业板市场（GEM）

除主板市场之外，香港还有一个完全独立的股票市场，与主板市场具有同等的地位。它在上市条件、交易方式、监管方法和内容上都与主板市场有很大差别。其宗旨是为新兴有增长潜力的企业提供一个筹集资金的渠道。它的创建对中国内地和香港经济将产生重大的影响。

A. 与主板市场相比，香港创业板市场具有以下特色：以高增长公司为目标，注重公司增长潜力及业务前景；市场参与者须自律及自发地履行其责任；买者风险自负；适合有风险容量的投资者；以信息披露为本的监管理念；要求保荐人具有高度专业水平及诚信度。

B. 香港创业板的市场潜力，是以有增长潜力公司为目标，行业及规模不限。创业板的主要目标是为在香港及内地营运的大量有增长潜质的企业，提供方便而有效的渠道来筹集资金，以扩展业务，其中也包括为在大陆投资的香港和台湾的增长公司以及大量的"三资"企业，以及内地的一些有发展前景的大中型国有科技企业和中小型民营科技企业，提供一个集资市场；另外综合企业可把个别增长项目分拆上市，投资经理及创业资本家将他们所投资的公司上市。

C. 创业板市场的交易与运作。创业板采用一套先进的交易系统及电子信息发布系统，以减低参与者的成本，增加投资者的信心。投资者可以通过电话、互联网及家庭电脑直接进入联交所的交易系统进行买卖，直接落盘。买卖实行竞投单一价，交易分段进行，每一时间段采用集合竞价的方式，决定成交价格和成交委托，为投资者提供一个公平有效的交易方式，但在新系统完成之前，创业板仍会采用目前与主板市场相同的自动对盘交易系统。另外，联交所还提供了一个独立的网页，作为参与者的主要信息交流渠道，发行人可将招股章程、公告及其他公司资料上网，供公众浏览，而无须于报刊登载（公司须发新闻稿），从而减低成本。所有目前在现有市场进行交易的经纪，将自动被准许在创业板进行交易。创业板针对的是有熟练操作技术和投资经验的投资者，但不设最低投资额。

D. 实施严格的监管制度。创业板的市场监管的基本原则：保护投资者利益及确保市场持正操作；推行严谨的监管、监察和执法措施；依循严格的信息披露标准及"买者自负"原则。监管机构只负责确保上市公司所提供的有关文件及重要的资料完整性和真实性，但不会对投资的利弊作出评论，或就所发售的证券或所提供的投资机会作出判断,无论有关判断是好是坏,上市申请人或其业务在商业上的可行性,并非香港证监会或联交所的关注所在。

4. 温哥华创业板市场(VSE)

温哥华股票交易所成立于 1907 年, 它的出现本来是为加拿大西部的资源经营性企业提供资金支持,如采矿、石油以及天然气等行业。现在温交所已经开始转向积极扶持高科技企业的成长。

温交所主要由两个板块构成:创业板和高级板。其中创业板专为中小企业而设,上市的门槛要求比较低,不要求业绩表现,注重的是企业的管理层质量以及公司的发展潜力。

针对新兴企业的发展需要,温交所特别设计了"创业资本融资库(VCP)",使企业上市的要求进一步降低。这一上市方式只要求一个合格的管理层以最低 10 万加元注册成立一家公司, 然后再由一家会员公司作为保荐人实施上市策略,就可以融到 20 万至 50 万加元的资金。但这时的上市只是有条件上市。在融资成功后,企业将有 18 个月的时间来寻找投资机会,一旦决定经营方向并得到 VSE 和股东对这一所谓"合格交易"的认可,企业就可以摆脱"有条件上市"的地位,实现其股票真正在交易所进行交易。"合格交易"就是使企业能够达到完全上市地位的投资项目。每个管理层可以同时成立 3 个这样的 VCP 公司。

温交所提供的服务还包括一项被称为"上市前审批程序(PREP)"的独特的单元。它的工作重点在于帮助企业调整资本结构、研究主创人员的资历并分析在上市过程中可能遇到的管制障碍。温交所的很多政策及程序是专门针对中小企业而设计的,它自身的定位也是要成为"全球领先的风险投资证券交易所"。从规模上来讲,温交所是北美第四大交易所,位居纳斯达克、纽约证券交易所(NYSE)和多伦多交易所(TSE)之后。

在交易设施和监管手段方面,温交所也具备相当实力。它独有的温哥华计算机化交易(VCT)系统被认为是世界上的领先系统,目前已推广到全球的其他六个股票市场。

四、判断创业企业价值三大要点

投资者在参与创业板个股之前，最好对目标公司先有个初步了解和认识。那么,投资者到底从哪些方面进行分析研判呢?

第一,要分析公司是否具有持续成长能力。一般来说,可以考察企业所拥有的技术、经营模式和经营理念是否先进或者独特,管理层的整体素质如何,企业所在行业的整体发展趋势以及企业在行业中所占的地位等等。

第二,创业板虽然定位于高成长性的创业企业,但这并不代表所有在创业板上市的企业都会获得高成长。企业的发展受到内外部诸多因素的影响,一些企业上市后获得资金支持,迅速发展壮大,投资者获得了高收益,但也有一些企业被市场所淘汰,从而造成投资者的损失。

第三,证券市场具有自身的运行规律,即便是发展良好的企业,其股票也不会只涨不跌,证券市场本身的波动也会造成投资者的损失。

五、参与创业板个股必须注意什么?

众所周知,创业板个股大多具有高风险、高收益的特征。由于国内市场刚刚开始,这类个股的实战操作技巧和经验均未完全成熟。有鉴如此,大家都是摸着石头过河,不过,以下几点建议值得投资者参考。

1. 注意与主板之间的“跷跷板”效应

由于创业板个股盘子较小、具有较高成长性,容易受到投机资金的追捧。特别是在主板表现不佳时,创业板与主板的“跷跷板效应”极为明显。即主板行情很弱时，创业板则表现活跃；反之，主板表现活跃时，创业板则相对弱势。当然了，凡事不可绝对，有时两者运行方向一致，也很正常。

2. 注意公司未来成长性

人人都知道，投资股票的关键，主要看公司的业绩是否优秀，还有业绩在未来是否具有稳定成长性。毕竟，有良好的业绩支撑，更易吸引投机资金的强势介入。

3. 注意主营业务是否得到政策支持

考虑到创业板个股大多是高科技企业，但其主营业务能否得到国家相关产业政策政策，极为重要。比如，如果一家公司是经营环保产品的，自然比较符合当前及未来国家进行节能减排的国家战略。

4. 注意控股大股东实力

流通股本过大和过小都不利于市场炒作。观察公司股东情况，即什么样的公司、机构、个人是其大股东，还要看大股东间持股的比例如何。

5. 注意冷门股表现

很多投资者喜欢做短线，对创业板个股而言，那些在上市前被大家普遍看好的“明星股”，一定要保持高度警惕。相反，那些无人关心的冷门股，很有可能成为未来的牛股。

六、创业板个股实操技巧

创业板作为中国资本市场的新生事物，很多投资者还不太了解。有的干脆将其当小盘股来炒。其实，二者之间既有共性，但也有不少不同点。以下几点，是笔者总结的炒创业板个股实战经验，供各位读者参考。

1. 首日不炒

创业板个股因为普遍盘子很小，上市首日很容易遭到游资爆炒，从而为后面的调整埋下伏笔。2009 年 10 月 30 日，首批全部 28 只股票上市当天涨幅均逾 70%，最高者近 210%。其中，探路者(300005)和安科生物(300009)在开盘后不到 10 分钟即因股价涨幅超出开盘价 20%而遭临时停牌。28 只新股午盘上涨均超出 1 倍，所有股票盘中均触发深交所临时停牌限制，其中 20 只个股被两次停牌，疯狂程度可见一斑。然而，疯狂举动必将付出代价，随后几天创业板纷纷陷入调整即是明证。所以，首日不宜轻举妄动。

2. 密切注意技术指标

由于新股上市，至少要 5 个交易日才能形成短期均线，中长期均线更是无从谈起。那么，在技术上，投资者必须密切注意 KDJ 和 MACD 两大指标。虽然有人认为这些指标对新股不太适合，但笔者却持相反观点。新股入场的条件是，必须在股价经过调整，KDJ 指标形成金叉之后。

3. 不可忽视公司成长性

众所周知，创业板大多属于高科技公司。但具体到未来成长性到底是高是低这个关键因素时，每个公司还是大不相同。通常而言，那些在行业中处于龙头地位，产品或题材比较容易得到国家产业政策大力扶持的，其业绩也更为稳定，主力进行炒作也比较有信心。

实战举例：2009 年 11 月 17 日，立思辰(300010)(见图 6-3)在经过上市首日的疯狂，以及 10 多个交易日的调整之后，MACD 指标开始在低位形成金叉，5 日均线也同时上穿 10 日均线，这就显示，随着市场情绪趋于稳定，一度遭到爆炒的股价开始回归理性。而前面的连续调整，也为主力启动一波上升行情打下坚实基础。果不其然，作为国内领先的办公信息化解决方案提供商，立思辰以其高速发展的主营业务和较强的成长性，逐渐得到投资者认同。从 11 月 19 日开始，该股连续以 3 个涨停宣告短期暴涨行情的到来。不过，投资者一旦看到 12 月 10 日 MACD 指标发出调整信号，应当坚决抛股走人。否则，将面临前功尽弃的后果，见图 6-4。

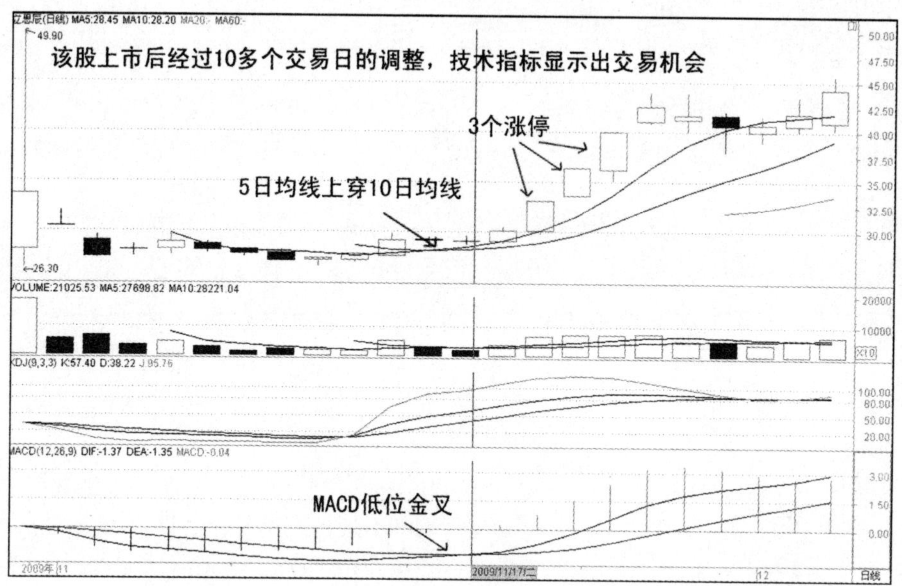

图 6-3 立思辰

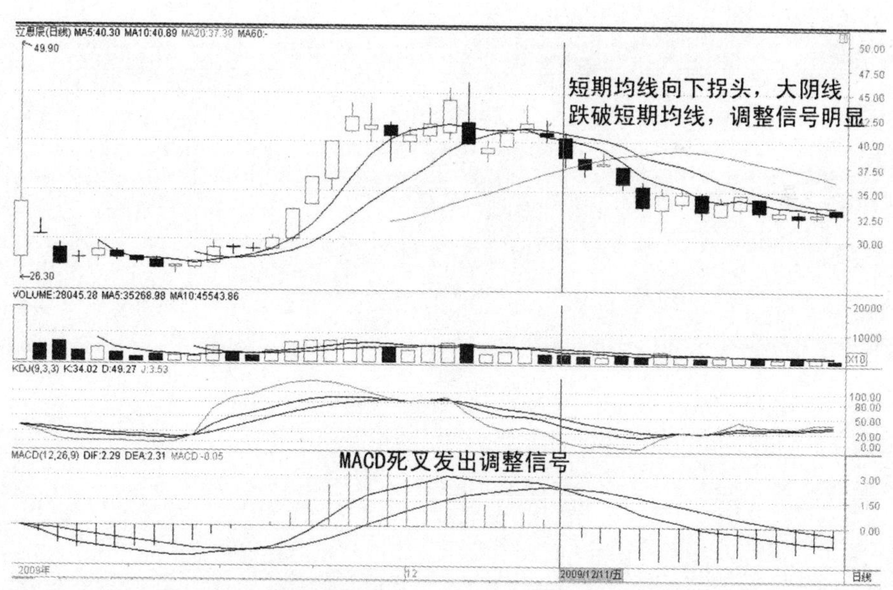

图 6-4 立思辰后续走势研判

第七章 盾甲护身：资产重组机会甄别实操技法

前面介绍的武器,无论是弓、刀、枪、剑,虽然使用方法各异,毁伤性能有别,但它们都具有一个共同特征,即均属于进攻性武器。而盾则是防御性武器。

盾,曾被古人称为“干”,与戈同为古代战争武器。后来,人们形容双方发生争斗时,常用“干戈相见”,其实就是指两种不同的兵器。随着时代发展,唐代时,盾改称“彭排”,宋代时则正式称“牌”。

盾作为防护兵器,早在黄帝时代就有了。早期的盾用木、皮等材料制作,表面刷上油漆,形状多呈长方形或上窄下宽的梯形,长度一般不超过三尺。到春秋战国时,盾仍然以木和皮革为材料制作,但其形状却有较大的变化,其上部大多作成对称的双弧形,并常绘有精美的花纹,盾高一般有60多厘米,宽约45厘米。

古代的盾种类齐全,外形也是各式各样。从形体上看,就有长方形、梯形、圆形、燕尾形,背后都装有握持的把手。从制作材料看,又可分为木牌、竹牌、藤牌、革牌、铜牌、铁牌等。其中用木和革制作盾牌的历史最长,应用也最普遍。商周时期,盾多用于车战和步战,用木、革制做或者用藤条编制的盾是军队中的重要防卫武器。这时的盾,形状近似长方形,前面镶嵌青铜盾饰,有虎头、狮面等,个个面目狰狞,令人望而生畏,借以恐吓对手,以到达不战而屈人之兵的特殊效果。

在冷兵器时代,当双方步兵展开厮杀时,通常左手持盾掩蔽身体,防止受到对方弓箭、石块等攻击,右手则持刀剑或其他兵器击杀敌人。

而至春秋战国时,如果敌我双方都有战车,或者攻城一方使用战车,则战车上会派专人持盾,以遮挡弓箭、和城墙上砸下来的石头和滚木。作为守城一方,城头上也设置盾橹,以防止敌方爬上城墙。

盾可以将防守与进攻完美结合,比如现在的美国,一方面拥有威力巨大的核武器和常规武器,同时又有由“爱国者”多型号反导系统构筑的立体防御体系,正是依靠攻防一体的超强实力,美国才敢横行无忌,维持其全球霸权。

实战案例:吉林敖东、辽宁成大

曾经有人问笔者:“股市一天到晚热闹非凡,无数投资者杀进杀出,并且是有人欢喜有人忧伤。那么,这股市不就是一场零和游戏吗?”

说实话,要说清楚这个还真不容易。如果从静态看,在不考虑交易成本的情况下,股市确实就是零和游戏,因为市场本身并不产生价值。也就是说,一个人赚到的钱,就是别人亏掉的钱。而从动态看,由于一国经济总体上是不断向前发展的,当大部分上市公司的价值会得以提升时,投资者会得到一定分红,整个市场的市值也会不断增加,如此一来,股市就不是零和游戏了。

不过,无论股市是不是零和游戏,在惊涛骇浪的市场上,主力与散户是天然对手,这是毋庸怀疑的。为达到获胜目的,主力必定会运用各种各样的方法来戏弄和引诱中小投资者。由于资金和技术实力占据明显优势,实际上可以用于对付和欺骗散户的手段很多。

2009 年,A 股市场开局良好,甚至一度成为领涨全球市场的急先锋。不过,自从上证指数在 8 月 4 日创出年度新高之后,再也无力上攻。虽然深圳成指表现好于上海市场,并在 12 月 8 日再创阶段新高,但从整体看,两市在牛年末尾和虎年伊始(即 2009 年 12 月到 2010 年 2 月之间),表现明显落后于欧美市场。不过,就是在大盘持续走弱的背景下,吉林敖东(000623)(见图 7-1)却逆势走强,甚至创出阶段性新高。但是,从该股后市运行轨迹来看,主力故意玩弄散户的意图昭然若揭。

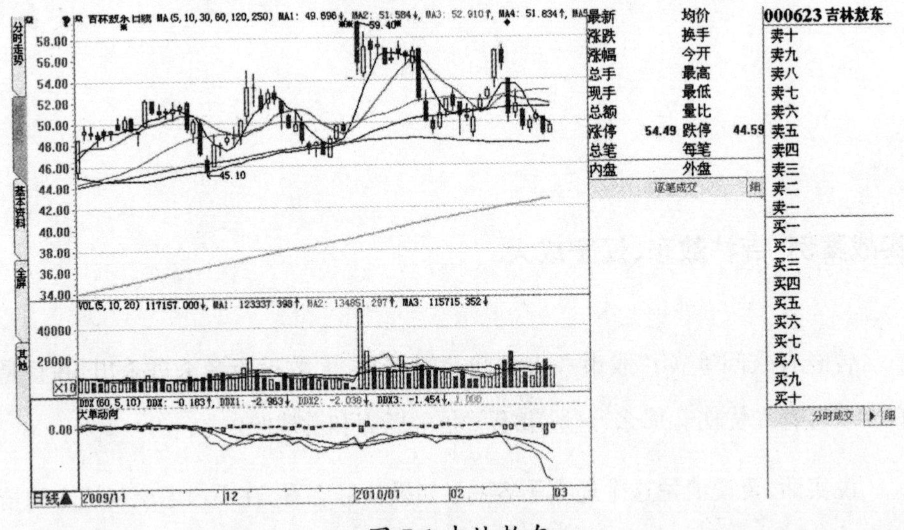

图 7-1 吉林敖东

2009 年 12 月 28 日，吉林敖东发布公告，称“因 2006 年 10 月 30 日，延边公路建设股份有限公司股权分置改革方案已经临时股东大会暨相关股东会议审议通过。为了落实其股权分置改革方案，推进延边公路用新增股份换股吸收合并广发证券股份有限公司的重组工作，广发证券拟与延边公路就本次交易有关的事宜进一步进行沟通。吉林敖东作为广发证券的股东之一，为了切实维护投资者利益，经公司申请，公司股票自 2009 年 12 月 28 日起开始停牌。”这就等于明白无误地告诉市场，经过 3 年多漫长等待，广发证券借壳延边公司终于成功，不日将重新上市交易。

据资料显示，参股广发证券的 A 股公司共有 6 家。其中参股比例较高的分别是辽宁成大（600739）、吉林敖东（000623）和中山公用（000685），分别持有广发证券 25.941%、25.78%和 14.25%的股权。另外，华茂股份（000850）、闽福发 A（000547）和星湖科技（600866）持有广发证券少量股权，持股比例分别为 2.50%、0.46%和 0.307%。换句话说，随着广发证券成功借壳上市，相关参股 A 股公司便能享有股权按“市盈率”溢价带来的增值收益，同时也能套现获利。其持有的广发股权也可以从“长期投资”转入“可供出售金融资产”。

受此利好刺激,2010 年 1 月 11 日,吉林敖东开盘即被封死涨停。成交量极为稀少,表明持股者大多惜售,期待能多拉几个涨停狠赚一笔。但就在第二天,大盘低开高走,吉林敖东却是高开后迅速跳水,截止收盘,该股成交放出巨量,仅上涨 2.92%,见图 7-2。1 月 20 日,当天沪市大盘双双大跌,吉林敖东依然坚挺,全天上扬 1.22%。但随后几天,眼看大盘不断回调,该股主力开始失去耐心,反手做空大幅杀跌。2 月 11 日和 12 日春节前两天,沪深市场走出连阳态势,但吉林敖东毫不理会,两天时间竟然下跌超过 10%,如此一来,让前期满心欢喜追涨入场的投资者悉数套牢。而与吉林敖东走势大同小异的,还有同属参股广发证券的辽宁成大,见图 7-3。

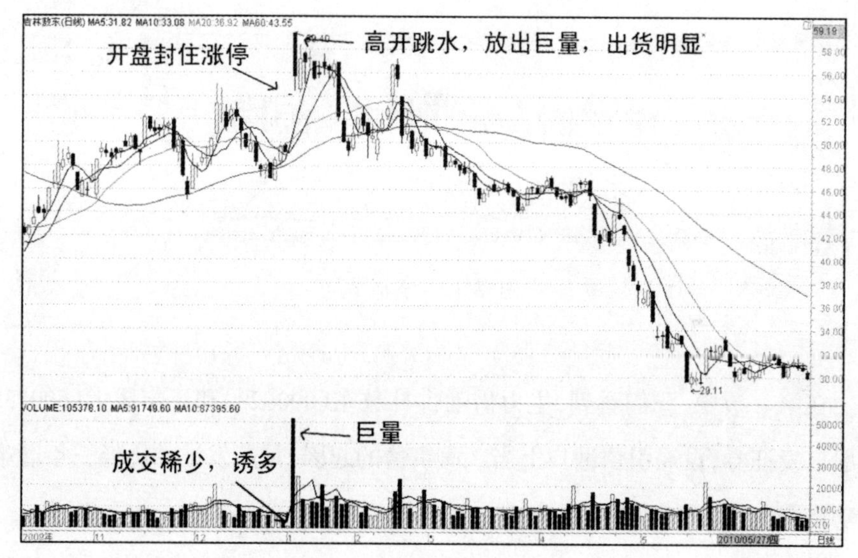

图 7-2 吉林敖东走势分析

其实,从以上两只个股如出一辙的走势看,主力的欺骗手法并不复杂,无非是借助利好——拉高出货——向下打压——再拉高——继续出货为老套路。但为什么就是这些司空见惯的普通招数，还是会让很多人不止一次跳进陷阱呢?原因很简单,炒股就是为了赚钱,而人人都有贪欲。于是,当贪欲打败理性时,危险也就相伴而至。

从防范策略来看，今后遇到此类情形时，只要我们保持头脑清醒，将自己训练得像盾牌一样坚实，那么无论庄家怎样巧舌如簧，威逼利诱，沉着空仓应对，即可保护自己账面不受损失。

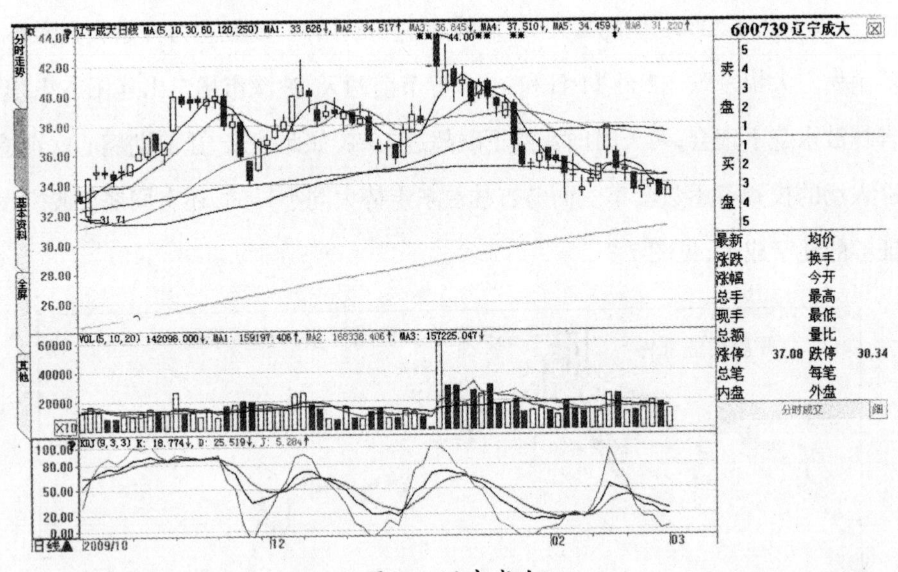

图 7-3 辽宁成大

在第一节中，我们看到，主力借助吉林敖东(000623)和辽宁成大(600739)参股广发证券，设局引诱散户上当。而事情的起因，是广发证券历经三年磨难，成功借壳上市，最终实现华丽转身。

2010 年 2 月 9 日，S 延边路的工商登记名称由“延边公路建设股份有限公司”变更为“广发证券股份有限公司”；法定代表人由郭仁堂变更为“李利平”；公司住所由“吉林省延吉市长白山东路 1440 号”变更为“广州市天河北路 183 号大都会广场 43 楼”；工商登记机关也由“延边州工商局”变更为“广东省工商局”。而随着 2 月 12 日广发证券正式上市交易，表明该公司借壳上市成功。

不过，很多投资者对于 S 延边路通过换股吸收合并，如今变身广发证券一事仍感不解，下面，笔者就对相关概念及操作技巧进行简要讲解，以期抛砖引玉。

一、什么叫借壳上市

所谓借壳上市，就是非上市公司通过证券市场购买一家已经上市的公司一定比例的股权来取得上市的地位，然后注入自己有关业务及资产，以实现间接上市的目的。非上市公司可以利用上市公司在证券市场上融资的能力进行融资，为企业的发展服务。

很明显，上市公司最大的优势是能在证券市场上筹集资金，以此促进公司规模的快速增长。因此，上市公司的上市资格就成为了一种“稀有资源”。由于有些上市公司机制转换不彻底，不善于经营管理，其业绩越来越差，甚至丧失了在证券市场进一步筹集资金的能力，要充分利用上市公司的这个“壳”资源，就必须对其进行资产重组。

二、什么叫买壳上市

与借壳上市目的类似，但形式有所不同，买壳上市就是一家优势企业通过收购债权、控股、直接出资、购买股票等收购手段以取得被收购方（上市公司）的所有权、经营权及上市地位。目前，在我国进行买壳、借壳一般都通过二级市场购并或者通过国家股、法人股的协议转让进行的。根据经验，买壳上市是民营企业实现上市的有效途径。

通过买壳上市后，壳公司在二级市场会被投资者重新认识，引起股价的上扬。所以说，买壳上市是二级市场一个永恒的炒作题材。由于买壳上市可带来横向并购、纵向并购及混合并购，从而可以提示公司业绩，扩大生产规模。

三、借壳上市与买壳上市异同点

简要来说,借壳上市和买壳上市都是资产重组的方式之一。二者之间的共同点就是,它们都必须对目标上市公司的壳资源进行优化配置,其最终目的均为实现自身上市。二者的不同点是:买壳上市的企业首先需要获得对一家上市公司的控制权,而借壳上市的企业已经拥有了对上市公司的控制权。

一般情况下,当一家非上市公司打算买壳或借壳上市时,大多会对那些主营业务出现连年亏损,股权结构较为单一的目标壳公司进行比较,然后再进入实施阶段。

借壳上市的具体步骤是:1. 集团公司先剥离一块优质资产上市;2. 通过上市公司大比例的配股筹集资金,将集团公司的重点项目注入到上市公司中去;3.再通过配股将集团公司的非重点项目注入上市公司实现借壳上市。

买壳上市的具体步骤是:1. 先收购股权。要么是收购未上市流通的国有股或法人股,要么是在二级市场上直接购买上市公司的股票。2. 进行换壳(即资产置换)。将壳公司原有的不良资产剥离出来,卖给关联公司,再将优质资产注入到壳公司,提高壳公司的业绩,从而达到配股资格,实现融资目的。3. 支付价款。方式包括现金支付、资产置换、债权支付、混合支付、零成本收购、股权支付。

四、资产重组股实操技法

我一向不建议散户朋友参与资产重组股的炒作。原因是:就算日后上市首日能翻几倍,但动辄停牌几个月甚至几年,时间成本实在太贵。当然了,所谓萝卜白菜,各有所爱,资产重组会带给相关股票一定的上涨空间,尤其是在今年经济复苏的大背景下,频繁的资产重组不仅为市场带来了活力和激情,更实实在在地提升了股票的收益率,既然有读者就是喜欢参与此类个股,那么,还是有必要给大家介绍一下实战技巧。

1. 前瞻思考,提前埋伏

大家知道,A股市场上资产重组股“乌鸦变凤凰”的传奇故事每年都会出现。只要你稍微用心一点,对那些财经媒体和网站经常报道,有高度预期的重组股票,进行可能性分析,并提前埋伏其中。一旦后市重组成功,翻几倍是完全有可能的,只不过,你最好做好打持久战的心理准备。

2. 重点关注新股东实力

既然是资产重组,自然是原来的公司经营出现困难,希望引入新的更具实力的股东进行股权转让或资产置换。因此,新股东有无特殊背景、资本实力是否充足等都是投资者值得重点关注的东西。

3. 尽量选择受益于国家政策支持的公司

虽然,随着不断发展,目前中国资本市场日趋成熟,市场化特征越发明显,但“政策市”的烙印短期内无法消除,因此,重组方公司的主营业务是否符合国家政策支持显得极为重要。

4. 如重组成功复牌涨停,不要追涨

实战中,假如你没能在停牌前提前入场,那么,当重组成功的消息公布之后,即便上市首日封死涨停,也不要强行追涨。因为,在A股历史上,经过长时间停牌,很多重组股复牌就算首日涨停,第二天随即开始大幅调整的比比皆是。如果遇到大盘恶劣,有的股复牌随即走上连续跌停之路。大家必须记住,一旦利好兑现即成利空,获利者争相出逃带动股价回归是常有之事。所以,要参与复牌后的重组股,还需耐心等待一段时间为好。

5. 等技术指标发挥正常作用再入场

此话怎讲？其实很好理解，由于资产重组属于特殊外在因素，在此期间，像KDJ和MACD等技术指标会有一段的“失真”状况。既然如此，那么，我们必须静等一段时间，让这些指标发挥正常作用再入场不迟。个人觉得，当KDJ和MACD指标双双形成金叉时，及时介入比较稳妥。

6. 务必认清“真假重组”

在2009年底轰轰烈烈的重组热潮中，“重组流产”、“假重组”也同样层出不穷。投资者只能眼睁睁看着股价从宣布重组前的一飞冲天，到如今的节节败退。事实证明，“真重组”意味着大量交易性机会，“假重组”则潜藏了巨大的风险。至于如何区别资产重组的真假，笔者在上一本《老鼠戏猫》中有专门讲解，在此不再赘述。需要再次提醒的是，如果没有很好的风险承受能力，普通投资者还是避而远之为好。

实战举例：2009年9月9日，因重大资产置换及发行股份购买资产最终获中国证监会通过，山煤国际(600546)（原名中油化建）复牌后立即封住涨停，见图7-4。

根据公告，公司将向潜在控股股东山煤集团非公开发行，购买其3家煤炭开采公司和18家煤炭贸易公司的股权及山煤集团本部与内销煤炭业务相关的资产和负债。重组完成后，公司将以煤炭开采和贸易为主业。

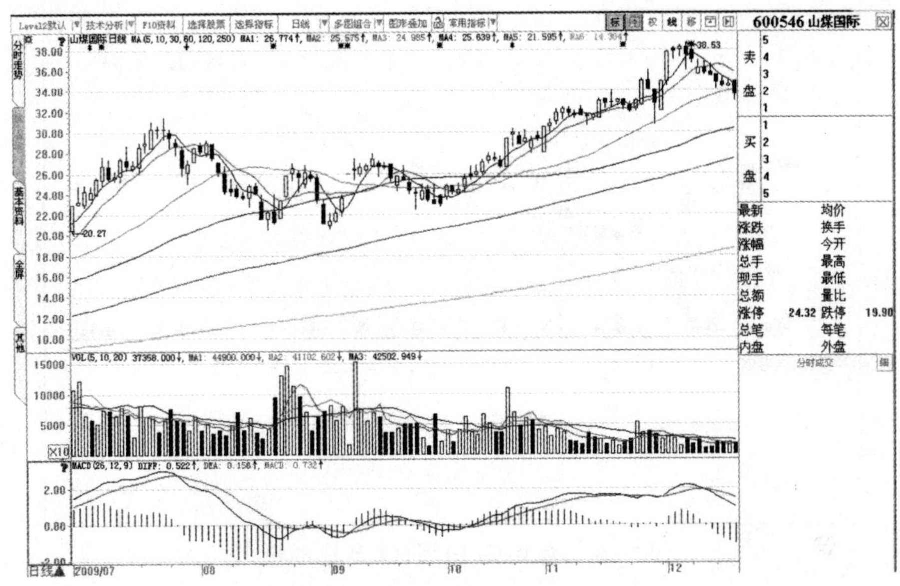

图 7-4 山煤国际

假设在 9 日当天冲动地杀进去，随着股价持续回落，短线投机客无疑将被套其中，见图 7-5。而如果根据笔者前面介绍的策略，耐心等到 2009 年 10 月 14 日，KDJ 和 MACD 指标均已走出金叉形态，此时入场更为安全，获利也相对容易得多，见图 7-6。

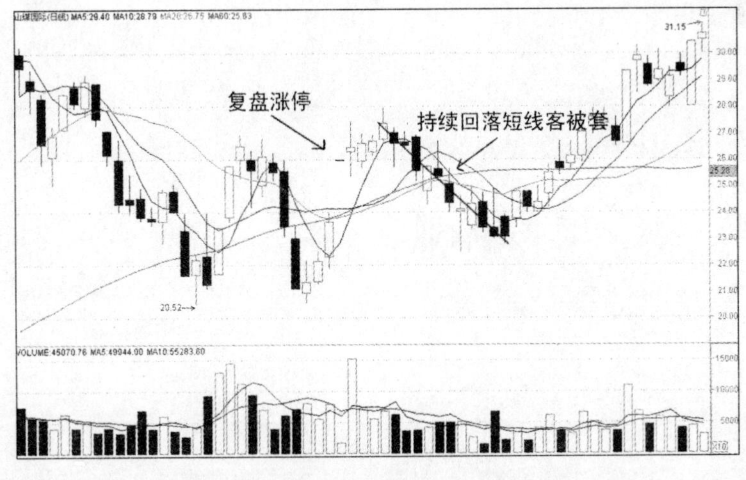

图 7−5 山煤国际走势研判

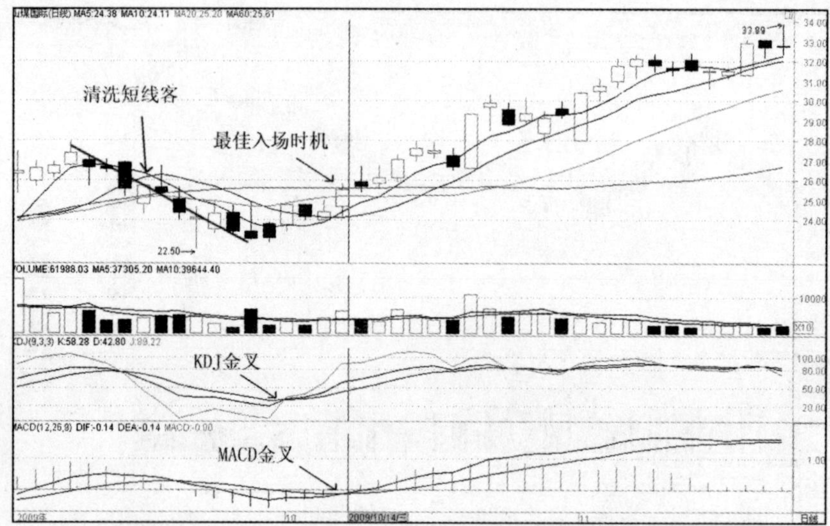

图 7-6 山煤国际 10 月 14 日技术研判

第八章 开山板斧：散户三招灵活化解震仓洗盘

古代兵器现今仍在继续使用的，越来越少。斧即是其中之一，它由古代的战斧演变而来。在《水浒传》中，人们对长相黝黑粗鲁、为人心粗胆大、率直忠诚、仗义疏财，江湖人称“黑旋风”的李逵可谓印象深刻。尤其是他手中的一对开山板斧，一旦舞将起来，虎虎生风，很是吓人。此外，《隋唐演义》中赫赫有名的福将程咬金，最为厉害的招式就是让人胆战心惊的“三板斧”。

斧的起源很早，在原始时代，人类已经可以运用有尖角的利石作为防卫武器及生活用具。和其他武器一样，斧的材质也有一个由简单变精致的过程。最早的铜斧，在商代就已经有了。不过，当时除了用于打仗之外，在宫廷内还用于仪仗之用。到了周代，由于刀剑等比较轻巧的武器出现，笨重的斧使用者大不如前。尽管在古代战争史上，斧从来没能成为主要兵器，但各朝各代都有人使用。特别是北方地区的民族，比较喜欢练习斧类兵器。

按长度分，斧有长柄和短板。按数量分，又有单斧和双斧之分。其主要用法有：劈、砍、剁、抹、砸、搂、截等。由于相比刀、剑、棍、棒等轻武器在重量上显得更为沉重，所以对使用者的身体状况要求较高。不过，像李逵、程咬金等这类彪形大汉使用起来，显得粗犷、豪壮、有力，容易给对手造成一定心理压力。如果谁不幸被劈上一斧，必定非死即伤。

在中世纪欧洲，斧作为一种特殊武器也深受骑士阶层青睐。斧（柄较短的那种）还经常与剑、钉锤一起，作为士兵随身携带的辅助武器。尤其是骑兵，当他自上而下砍杀时，像铁斧这种刃较厚的武器劈砍威力惊人，不易崩刃。除了可以利用锋利的刃杀伤敌人，还可用重量优势攻击穿着盔甲的对手，给敌人造成钝伤。

当然了，从辩证学的角度看，斧势大力沉，声势吓人，但反过来看，因为过于笨重，对使用者身体素质要求太高，并且有时需要配合盾牌和刀剑，从而使得推广范围大受影响。

实战案例:三木集团、西藏发展

在老百姓心中,程咬金的“三板斧”虽然没有花里胡哨的名字,甚至显得比较笨拙简单。但由于运用娴熟,操作顺手,还是能吓唬胆子较小的对手。

其实,在股市中,像程咬金这样的主力也比较多。当他想运作某只股票时,遇到经验不足的对手,只需一上来就连耍“三板斧”,还是能吓住不少投资者,收获奇效。不过,当主力遇到经验丰富的老手时,任你舞完几十板斧,我自沉着应对。那么,主力也只得望洋兴叹,无可奈何了。

作为投资者,几乎个个都想在最低点入场,在最高点离场,安全获利。可事实上,要完全做到这点根本不可能。因为谁都不是神仙,所谓股市无神,说的就是这个简单道理。

不过,尽管我们不奢望每次吃掉一条完整的鱼,但还是希望能跟着主力吃点鲜美的鱼肉,再不济喝口鲜汤也成。但是,大家切记一个道理:主力可不是慈善家。他既然来到这个市场,和我们大家一样,唯一的目的就是为了赚钱,而不是为了救济散户。有鉴于此,在实战中,主力经常利用各种各样的战法来诱骗散户。而这其中,最让散户深恶痛绝和害怕的,就是洗盘!

主力洗盘的手法五花八门,花样多多。不过,万变不离其宗,最为恐怖的手法就是盘中采取大幅剧烈震荡。从效果看,如翻滚过山车般的反复震荡所需时间段,资金成本低,也最容易达到利于己方战略目的。

只要我们打开股票软件,历史上很多“超级黑马”都是经过充分的震荡洗盘之后,才最终疯狂拉升的。通常情况下,当股价小幅拉升到某一阶段后,为吓走持股者，换另外一批人上车，主力会在盘中出人意料地大单砸下，时间点可以是任意时间。但早盘和尾盘出现的情况更多一些。同时成交量急剧放大，从分时图上看，一些重要的支撑位估计被杀穿，技术形态变得极为难看，从而促使短线投机客获利出场。而正当你为及时卖出而暗暗高兴时，第二天估计会大幅高开，并急拉涨停，搞得提前下车的人后悔不迭，于是重新追高买入，市场成本因而不断提高，形成助涨的全新动力。下面，我们就实例来分析庄家是如何像程咬金一样，进行“三板斧”似的大洗盘。

2010 年 1 月 22 日，因为担心央行加息，A 股市场屡屡冲高遇阻，见此机会，空头趁机发威打压，沪深股指干脆扭头下滑。此时，经过第一阶段连续拉升的三木集团(000632)(见图 8-1)需要进行必要的洗盘动作，于是庄家开始挥舞起开山板斧。

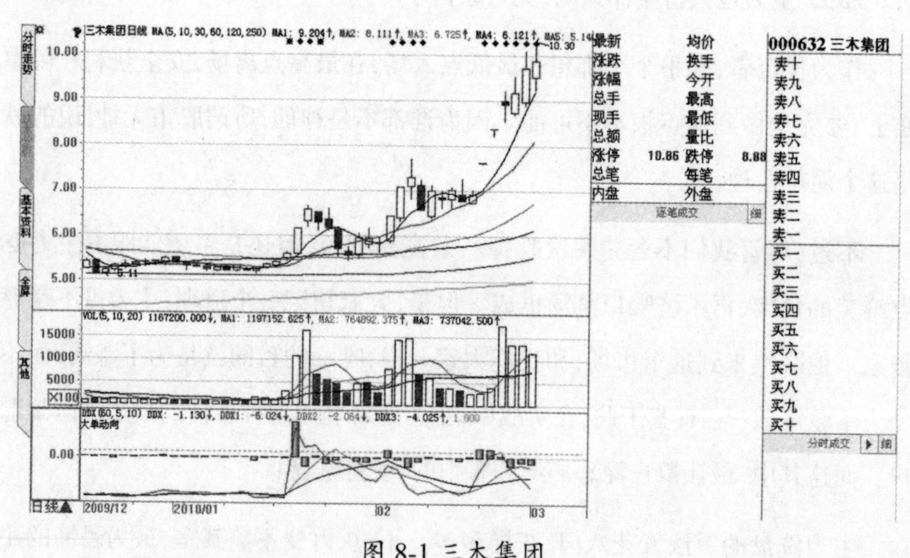

图 8-1 三木集团

当天，上证指数和深圳成指双双下跌，三木集团也是低开低走，全天重挫 4.12%，跌幅远超同期大盘。此后几天，大盘继续回调，该股也是连跌四天，1 月 26 日，股价甚至在盘中一度触及跌停。虽然收盘时跌幅收窄至 7.31%，但 10 日均线已经被跌穿。见此恶劣情形，很多持有几手或几十上百手的散户终于难以忍受杀跌出逃，见图 8-2。不过，让他们极其痛心的是，1 月 28 日，依靠 30 日均线的强力支撑，三木集团的庄家重新发力，向上展开第二波更为有力的攻击！见图 8-3。

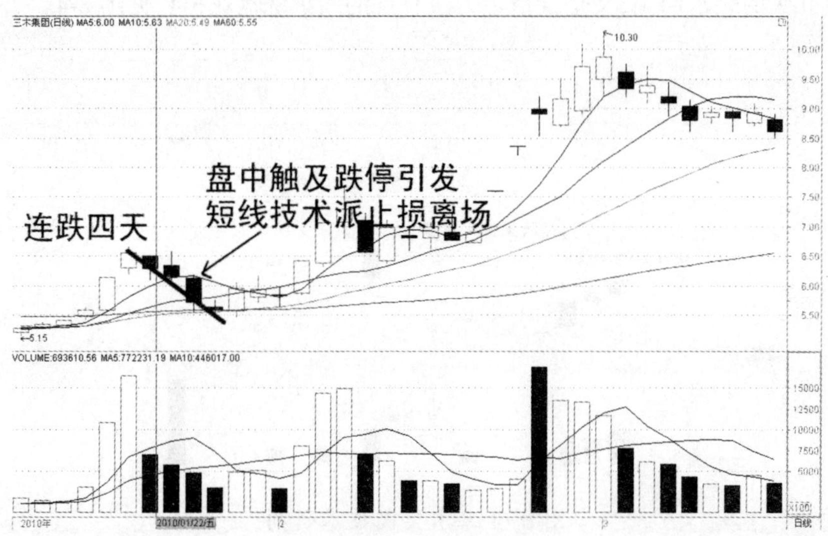

图 8-2 三木集团技术研判

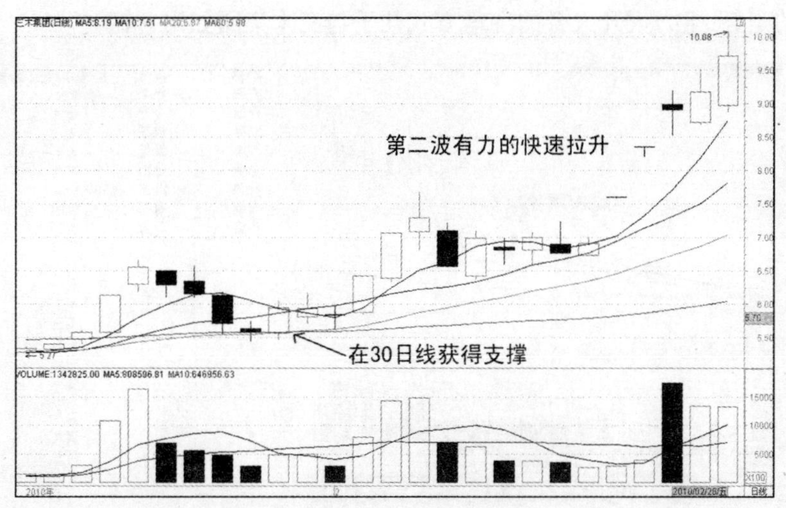

图 8-3 三木集团技术研判

2月2日和3日大盘表现算不上太好,但三木集团连续两天封死涨停。虎年开盘第一天,A股市场开门见绿,沪市下跌14点,深市下跌91点,但该股再度强势涨停,整个一副牛气逼人的模样!至此一切真相大白,1月22日至27日连续几天的跳水回调,又是狡猾主力故意玩的凶狠洗盘花招!见图8-4。

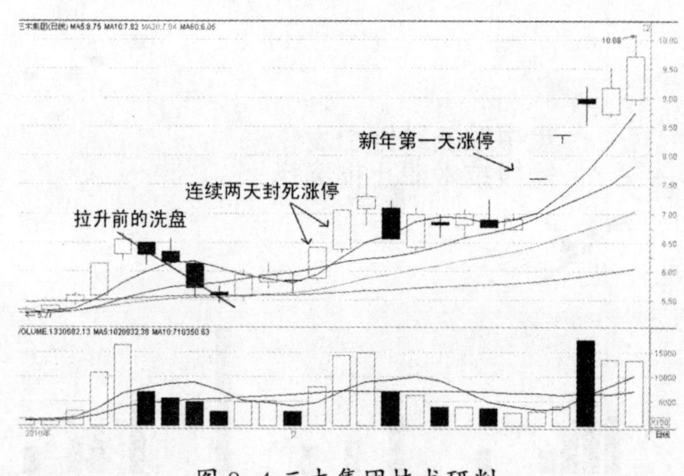

图8-4 三木集团技术研判

从纯技术角度看,西藏发展(000752)(见图8-5)从1月25日至2月22日之间的走势,主力大开大合的洗盘方式几乎与三木集团如出一辙。

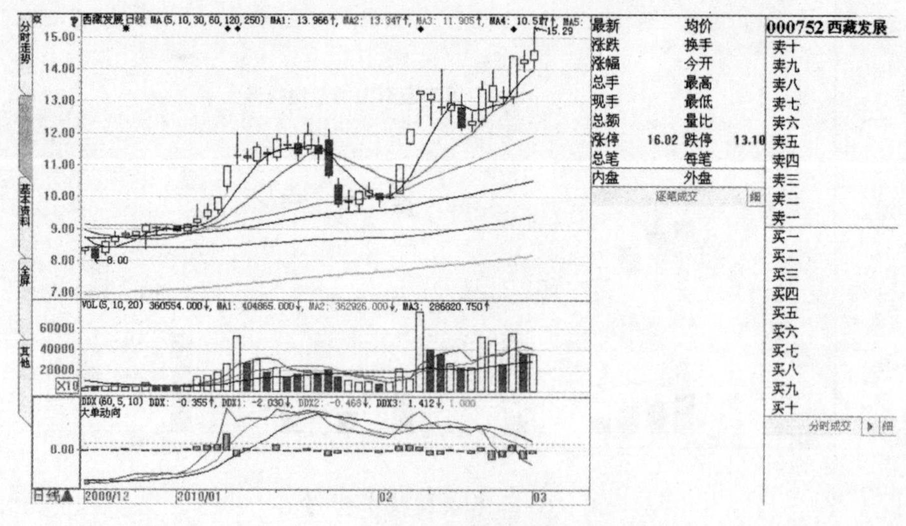

图8-5 西藏发展

洗盘在主力打造牛股的整个运作计划中占据特殊地位，为了使得大家对主力“挖坑洗盘”的功夫有所见识，笔者将对其进行重点讲解。

一、洗盘的定义及目的

在股市书籍或财经报刊上，大家经常看到主力或庄家洗盘。那么，洗盘到底是什么意思？简单来说，洗盘即庄家为达盈利目的，为了清理市场多余的浮动筹码，抬高市场整体持仓成本，必须想尽一切办法让一部分低价买进意志不坚的中小投资者提前卖股离场，以减轻后市股价上行压力，同时让持股者的平均成本提高。并且，通过洗盘时的高抛低吸，可帮助主力降低成本，尽可能地扩大利润。

具体来说，主力洗盘的主要目的有以下几个方面：

1. 通过洗盘让愿获小利就走者和容易动摇不坚定者退出，让看好后市者有机会进场买进，由于后者入场成本高，不会轻易抛掉，这就减轻了日后拉抬股价时获利盘回吐的压力。大多数散户心理是获利比亏本好，有点获利就愿意落袋为安，获利越多，这种动机越强。被套时，安心持股，遇被套股票解套或获利时，反而沉不住气，一遇股价下跌，就急着想走人，面对股市中的大牛股，常听到一些散户说，我前面曾持有该股，只可惜没能捂到现在。话又说回来，如若大部分散户都能持有到现在，那庄家还赚谁的钱呢？每只股票的 K 线图总是如大海波浪般曲曲折折。主力洗盘的目的还是为了提高散户的持仓成本。一部分散户走了另一部分散户又进来，后来的散户一部分非常自信，一部分是在股评家的诱导下进来的，股评家们常说，“等回调时再介入”，“高抛低吸”，“该股潜力巨大，每次回调者是介入良机”。在这些股评人士的帮助和配合下，主力经过几次拉抬洗盘之后，大多数散户持股成本都高，不会轻易割肉，而主力成本已相当低，从而为主力派发争得更有利的价位。

2. 通过洗盘可进一步摊低主力持股成本，同时也可抽出资金用于下一步拉抬。主力的每次洗盘，都是一次高抛低吸的好机会，据估算，每次洗盘，主力的成本可降低 4%左右。

3. 洗盘和出货在形式上有类似之处，主力真真假假，虚虚实实，让洗出场者后悔，让抱股不动者尝到甜头，让散户搞不清洗盘与出货的区别，今后在主力出货时，散户也可能认为是洗盘，掩护主力今后出货。

二、主力洗盘惯用方式和手法

对很多资金较小的投资者而言，洗盘是最让人感到烦恼的事情，因为有时很难把握到底是洗盘还是出货，所以大家都期待能在低位杀进去，高位跑出来。但很不幸，站在主力的立场来看，洗盘是极其必要的。如果次次都是主力抬轿出力，散户坐轿盈利，那也太不符合股市自身的运行规律了。

其实，只要善于学习和总结，大可不必太过害怕。因为主力的洗盘方式和手法变来变去无非就那几种，相信每位参与实际交易的股民都经常看到。

1. 洗盘方式

A. 急速打压。因为在短时间内跌幅较大，这种方式是最让散户恐惧的。一般主力会在建仓吸筹阶段使用。目的是为了吓唬散户交出筹码。具体表现是，开盘时故意大幅低开或高开，没几分钟随即用大单往下拼命砸盘，有时还会直接下穿 5 日短期均线。见此情况，很多人会赶紧割肉出局。

此外，尾盘突然跳水也是主力经常采取的策略。具体表现是，在 2:50 分左右接近收盘时，上方会出人意料地出现大卖单，直接把股价打下去几个百分点。由于速度较快，很容易让毫无心理准备的持仓者慌忙抛股。

B. 上蹿下跳。相信大家曾经看到过一些走势奇怪的技术图形。具体形状是，股价在全天交易时间内，不时快速翻红，随即快速翻绿。但全天收盘时股价相比前一交易日并未太大变化，从 K 线图上看显示为带长长上下影线的十字星（或线）。因为波动太过激烈，很多散户为求安全，经常在下跌途中割肉卖出。

2. 洗盘手法

A. 大幅高开杀跌。此种手法经常出现于股价高档无量，而低档承接力量较强时。在分时图上，我们可以看到股价开盘价很高，甚至涨停，但马上有大单下砸。有的甚至在盘中直接触及跌停。然后主力低位吃货，推动股价缓慢回升。

B. 直接跌停开盘。这种手法极为凶狠。就是庄家直接将目标股以跌停开盘。一般情况下，散户看到跌停，以为突然遇到什么重大利空，为防止后面继续下跌，只得以跌停价卖出。待跌停杀出的股票到达一定程度而不再增加时，主力乃迅速将自己的跌停挂出单取消，一下将散户的跌停抛单吃光，往上拉抬，而其拉抬的意愿视所吃的筹码多寡而定，通常主力一定要拥有大的筹码时，才会展开行动，在盘中突然拉高，让先前卖出的人大呼后悔。

C. 平台震荡。就是股价没有明显变化，从盘面看，上方有大量压单，下方买单也不少。有时甚至连续几天走势都比较沉闷。由于波动较小，心急的投资者会换股操作。于是，庄家暗中吸货的计划得以实现。

D. 忽高忽低。这种方式极具迷惑性。因为股价一会儿上攻，一会儿跳水，投资者也摸不清主力到底是何意图。不过，不管主力运用什么手法，成交量均会出现异动。比如，股价在第一轮上攻前，成交量会有一个逐步放大的过程。而在第二轮洗盘时，成交量会出现萎缩。

三、散户应对主力洗盘"三板斧"

实战中,既然主力经常运用资金、技术、信息等优势,用凶狠的洗盘大打心理战,吓唬弱小对手。那么,作为散户同样也有"三板斧"对其反制。具体操作办法如下:

第一斧:一部分资金用于中长线投资。

为安全起见,散户朋友最好把资金分成三部分,至于每部分所占比例多少,则根据个人喜好和资金量的大小而定。即其中一部分用于中长线投资。如此一来,不管主力如果运用阴谋诡计洗盘,你均能睡个安心觉。

第二斧:一部分资金用于追击短线牛股。

也就是说,留出一部分资金,一旦在盘中通过技术形态、量价关系、盘面语言等方式发现有短线牛股机会,即可及时追进。如果成功盈利,则可扩大胜率,就算失败,也不至于因仓位过重而全军覆没。再次提醒:非短线高手不要轻易满仓,尤其在震荡市或熊市,风险管理务必放在首位。

第三斧:一部分资金用于随时补仓。

说实话,笔者一向反对盲目补仓,特别是当大盘在熊市周期运行时,反复补仓只会越套越深。当然了,如果大盘处于牛市阶段,操作方法也要及时修改。具体来说,万一遇到那种因介入过早,恰恰遭遇主力洗盘短暂被套时,则必须敢于启动后备资金进行补仓,以降低总成本,这对后面扩大战果有积极正面作用。

四、怎样判断洗盘结束

1. 成交量先是大幅萎缩,换手率也不断缩减,给人跌无可跌、交投清淡的感觉。然后成交量骤然放大,一根长阳线吃掉前面几根小阴线。

2. 当股价回落到重要支撑位时,立即有大买盘进场扫单护盘,显示主力不想有效跌破关键支撑,以免造成后市拉升困难。

3. 短期均线弯头向上,中期均线继续走高。股价连续几天回落,5 日均线或 10 日均线由下行转向平走、再转身向上,并且 30 日均线始终坚持上扬。

五、洗盘阶段的应对技巧

既然洗盘是为了吓唬或引诱散户,那么,庄家肯定在洗盘阶段刻意画图。而根据图形上的蛛丝马迹,即可找出主力战略目标。通常情况下,洗盘阶段技术上具有如下特点:

1. 从盘面看,经常在盘中展开巨幅波动,股价经常上蹿下跳。甚至,有时股价会突然跳水,然后很快止跌回升。

2. 从日 K 线图看,阴线和阳线会出现不规则排列,给人以难以琢磨的感觉。

3. 成交量一般是洗盘途中先缩量,结束后放量。

4. 日 K 线经常以带长长上下影线的十字星居多。

5. 温和型的庄家为刻意造成股价萎靡不振的假象,通常不会有效跌破重要支撑位(如 5 日和 10 日均线),以免引起恐慌抛盘,增加洗盘成本。但凶狠型的庄家,则会故意跌破中短期均线,把胆小者统统赶下车,然后再放量拉升。

实战举例:上证指数自从 2009 年 8 月 4 日创下阶段高点以后,再次拐头向下走上漫漫调整之路。而航天长峰(600855)(见图 8-3)也从当天开始进入持续回调格局。从表面上看,该股走势只是跟随大盘回落,并无特别之处。但实际上,该股主力却是借势洗盘。因为,当两市股指从 8 月 25 日再度陷入调整时,该股却是一飞冲天,并屡次上演涨停好戏。

其实,只要对照以上几点,我们不难发现,航天长峰的主力操盘风格比较凶狠，洗盘手法堪称凌厉。不过，无论主力如何狡猾，还是可以从 KDJ、MACD 和成交量等指标的变化看出端倪。退一步说，即便在 8 月 20 日 KDJ 指标金叉这天不敢入场，那么，在 8 月 25 日 MACD 指标金叉这天再介入，也依然能吃到一截“鱼肚”。见图 8-4。

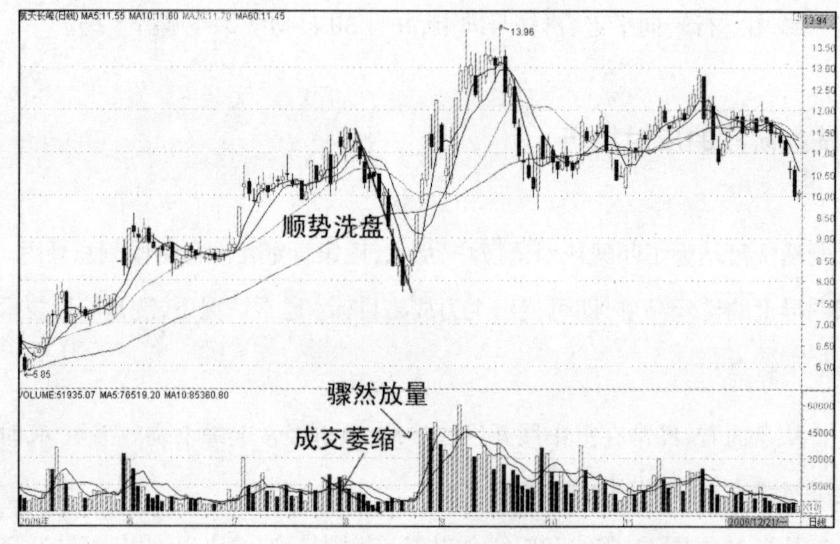

图 8-3 航天长峰

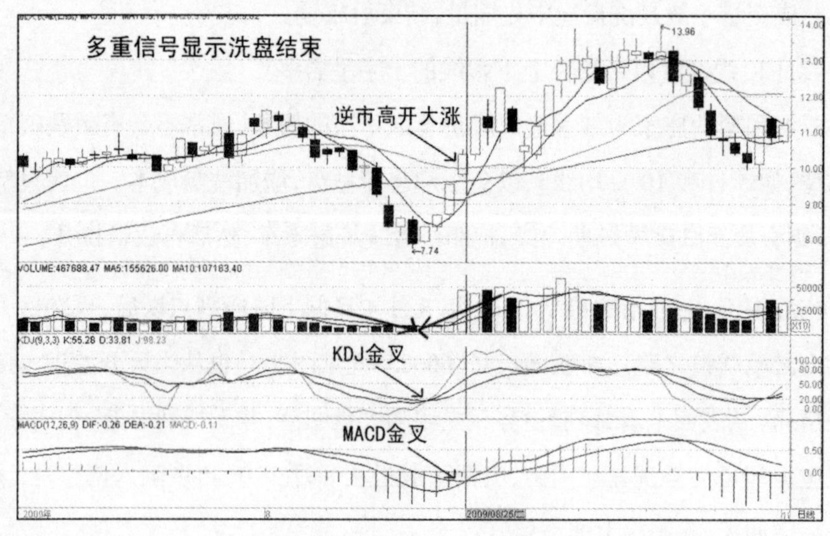

图 8-4

第九章 巨钺挥舞：短线高手单边市跌停板战法

古代兵器少说也有成百上千种。只是人们习惯将过去常用的武器归纳总结,然后在戏曲、小说、影视等艺术形式中得以体现和流传,最后才有了十八般兵器之说。前面几章介绍的兵器,基本是大众比较熟悉,并且现在还继续使用的常见之物。而从本章开始,后面即将出现的兵器如今已经很少见到了。比如钺。

据考证,钺出现于春秋时期,在战国时期已经大量使用。它与斧属于同时代兵器,钺的式样与斧相同,但比斧要更大一些。钺比斧头大三分之一,杆长一尺半。由于构造奇特,使得钺同时具备斧、矛、枪三种兵器的战法。

从结构来看,钺由青铜铍头、长柄构成,铍头尖锋直刃、扁茎,穿透力很强。。后来,因为斧和钺过于笨重,不便广泛使用,在实战中的地位开始降低,于是慢慢成为仪仗和装饰时所用,象征着持有者的特殊地位。同时,它又是执行最高律令的法器刑具。

每当古代国王赏赐大臣青铜钺时,有着赋予军权和征伐权的意义,一般贵族根本无法享有。至魏晋南北朝时,重臣出征往往有“假黄钺”的称号。为什么呢?原因在,黄钺以黄金为饰,持有它代表着御驾亲征。

经过不断演变和改进,钺的基本技法有劈、剁、刺、搂、抹、钩、云、片、斫、撩等。而根据不同标准,钺可分为玄钺(即铁钺)、黄钺(以黄金装饰)、戚扬(斧钺)、双钺、子午鸳鸯钺等几类。其中的子午鸳鸯钺,与古代的钺差别较大,无论从形状上或技术特点上,已经没有太多相同之处,目前已成为武术门派中八卦门的专门器械之一。其基本技法较多,有拉割挑扎,身挂擒拿,撩裹劈剁,削抹擢带等。基本招式有狮子张口、海底捞月、蛟龙翻身、仙人指路、金鸡独立、双手推月、玉女纫针等。

随着时代进步,钺作为兵器已经不太常见了,不过在一些历史博物馆中,应该还能看到其复制品。

实战案例:世纪光华、大唐电信

由于钺比斧更重、更沉,因此其最为明显的作战特征就是势大力沉。就像超级主力或个股庄家在拉抬指数或往下打压股价时,经常采取脉冲上扬和快速跳水的激烈方式,等被搞得昏头转向的散户们回过神来时,行情已经嘎然而止,给人一种措手不及的感觉。主力之所以喜欢运用这种方式,最大的好处就是具有突然性和报复性,并且花费的成本不高即可到达利于己方的战略目的。下面我们来看两个实战案例。

2010 年虎年开市,因央行在年前最后一个交易日(即 2 月 12 日)再次上调准备金率, 货币政策继续收紧,A 股市场延续弱势盘整格局。但是, 世纪光华(000703)(见图 9-1)复牌后却逆势连拉涨停,根本没给散户任何介入机会。

世纪光华 1 月 11 日发布公告,预计有重大事项发生,即日起停牌。2 月 11 日,世纪光华再次发布公告,披露 2009 年度业绩快报,报告显示每股收益为 -0.14 元 / 股, 累积利润总额为 -2026.64 万元, 营业收入比上年同期降低 6460.55 万元。其中铝业营业收入比上年同期减少 6809.29 万元,系由于铝锭价格上升所致。换句话说,该公司 2009 年度处于亏损状态。

不过,就在同一天,世纪光华同时披露重组预案,称公司控股股东河南汇诚投资有限公司正在对本公司筹划重大资产重组事项。这也意味着,世纪光华即将转型石化企业。该公司股价从当日复牌开始至 2 月 24 日, 已经连续 5 个涨停。虽然 2 月 24 日早市高开后,股价曾短暂回落,但很快即被主力强力封死涨停板。

从世纪光华 2009 年 12 月底和 2010 年 1 月初停牌前的日线图看，股价走势并未异样,成交量也处于大幅萎缩状态,这就说明,该股在启动之前,有可能连其中的主力都没收到重组消息,否则面对这种突然出现的紧急情况,主力必定会急于在暗中大肆吸货,而快速吸筹的结果,成交量也会出现明显放大。

正是因为事出突然,前期准备不足,手里没有太多筹码,等公告出来之后,主力为了迅速控制局面,不得不采取直接封死涨停的办法,从而导致场外焦急万分的投资者想买却买不到,只有望洋兴叹。

而与世纪光华连续涨停所相反的是,大唐电信(600198)(见图 9-2)的主力可谓极为狡猾和凶狠。

2008 年 4 月 14 日、15 日和 16 日,当时的 *ST 大唐(2009 年 6 月 5 日才正式摘除 ST 帽子)连续三个交易日遭遇重挫,并一度触及 5%的涨跌幅限制,紧接着又在 17 日、18 日和 21 日连续三个交易日触及涨跌幅限制。但让广大投资者意料不到的是,4 月 23、24、25 日,*ST 大唐竟然连续拉出三个涨停,而据大唐电信 4 月 27 日晚间发布的公告称,“经公司董事会核实，截止目前公司经营情况一切正常,未发生对公司股价有重大影响的情形”;“公司董事会确认,公司没有任何根据有关规定应予以披露而未披露的事项或与该事项有关的筹划、商谈、意向、协议等和对公司股票及其衍生品种交易价格产生较大影响的信息”。并且,从后面连续一段时间的股价走势分析,也未见任何异常现象。也就是说,该股先打出六个跌停,再拉出三个涨停的奇怪现象,只能解释为是主力精心策划的一场阴谋,其目的无非为了吓傻散户。

从以上两只股票不同的走势中,我们可以看出,前者是单边暴涨,后者是先跌后涨。无论哪种走势,其主力都有点像一个长相狰狞、力大无穷的人,挥舞着巨钺杀进人群,见人就砍。众人从未见此阵势,惊恐莫名之余,无不被吓得“哭爹喊娘”,慌不择路,落荒而逃。

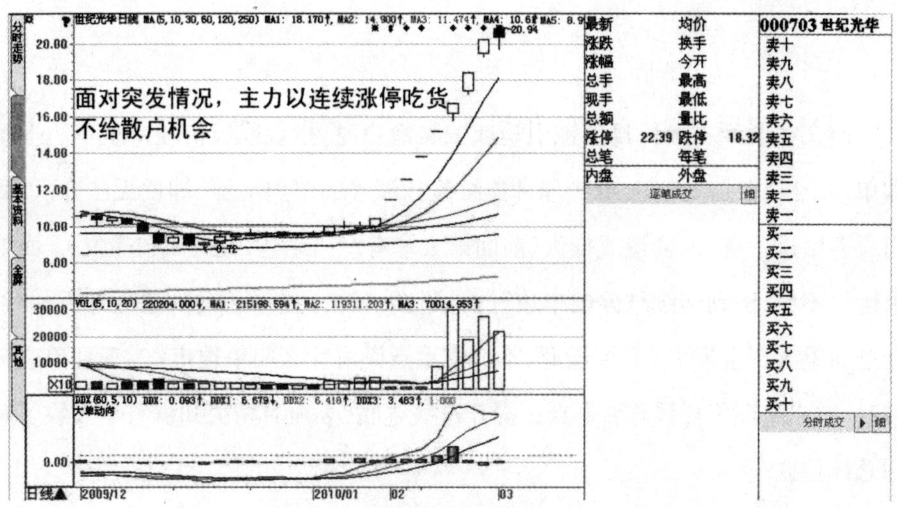

图 9-1 世纪光华

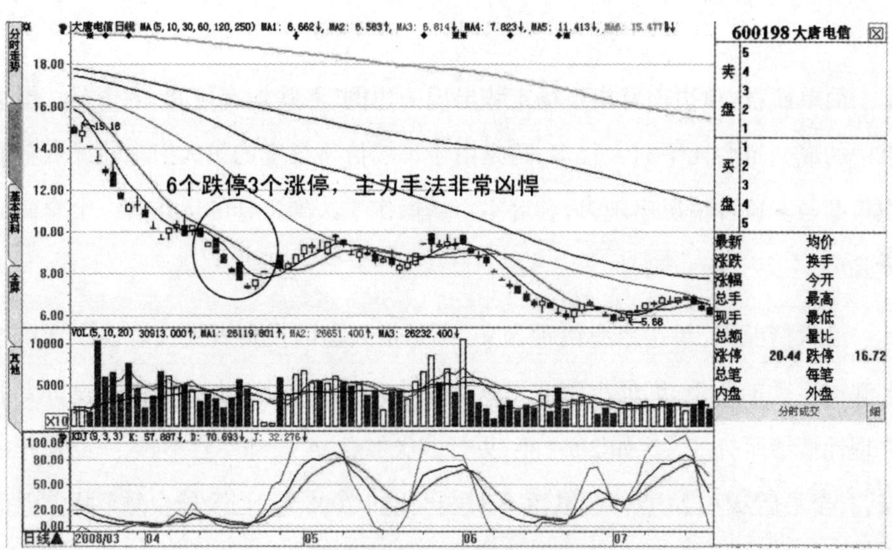

图 9-2 大唐电信

前文在谈到主力挥舞巨钺引诱或威胁散户时,指数或股价经常呈单边上扬和单边下跌格局。其实,对于那种连续疯狂涨停的单边上涨,即便无法介入,我们最多错过行情,不会造成损失(前面第五章有专门论述,此处不再重复)。而如果运气不佳,碰到连续跌停的单边行情,那么,麻烦会大很多。如果处理不及时,会遭遇重大资金损失。有鉴于此,本节将重点讲解什么叫单边市?当遇到单边暴跌时,散户又该怎样操作?要真正揭开这些谜底,必须对相关知识有个大致了解和总体把握。

一、何为单边市

简单而言,单边市意指市场走势出现一边倒(涨跌均有可能)的情况。单边市中的成交量会比平时大很多,这是由于市场价格幅度的扩大引来短线资金的积极参与。这种情况出现时,会对主力从操作手法到资金的运作有一个全面的检验。

通常情况下,单边市有两种含义:一是指大盘因投资者失去理性出现单边上涨或下跌的行情,即便上涨或下跌途中出现短暂反复,也会很快被投资者的非理性情绪所打乱。比如2007年,央行多次加息,A股却不管不顾,一路疯狂飙升,直至最后从6124点峰顶跌落下来。再比如2008年,当全球金融危机席卷而来时,沪市竟然一路重挫到1664点才终于止跌回升。

二是指因制度设计缺陷导致的单边市,即在市场中所有参与者都只能通过价格的上涨获利,而缺少在价格下跌中获利的机制,中国A股市场长期以来就是典型的单边市。

不过,当时间进入2010年,随着股指期货和融资融券相继推出,这种情况有望得到彻底改变。

二、个股连续跌停的原因

估计很多老股民都遇到过最为糟糕的情况，就是不知何故，手里的股票连续跌停，想卖都卖不出去。一般来说，原因有如下几点：

1. 突发重大政策利空

如管理层突然提高印花税、加息等猛烈措施，就会造成股指大幅低开。而那些业绩较差，或前期曾经遭遇爆炒过的题材股个股会连续跌停开盘，因为已经获利的主力会不顾一切大肆出货。

2. 重组宣告失败

通常，当某只个股进入重组程序前，主力会通过各种渠道获得第一手信息而提前埋伏其中，坐等日后股价翻番的机会。但重组并不是都能成功，一旦后面宣告失败，因坐庄时间成本太高，主力急于撤退换股操作，也会采取连续跌停的方式出货。

3. 情绪极度恐慌

有时候，大盘运行得很好，政策面也没什么利空出现，但一些个股会在盘中突然无端跳水，并迅速接近跌停。散户搞不清楚到底有什么情况，于是变得极度恐慌，赶紧杀跌出逃。这样一来，“多杀多”的直接后果就是生生把股价封在跌停板位置上。当然了，这种情况也并不全是主力在出货或吸货。或许，是主力突然接到所谓的“内幕消息”，也不管三七二十一，自己先恐慌起来。

4. 主力在恐慌中低位吸货

很多操盘风格极为凶狠的游资，坐庄时间很短。因为时间不够，为达到快速吸货，迅速拉高出货的目的，最好的办法就是拼命往下打压股价，甚至不惜造成连续跌停，见此情形，实在难以忍受的散户大多会选择割肉离场，而主力则在下方张口大嘴全数吸进。

5. 上升途中的洗盘需要

当股价上升一段时间后，主力一般会进行洗盘，换一批进场。其操作手法和跌停出货差不多。最终目的都是为了控制筹码，掌握股价运行方式，为后市扩大盈利做必要准备。

三、参与跌停板的几点问题

当前，市面上很多财经书籍，对于涨停板的操作技巧讲解较多。但对跌停板的成因和操盘技巧却鲜有涉及，而充分认识跌停板和提出应对策略比追击涨停板更为重要。毕竟，炒股的首要任务是控制风险，然后才是盈利。炒作跌停板个股，风险极大，一个不小心就有可能被深套，所以，笔者一般不提倡冒险参与跌停股。如果实在要做，也应注意以下几点问题：

1. 以跌停开盘，中途没有打开的个股坚决回避

如果一只个股直接以跌停开盘，并且一直封死至收盘都没打开。说明该股要么遭遇重大利空，要么主力资金实力有限，无力将拉回成本区。这种情况，有股的，先挂上卖单。场外空仓观望的，不要为图便宜急着杀进去。一句话，此类个股坚决回避。

2. 以跌停开盘，中途被巨量打开的个股轻仓参与

如果一只个股直接以跌停开盘，但中途被巨量强行打开。持有该股的，可趁反弹时先行出货。场外空仓观望的，可以考虑适量介入。如果运气不错，应有不错的短线获利机会。不过，要记住，此类个股轻仓参与即可，万不可冲动满仓。

3. 分批买入，见机行事

不管怎么说，在跌停时买入相当于虎口夺食，危险性很大。非短线高手，一般不建议参与。即便要参与，也要采取分批买入的办法，并随时观察股价走势，一旦发现不对劲，立即停止增仓动作。并且，总仓位不宜过重，最多半仓。就算操作失败，也不至于全军覆没，从而失去再次战斗的生力军。

4. 密切注意大盘动向，勇于认错

很多主力很狡猾，为吸引更多目光的注意，经常在大盘很差时拉涨停，而又在大盘很好时打跌停。如果遇到这种逆大盘走势而表现的个股，投资者最好多个心眼。相对安全的办法时，要密切注意大盘动向，一旦做错了，要勇于认错，及时离场。不可明知做错，反而抱着"死猪不怕开水烫"的态度,因为这样做的结果是越陷越深。

四、跌停股淘金个股实操技法

按理，对于跌停的个股，投资者唯恐避之不及，不敢随意招惹，免得遭遇巨额损失。但是，在股票市场上，有的短线高手就喜欢"富贵险中求"，专门在跌停板中淘金，寻机谋求巨额暴利。根据个人经验，下面方法值得大家参考。

1. 尽量买遭突发利空打至跌停的个股

有的个股，本身没什么问题，但由于突然遭遇重大政策利空消息打击，大盘遭受重挫，容易引发个股大面积跌停的惨况。比如：2007 年 5 月 30 日凌晨，财政部宣布，将证券交易印花税税率由 1‰上调至 3‰。次日开始，沪指在 5 个交易日内从 4335 的高点,垂直降落至 3404 点上方才企稳，上千只个股上演了连续跌停的惨剧。遇到这种突发情况，大部分投资者要么是看傻了眼，要么是割肉走人。事实证明，在那场著名的"5·30"事件中，当时敢于逆势买股的，后面都赚了个盆满钵满。

2. 尽量买跌至重要技术支撑位的个股

通常来讲，当股价回落到重要技术支撑位（如5日、10日、30日均线）时，会产生一定幅度的反弹。如果在这些位置出现跌停时，可看作是短线买点。这是因为，重要技术支撑位的形成，大多是得到市场认同的，一旦触及，会引发技术性买盘涌入，故不会轻易被击破。此时大胆买入进行超短线操作，会有一些利润空间。不过，如果大盘实在太坏，不宜久留。

3. 尽量买回升速度较快的强势个股

有时，股指一开盘或在盘中突然发生急跌，很多庄家来不及分辨原因，也不敢马上对手中的个股进行护盘，于是会很快出现大面积跌停的情况。不过，待情况稍微明朗之后，那些资金实力雄厚的庄家，会迅速展开护盘动作，甚至用巨量买单逆势将股价从跌停位置拉起。此时，投资者可以密切跟踪那些在大盘暴跌时，股价回升速度较快的强势个股，如果发现成交量不断放大，及时介入一般能有几个百分点的收益。

实战举例：说起ST金泰（600385）（见图9-3），A股市场上可以说是尽人皆知。在行情疯狂的2007年，因为涉及大名鼎鼎的黄光裕，ST金泰曾经创下42个涨停板奇观。

2008年12月3日，ST金泰发布公告，证实公司实际控制人黄俊钦（黄光裕之兄）因涉嫌经济犯罪正接受警方调查。该股当天复牌后，早市直接以跌停开盘，随后股价发生戏剧性惊天大逆转。临近收盘时，主力更是一举拉至涨停。

虽然，对于普通投资者而言，笔者不建议去冒险参与。但是，那些有一定实战经验的投资者，其实完全可以从保持完好的KDJ和MACD指标中作出买入决定，并在盘中分批建仓。而此后几天的强劲走势，也证明该股的短线爆发力相当不错！

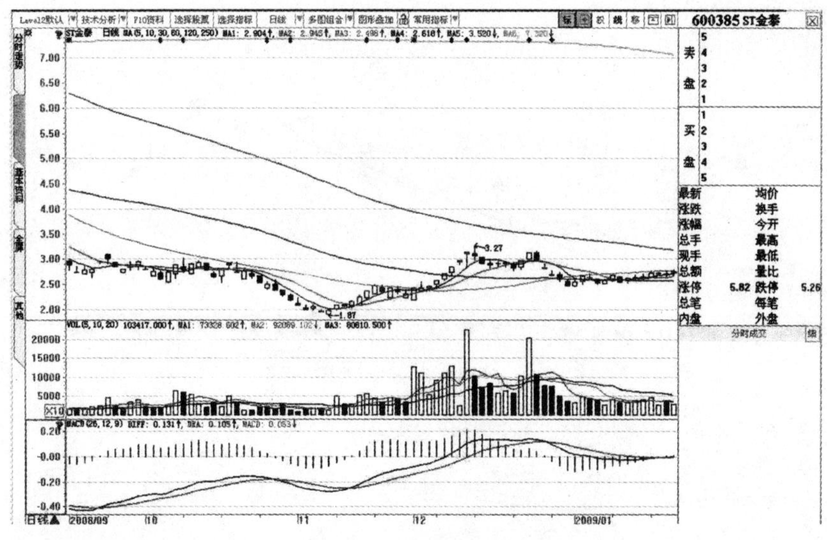

图 9-3 ST 金泰

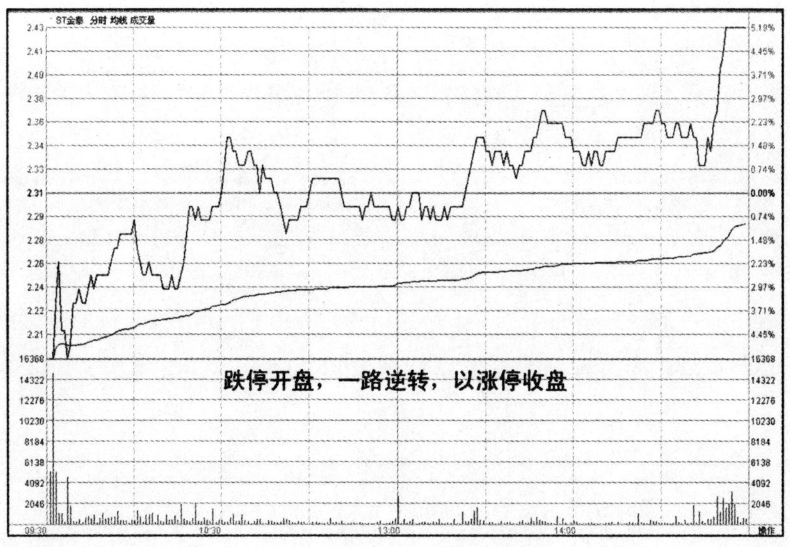

图 9–4 ST 金泰 12 月 4 日盘口

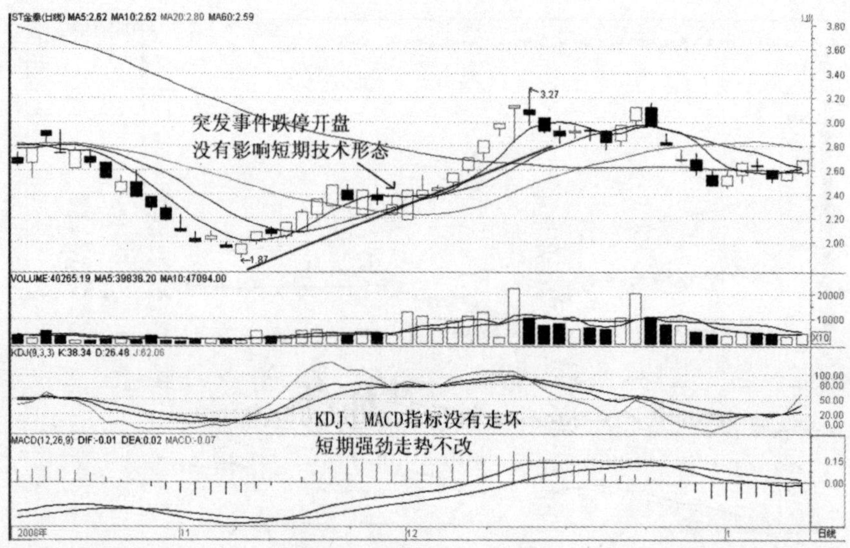

图 9-5 ST 金泰技术研判

第十章 方天画戟：运用量能变化应对主力横盘

我国一些兵器,是经过战争洗礼不断演变,将不同的武器性能融合为一体而来的。比如本章介绍的戟,就是戈和矛的合成体。

还在商代时,戟就已经出现了。西周时也有用于作战的,但尚未具有普遍性。到了春秋时期,戟开始成为常用兵器之一。据《左传》记载:鲁宣公二年(前607年),郑伐宋之战,“郑人入并,宋倒戟而出之”,这是宋军用戟的证据。此后,又相继有晋国和齐国士兵用戟作战的记载。不过,出土的文物表明,戟在春秋时还显得比较简单,就是戈头和矛头是铸制的,然后再装在木质杆柄上。春秋晚期,在长江流域的楚、随、吴、蔡诸国,还出现了3米左右的柄上联装两个或三个戈头的戟,称为“多(戈)戟”,勾割效果较好,是重要的车战兵器。

在古代,戟除了勇于作战,后面还经常作为武器的泛称,比如“持戟之士”,就像我们今天所指的“战士”一样,包括所有拿枪操炮的兵士。

戟造型奇特,是一种带钩有刺的武器,在作战时,它具有可刺杀可勾啄的双重性能。由于戟比单一的戈和矛的杀伤效能更大,因此很快得到推广应用,到了战国时期,已取代了戈的重要地位。

根据不同规格,戟有长戟、手戟、双戟之分。长戟和双戟柄长体重,杀伤威力大,其中带单月牙刃的称为青龙戟,带双月牙刃的称为方天画戟;而手戟柄短体轻,可刺可掷,是性能优良的防身自卫兵器。三国时期的大将吕布,使用的武器就是方天画戟,吕布常被人当成“体壮无脑”的典型人物,其实从他善用的兵器就可以看出,吕布并非智商低下的蠢人:方天画戟从功能上看应当属于一种多功能兵器,技术含金量高,能使唤它的人不但需要体力亦需要脑力。

在作战过程中,戟逐渐演化出马上戟、步战戟、双戟等诸多战法。戟的主要招式有剁、刺,勾、片、探、挂、掳、磕等。历史上,用戟的著名人物除了吕布,还有项羽、薛仁贵、李靖等人。

实战案例：申通地铁、三木集团

通过前面的介绍，相信大家已经看出来了，戟这种武器最大的特点就是可以勾刺并用。只要我们延伸来看，将之移植到股票市场上，是不是有种似曾相识的感觉呢?没错！当主力要运作某只个股时，为达到盈利的最终目的，他会经常变着法子，不断结合运用多种战术战法，将散户玩弄于鼓掌之中。

其实，无论主力如何聪明，欺骗散户的手段如何让人眼花缭乱，他坐庄的步骤始终就那几步：前期准备、建仓吸筹、震仓洗盘、小幅拉升、回调整理、猛烈拉升、果断出货。最多他把一些步骤简化执行而已。而在这些环境中，散户最怕的就是打压吸货和拉高出货两个阶段。因为在这两个特殊时期，主力最喜欢使用涨跌停板进行吸货或出货。不过，关于此类伎俩，笔者多有论及，不再赘述。本节要重点讲解的是另外一种情况，也经常被主力用来和其他方法混用，给投资者造成很大困扰，这就是横盘整理！

如申通地铁(600834)(见图 10-1)，该股自 2009 年分别在 5 月 4 日和 5 日连续拉出两个涨停后，一直横盘整理。然后直到 8 月 12 日，才跟随大盘出现几天的跳水动作。随后，该股再度横盘，成交量也一直维持地量水平。可见主力吸筹是多么的有耐心。

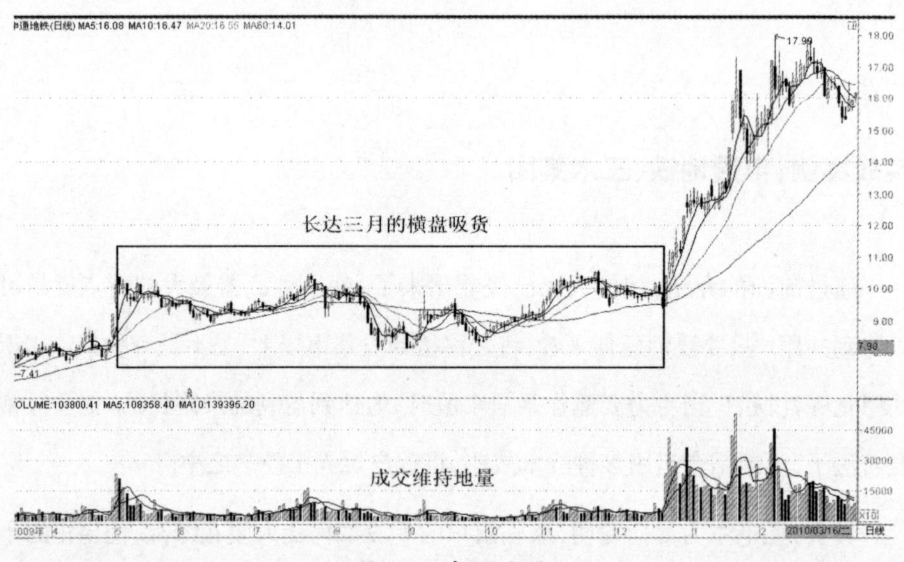

图 10-1 申通地铁

可是,在蛰伏了半年多后,主力终于开始发威。12 月 21 日这天,沪深大盘小幅收高。而申通地铁在早上开盘没多久,立即强行封上涨停板。随后 2 个多月,大盘一直萎靡不振,欲涨还跌。可申通地铁却是甩开大盘,依托 10 日均线的支撑逆势上攻,连续放量走出独立行情,并且中途几乎没有什么像样的回调动作,给人一种一气呵成的感觉!由此可见,申通地铁的瞬间爆发其实并不“突然”,2009 年整个下半年时间,当别的机构老是在担忧宏观政策可能紧缩焦虑不安时,该股主力却在不慌不忙地暗中建仓吸货。

与申通地铁走势极为相似的还有三木集团(000632)(见图 10-2),该股也是从 2009 年 5 月初开始,一路横盘整理,慢慢吸货,直到 2010 年 1 月 20 日,一根放量长阳强封涨停,此后稍为回落立即连续拉高。2 月 22 日、23 日,更是连续 2 个交易日再度涨停,完全一副不把大盘放在眼前,天下“唯我独尊”的牛气样子。

从图表中,我们可以看出,这两只股的主力建仓吸筹的方式比较特别,在长达几个月的时间内,无论大盘表现如何,目标股股价没有看到涨停,也很少看到跌停,每天的波动范围很窄。除非是长线投资者,否则,短线客盯着这种盘,很容易看得打瞌睡。稍微缺乏耐心的人，早就换股操作了。可就是这种特别磨人的走势，因为前期各种必要的准备比较充分，股价一旦启动，股价通常要翻倍主力才会罢手。

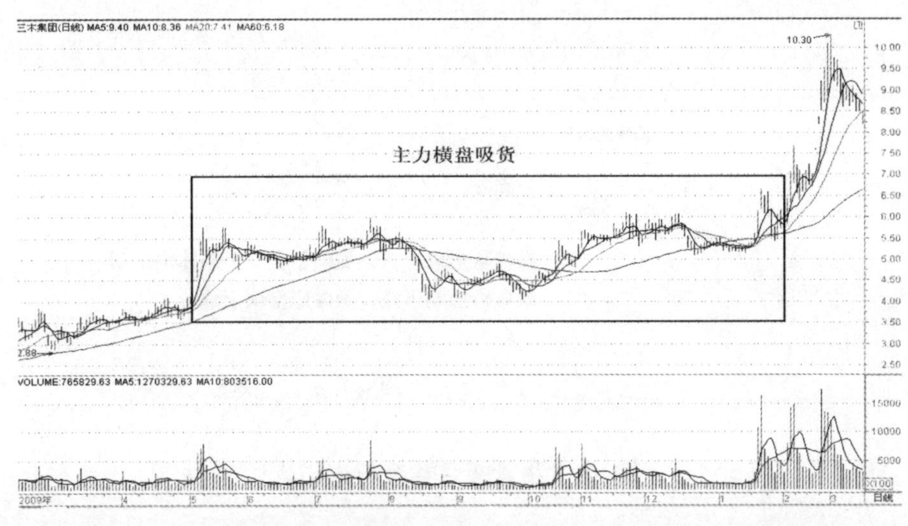

图 10-2 三木集团

众所周知，股价有三种基本状态，即上涨、下跌、横盘。前面两种最为常见，而后一种，大家都不怎么关注。其实，在横盘过程中，主力同样能完成相关动作，投资者也能从成交量的变化中窥探到股价未来的可能走向。也因此，大家不可对此掉以轻心。下面，我们就来学习相关知识和实战技巧。

一、横盘的概念及常见类型

1. 基本概念

横盘就是指大盘或个股出现徘徊不涨的特殊情况。也就是说，在某一时间段内，既不涨上去，也不跌下来。有时，人们还把横盘称为箱体震荡，就是在两条平行线内,来回进行震荡。通常情况下,横盘也表明买卖双方的力量保持微妙平衡态势。见图 10-3。

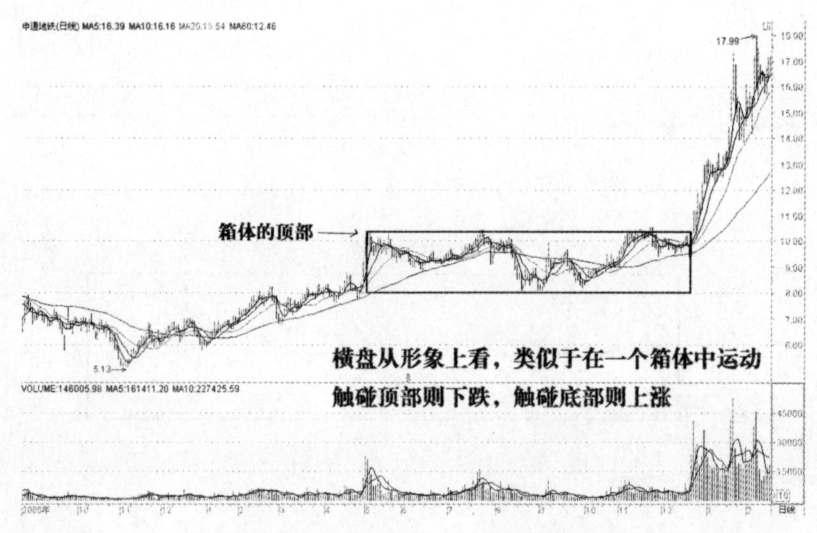

图 10-3 横盘又常称为箱体震荡

2. 最常见的几种横盘类型

横盘可以在任何时候出现。根据时间先后顺序,可将其分为:低位横盘吸货、上涨过程中的横盘整理、高位横盘出货、下跌过程中的横盘整理等几种类型。

(1)低位横盘吸货。前面我们谈到,主力要想最终获利,最为基本和关键的一步,就是必须要吸纳一定的筹码,以利于控制局面。而低位横盘吸货,就是一些庄家经常采取的办法。具体运作方法:经过一段时间的下跌后,股价一直在底部震荡徘徊,此时,随着政策面利空减少,上市公司利多增加,人气慢慢得以回升,主力乘机不断吃进廉价筹码,等待拉升时机来临。从图形上看,低位横盘以矩形、圆弧底为主。

(2)上涨过程中的横盘整理。这种情况最为常见。经过前面的充分吸货之后,主力开始奋力拉升。但是,为了安全起见,当股价上升到一定阶段时,必须要进行打压洗盘，或者做平台整理，换一批新的投资者入场，然后再择机拉升冲刺。从图形上看，此类横盘以楔形或旗形为主。

(3)高位横盘出货。通常，当股价经过连续上攻之后，主力已经获利较多。此时，他必须考虑如何尽快出货的问题，否则，手里的筹码越来越多，筹码不变现对主力而言就没有意义。如果主力大肆出货，容易惊动散户，形成雪崩效应，反而造成无法估量的损失。所以，很多主力喜欢采用一边暗中出货，一边托住股价的办法。这种办法的好处就是股价基本不怎么下跌，经验不足的散户反而以为股价在蓄势整理，后市还有新高再现，于是追高接棒站岗。从图形上看，高位横盘多以矩形和圆弧顶形态为主。

(4)下跌过程中的横盘整理。当大盘或股价形成下跌趋势之后，就算情况再恶劣，中途也会出现短暂(长的可达数月)的横盘整理。具体来说，一般会在年线，半年线、30日均线等重要支撑位停留一段时间，甚至略有反弹，然后再继续下挫。有时，散户一见反弹，以为机会来了，急冲冲杀进场内。殊不知，换挡下跌其势更为凶猛。2008年，当全球金融危机爆发时，美股和A股都是经过几次横盘整理后，再度疯狂下杀的。从图形上看，此种横盘多以矩形和圆弧顶形态为主。

二、弱势横盘和强势横盘

所谓弱势横盘，大多处于低位。当大盘或弱势个股经过连续下跌之后，技术上都会有一定的横盘整理要求。就算大盘或个股再弱，也不会一路跳水，毫无反弹。在下跌通道的构筑过程中，每当遇到重要技术支撑位时，一些技术性买盘会涌进场内，暂时阻止股指或股价下滑。如果多头力量强劲，可以促使大盘或股价反弹，甚至反转。如果力量薄弱，在经过弱势平台整理后，股价会继续下滑。

所谓强势横盘,大多处于高位。是指股指或强势个股在某一个重要技术关口附近时,短暂结束上涨趋势,但指数或股价并不回落,而是以震荡的方式平行运行。主力这样做的目的,一是为了消化获利盘,减轻上档压力。二是用时间换空间,以等待更好的机会继续向上突破。

三、成交量的概念及主要形态

1. 概念

成交量通常指某个时间单位内某项交易成交的数量。一般情况下,成交量被视为市场供需和投资者情绪变化的重要指标。

按照传统理论,当成交量放大,且指数或股价上涨时,表明一段上升行情即将开始或正处于多头市道。与之相反,当成交量持续萎缩,且指数或股价回落时,表明调整即将到来或正处于多头市道。

2. 成交量的主要形态

(1) 放量。放量是指相比以前一段时间成交明显放大。有人认为只要放量,就是好事,预示着新的行情开始。其实不然,如果是放量滞涨,或高位放量下跌,情况就很危险。如果经过横盘整理之后,低位放量,这后市有望走出上升行情。

(2) 缩量。缩量是指买卖双方都无意成交, 成交明显比前面出现萎缩的状况。缩量的原因是,市场各方对后市看法趋于相同。缩量现象,在上涨和下跌过程中均会出现。

(3) 成交量不规则。与前面两种不同,此类情况大多在行情不明确时出现。由于成交量时大时小,没有规律,故主力吸货或出货均有可能,把握难度较大。

四、运用量能变化应对横盘的策略

众所周知,无论是横盘,还是成交量,其变化和对行情的影响相对复杂。如果单独用它们进行形势判断,极易出现误判。但是,当我们将两者进行巧妙结合,并辅以其他技术指标之后,准确性会大大提高。实战方法如下:

1. 当大盘或个股低位横盘时,如成交量持续放大,可入场做多

当大盘或个股经过一段时间的深幅调整之后,终于出现企稳回升,此时,很容易让人产生误判,埋下地雷。此时,就需要重点观察成交量变化。如果横盘阶段,成交量持续放大,大盘或个股重心开始上移,KDJ 和 MACD 指标出现金叉,5 日、10 日、30 日均线拐头向上。那么,后市大盘或个股上涨概率会比较大。此时入场,获利机会较大。倘若横盘时间够长,甚至不排除股价翻番的可能。

2. 当大盘或个股高位横盘时,如成交量持续放大,宜卖股离场

当大盘或个股经过一段时间的大幅飙升之后,再也涨不动了,并且出现高位横盘。这种情况很有可能是主力在酝酿出货动作。此时,到底是持股观望还是卖股离场,同样要观察成交量。如果横盘阶段,成交量不断放大,指数或个股不涨,并且 KDJ 和 MACD 指标出现向下拐头迹象,短期均线也开始向下,则后市下跌回调的概率较大。此刻最好抛股离场,及时兑现利润,以求安全。

实战举例:2010 年 4 月 17 日,国务院发出“关于坚决遏制部分城市房价过快上涨的通知”(又称新国十条)。受此利空消息打压,二级市场上一直横盘整理的地产股纷纷暴跌。4 月 19 日,房地产板块全天跌幅竟然高达 7.54%,居各大板块跌幅之首,整个地产板块中有 20 多只个股跌停。

而作为 A 股市场上著名的地产“四大金刚”之一的招商地产(000024)(见图 10-4),除了在 19 日遭遇尴尬跌停之外,其实早在 4 月 6 日便被投资者纷纷抛售,从而提前进入调整。

从技术上看,4 月 6 日这天,无论从 KDJ 还是 MACD 指标分析,两大指标均已出现死叉,5 日、10 日等短期均线也开始向下拐头,这等于向投资者发出了明确的调整信号。此后几天,随着成交量持续放大,更显示出该股即将进入加速下跌期。如果投资者能对以上信息有清醒认识,及时果断止损,即可成功逃过一劫。

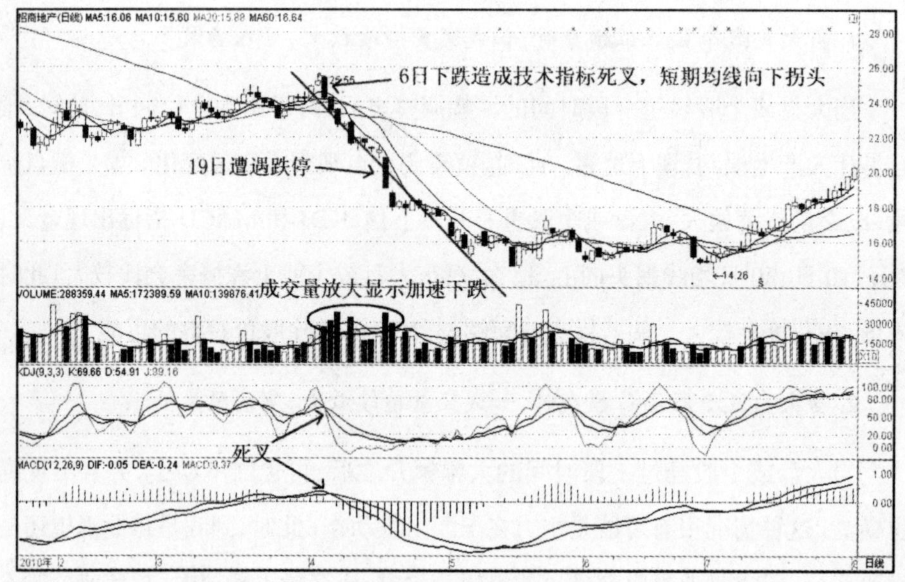

图 10-4 招商地产

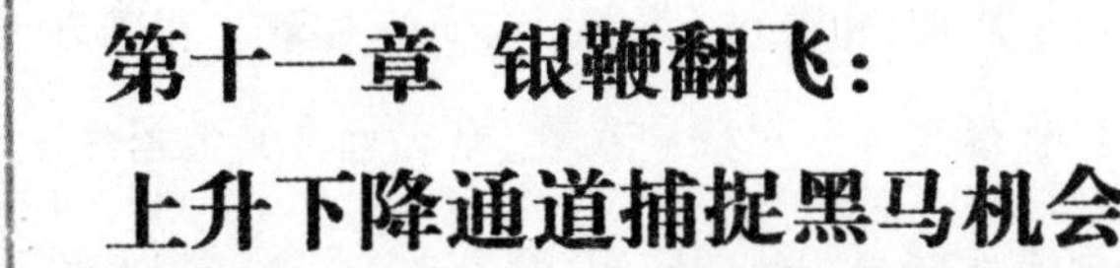

第十一章 银鞭翻飞：上升下降通道捕捉黑马机会

可能很多人想，既然称为兵器，肯定有刃、钩或刺等之类的东西，才能毁伤对手，保护自己。但本章介绍的一种兵器，却极为特殊。因为，它不会直接使人瞬间毙命，最多只会造成痛苦难忍的伤痕，这就是鞭。

鞭属于古代短兵器械的一种，起源较早，到了春秋战国时期，用鞭的人开始越来越多。鞭由一个柄和鞭绳构成灵活运动的软杆，专门用于抽打动作。鞭可分为两种，即软鞭和硬鞭。其中硬鞭多为铜制或铁制，它也有两种，一是竹节钢鞭形如竹节；另一种是13节水磨钢鞭，长约1米，鞭尾有坚木或铁制柄，头尾皆可握，能两头使软鞭多为皮革编制而成。常人所说的鞭大多指硬鞭。软鞭在晋代出现，是猛烈暗器，不易抵御，由镖头、握把、若干铁制鞭节和圆环相连而成，有7节、9节、13节之分。软鞭又可分单鞭和双鞭，有时也与其他器械配合使用。

过去，常用的鞭法有劈、扫、扎、抽、划、架、拉、截、摔、刺、撩等。后来，使用者不断改进，又加进了挡、点、盘、板、戳、拦、拨以及绞压等技法。在练习过程中，要求使用者身法灵活，刚柔并济，步伐轻捷灵活，与手法紧密配合。

软鞭是软硬兼施的兵器，作战特点是讲求高度协调性，既要有击打速度，又要体现灵巧的方法。尤其舞动时，上下翻飞，相击作响，如银蛇飞舞，使人眼花缭乱，容易给对手造成心理压力。使用软鞭时，持鞭者大多借助手臂摇动，身体转动，增加鞭的击打速度，改变鞭的运动方向。而硬鞭的使用方法要相对单一一些。

根据材质的不同，硬鞭适合用于马战。尤其是钢鞭，虽然没有锋利的刃面，但因其比较沉重，当不幸被抽打时，足以造成重伤。而软鞭携带和使用比较方便，其长短也可根据使用者的身材和爱好来设计。

历史上，比较著名的鞭有：方节鞭、秦家鞭、雷神鞭、水磨钢鞭、竹节鞭等。如今，鞭已经很少作为战场武器，但在戏曲和马戏团表演中，还可经常见到。

实战案例:三峡新材、中国石油

散户除了要练就像蚂蝗附身那样的本领之外，还应学习运用古人作战智慧,比如前面介绍的鞭。虽然它无刃无毒,但可软可硬,刚柔并济,对敌方造成的杀伤力可不小。因此,在异常激烈的股海博弈中,中小投资者务必要理会“百炼钢化为绕指柔”的精髓,以柔克刚。同时,又要思维灵活、刚柔并济,唯有如此,才能真正做到以小胜大,以弱胜强。

可能有读者就搞不懂了,既要以柔克刚,又要刚柔并济,这不是相互矛盾吗?其实并不矛盾。因为,在股市中,所谓的强与弱是相对的,并非固定不变。打个比方,某个机构有1亿资金,当他运作一只袖珍小盘股时,完全可以堪称超级主力,随意控制股价。但当他面对那种流通股高达上百亿股的大盘股时,其身份和一个散户没什么区别。所以,无论是机构还是散户,策略保持灵活多变,善于见机行事均极为重要。

那么,作为散户,我们该如何做到以柔克刚,刚柔并济,发现并骑稳绝尘黑马呢?通常,面对资金实力强大的主力,散户可以按照下面的方法来应对:

1. 耐心等待,伺机出击。这个办法不难理解。简单而言,散户因为资金小,在大多数时候难以与主力正面对抗,因此,平日你多花些时间,对目标股进行细致了解和研究,一旦看到主力建仓结束,开始启动行情时,立即动如脱兔,跑步入场。

2. 研究对手,树立信心。有人就问了,你资金不够,技术不行,怎么敢跟庄家斗?其实,事情不全是这样。毕竟,股市博弈,在很大程度上是心理博弈。实战中,有时主力也不清楚埋伏其中的人,到底有哪些人?有无实力更强大的对手?散户是否会团结一致?他心里都没底。这也是为什么股价在正式拉升前,他会进行试盘的原因,其目的就是看看盘中有什么具体反应。既然主力也不是次次都有把握,那么散户只要对庄家的做盘步骤有相当研究,树立必胜信心,就可以避开震仓洗盘,专吃中间利润最大的一段。

3. 见势不妙,撒腿就跑。骑上黑马不等于万事大吉。散户资金小,打正面战不占优,但打游击战劣势立即成为优势。只要见势不妙,比如放量不涨,或高位横盘,不管三七二十一,先撒腿就跑,抛股离场再说。

当然了,要成功运用以上办法,非一日之功,大多要经过一定的实战磨练。不过,大家无须担心,笔者现在就给大家讲解一个简单易学、效果不错的妙招。

什么妙招?那就是:多买处于上升通道的个股,少碰处于下降通道的个股。

比如,三峡新材(600293)(见图 11-1)。该股自 2009 年 3 月 26 日开始连续拉出 5 个涨停以来,一直保持着十分完美的上升通道。进入 2010 年之后,更是一路上扬,牛股特征一览无遗。在长达一年的时间里,股价虽然时不时跌破 5 日、10 日和 30 日均线,但 60 日 和 120 日均线缓慢上移的走势相当漂亮,几乎构筑了一个通畅无阻的登天坦途。

所以,当遇到这种个股时,无论做中长线,还是短线,应该说均能安全获利,最多只是利润多少有区别而已。不过,如果碰到类似如中国石油(601857)(见图 11-2)的个股时,大家一定要尽量少碰。因为该股自 2007 年 11 月 5 日上市以来,一直跌跌不休,处于明显下降通道,直到 2008 年 10 月 28 日触底回升,才逐步摆脱下降通道的压制。

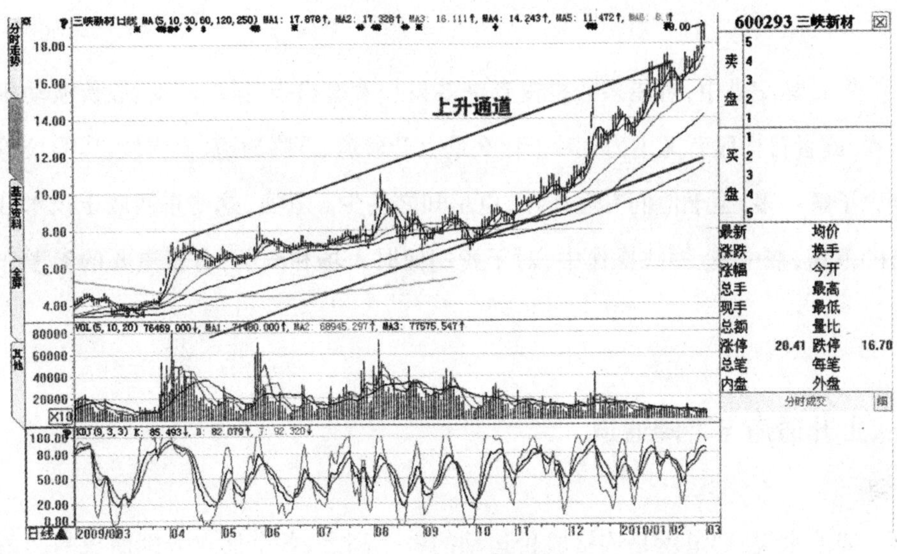

图 11-1 三峡新材

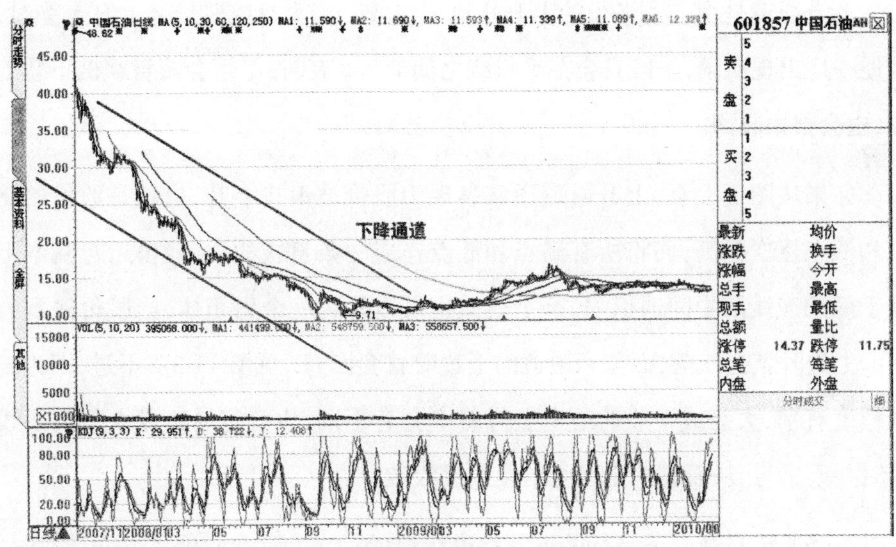

图 11-2 中国石油

在日常交易中,可能多数投资者更多关心大盘趋势、板块联动、股价波动等因素,或者目标股有无主力。对于什么是上升通道、下降通道、支撑位、压力位等概念了解不多,至于他们有何作用,更是知之甚少。其实,这些东西属于技术分析的范畴,在中线、短线操作中,对于我们何时入场和离场,有着重要的参考作用。

一、上升通道与下降通道

简单来说,通道就是连接股价运动的各个高点、各个低点分别而成的两条平行线,这两条平行线会对股价运动起到支撑和压制的作用。

上升通道是由二条平行的上升轨道线组成。当大盘或股价呈上升走势时,即便中途出现回调,一般只会在平行线之间运行。有时,尽管会短暂跌破下轨支撑,也会很快收回。

如果从图形上看,上升通道通常表现为股价波浪式上升,也就是股价的高点和低点逐次抬高,而将所有高点和低点连成一条直线的话,股价运行基本上处于两条连线的中间通道内,这个通道也可以称为一个斜箱体,当股价碰到通道的上边时就会回落,而碰到通道的下边时就会回升,,见图11-3。不过,因为波动幅度有别,大盘或个股的通道上升斜率会有不同,也就容易造成上下两条线有时并不平行,从而有一定程度的发散或收敛。

下降通道是由二条平行的下降轨道线组成。当大盘或股价呈下降走势时,即便中途出现回调,一般只会在平行线之间运行。有时,尽管会短暂冲破上轨压制,也会很快跌回。

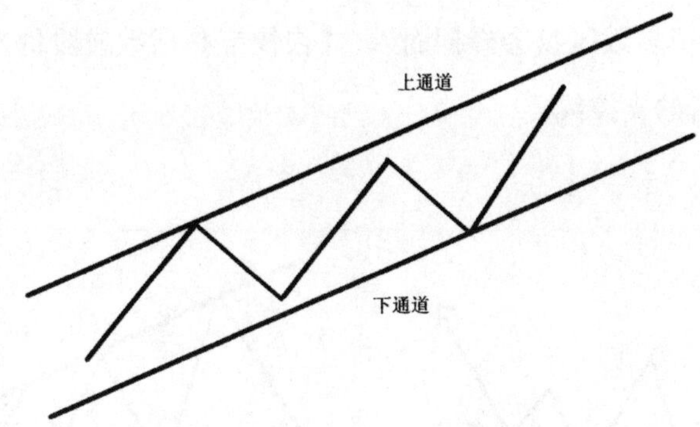

图 11-3 上升通道

二、支撑线与压力线

所谓的支撑线，即指具有支持作用的趋势线，该线可以是横向、向上或向下的趋势线，凡大盘指数或股价回落至该线时，就会有技术性买盘入场，从而制造反弹。当该线多次下破均被拉回时，会被看作是支撑有效。通常，当指数或股价回落到支撑线出现反弹放量时，表明下面买盘强劲，一般会被认为是趁低吸纳的入场时机。

相反，如果指数或股价有效跌破支撑线时，投资者应及时抛股离场。因为一旦重要支撑线失守，很容易引发疯狂的抛售压力，进一步带动指数或股价跳水。此时，原来的支撑线会变成新的压力线，见图 11-4。

所谓的压力线，即指具有阻力作用的趋势线，该线可以是横向、向上或向下的趋势线，凡大盘指数或股价上升至该线时，随时遭遇技术性抛盘，从而导致遇阻回落。当该线多次上攻均被打压下来时，会被看作压力有效。通常，当指数或股价上攻压力线出现回落放量时，表明上方卖压较大，一般会被认为是逢高出货的离场时机。

同理,如果指数或股价有效突破压力线时,投资者应加仓买进。因为一旦重要压力线被突破,很多跟风盘会蜂拥而入,并很快推高指数或股价。此时,原来的压力线会变成新的支撑线。

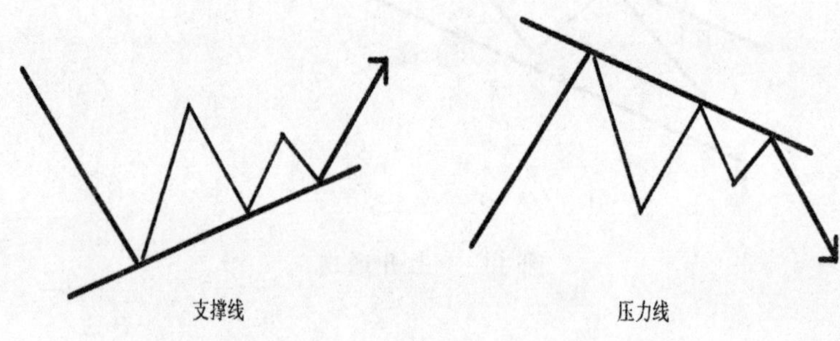

图 11-4 支撑线压力线

三、上升通道的演变特征

我们知道,大盘和股价有三大常见形态,即上涨、下跌、横盘。随着外部环境、政策面及庄家战略意图的变化,上升通道也会不断发生变化。其基本特点如下。

1. 从人气变化来看。如果大盘或股价上涨时,人气逐步高涨但不狂热,表明上升通道还会继续维持走高。当人气进入狂热状态时,容易遭到政策打压,从而引发强大抛压,导致大盘和股价迅速回落,破坏掉上升通道。

2. 从量能变化来看。如果上涨时出现温和放量、回调时出现缩量,则说明上升通道的运行状况良好。如果成交量放大速度过快,则无论是上涨还是下跌,都表明多空双方斗争激烈,互不相让。而双方的你争我夺,自然很容易使上升通道的运行轨迹将出现变化。一般情况下,上涨时成交量过大,就很容易形成向上突破走势;如果下跌时放量,则很容易形成破位走势。

3. 从市场热点变化来看。如果上升通道中热点过于集中和散乱,都不利于上升通道的持续发展。当热点过于集中时,市场会呈现出结构性牛市特征,股指往往会受少数热门股波动的影响而剧烈振荡。当热点板块过于散乱时,则很容易打击市场信心,导致上升通道遭到破坏。

四、如何操作处于上升通道的个股

第一步:先确定是否形成上升通道。

一般来说,股价要形成上升通道,此前必定有一段时间处于筑底阶段,这个筑底时间有长有短。从形态看,有矩形底、双底、三重底、圆弧底等。然后股价经过两到三次上涨之后,将两个高点和低点连线,即可画出初步的上升通道来。

第二步:尽量在股价启动前介入。

很显然,无论中长线还是短线,最安全和最赚钱的获利策略,是尽量当股价尚在底部时或启动前提前介入,然后持股待涨,直到通道有被破坏迹象,随时选择抛股离场。但是,要真正做到这点,相当于吃掉整个鱼身,其实很不容易。因为,很多投资者一见股价连续涨升,总觉得心里不踏实,不知道该何时出逃最为划算。

第三步:跟随主力做高抛低吸。

其实,只要我们对主力行为进行深入研究,还是有办法对付的。前面我们说了,上升通道的两条线,并不总是平行。原因是什么?其实,就是庄家进行高抛低吸。

通常,一条完整的上升通道是需要不断修正的。这就是说,在底部吸筹时,根本无法画出通道。只有当股价从底部开始爬升时,才能看到。为了降低资金使用成本,主力在运作一只股票过程中,会反复进行高抛低吸。

此时，作为散户，最佳的策略是同样进行高抛低吸。具体做法是，当股价进入上升通道后，一旦碰到高点的连线就先卖出，等它回落到低点的连线再度买入。必须提醒的是，一定要严格遵守逢高减仓和逢低吸纳的原则，并且，需密切关注上升通道的形态是否被破坏？一旦通道被击穿，表明股价发生逆转，后市会有一段深幅调整。

五、当个股进入下降通道时的实操技巧

谈到下降通道，无论是大盘还是个股，相信大家的第一反应就是卖票离场或者空仓观望。其实，在实战交易中，即便是个股进入下降通道，如何卖个好价钱仍是短线高手所追求的目标。具体操盘方法为：

1. 先判断大盘是否已入下降通道

从均线系统看，当大盘的 5 日、10 日、30 日、60 日等中短期均线向下拐头，并处于发散状态时，表明大盘已经进入下降通道中，新一轮跌势即将来临。即便中途有反抽，也多半会被打压下来。所以，操作个股时务必讲求策略。

2. 在通道上轨卖票，在通道下轨买票

当大盘进入下降通道时，不管是短线投机和中长线价值投资，都会受到损失。此时，经验不足的投资者最好坚持“只出不进，尽快清仓”，以避免前期好不容易获得的利润被迫回吐。中长线投资者则需立即降低仓位。而经验丰富的短线投机客，则可在目标股上画出下降通道，然后采取股价触及上轨时卖出，碰到下轨买进的办法，反复操作，积少成多，不断扩大战果。但要注意，当大盘极度恐慌时，此法不要随便使用。因为在跌势中后期，人心高度涣散，遇到重要支撑位也会很快杀穿，连弱势反抽都没有。

3. 多用 KDJ,少用 MCAD

前面说过,KDJ 是短线操盘利器,MACD 是中长线选股法宝,二者搭配使用效果奇佳。但是,当大盘或个股进入下降通道之后,KDJ 指标因为对短线行情变化比较灵敏,可以多用。而 MACD 指标一般会长期在 O 轴下方运行,对短期行情走势反应迟钝,并且容易低位钝化,要尽量少用。

实战举例:随着 2007 年 A 股市场“疯牛”行情的结束,成城股份(600247)(见图 11-5)从当年 10 月 10 日开始,也跟随大盘进入持续调整状况。此后,伴随着调整时间增加,该股也形成了一条明显的下降通道。在这条下降通道中,根据前面介绍的“在通道上轨卖票,在通道下轨买票”的原则,很明显我们还是可以在熊市中进行几次反复的短线操作,如果策略运用得当,其累积利润还是相当可观的,见图 11-6。

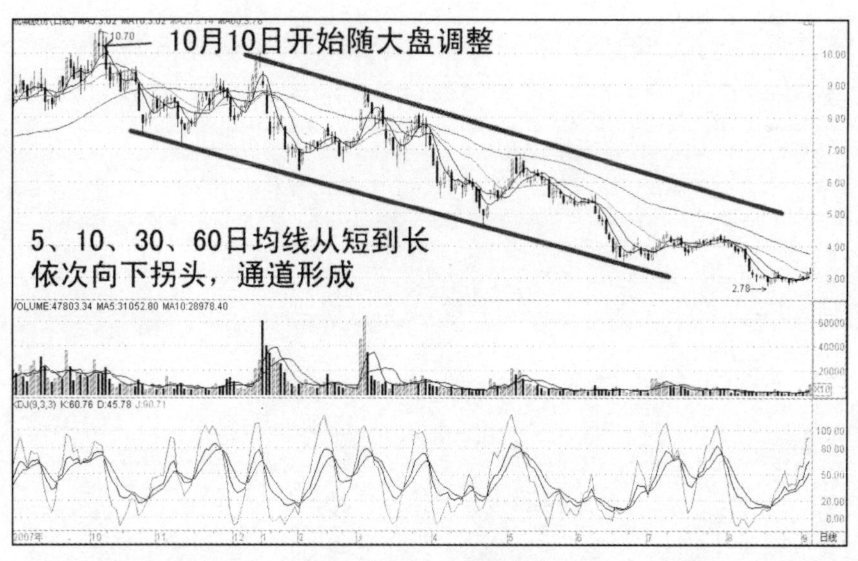

图 11-5 下降通道形成

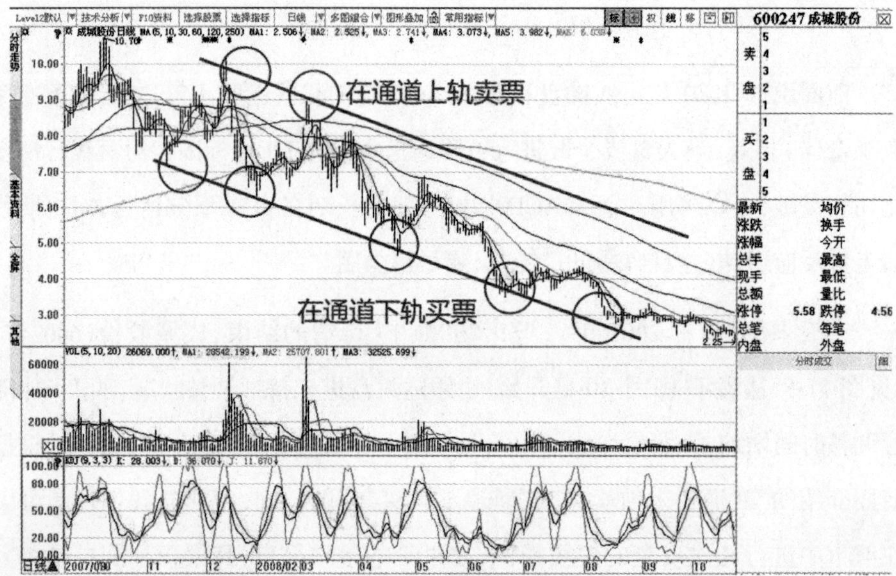

图 11-6 成城股份

第十二章 双锏合璧：转变思维通胀风险立变财富

锏在历史上属于比较少见的兵器之一。不过,尽管名气不如刀、枪、剑等常规武器,但锏在十八般兵器中,仍有其独特地位。

我们常常听到一个耳熟名词:杀手锏,其实应作“撒手锏”,按照词典里所说,“撒手锏”是军队双方在战场上进行厮杀,当主要作战兵器无法取胜甚至于被打掉,在相持不下或被敌将追杀面临险境时,一方抽出锏来,突然回身给敌将以致命一击,瞬间扭转局面取得胜利。在这样的反戈一击中,对“撒手锏”既要强调技术含量高、作战威力强,更要强调出其不意,要在最关键的时候使用,达到“一招制敌”的功效,一举扭转战局,打赢战争。

锏是短兵器,因其外形为方形有四棱,形状相同,因其得名。因材质不同,锏可以为铜或铁制,长约四尺左右。据考证,锏的来历较早,可能与剑为同一时代。

从构造方面看,锏由锏把和锏身组成。锏把有圆柱形和剑把形二种。锏身为正方四棱形,锏粗约二寸,后面较粗,然后越往顶部,会越来越细,逐步呈方锥形。锏把与锏身连接处有钢护手。

锏比较特殊的一点,是有棱角但没有刃面,并且棱角突出,每距六、七寸有节。锏身顶端的金属尖,可用来刺击敌方。锏把末端有一个小洞。洞口内用丝带或牛筋穿过,套在手腕上,起装饰和固定作用。作战时,为加强对敌毁伤效能,使用者大多喜欢用双锏,而不是单锏。锏的技术战法比较丰富,主要有击、枭、刺、点、拦、格、劈、架、截、吹、扫、撩、盖、滚、压等十几种。根据外形分类,锏可分为:八棱锏、平棱锏、凹面锏、四棱锏、浑圆锏、狼牙锏、少林方楞锏等多种。

过去,锏和鞭一样,地位没有刀、剑、枪那么高,使用者不多,所以被看做是杂兵。正是由于不便推广,在战场上,锏经常与其他主要兵器配合使用。比如,一些手持长枪或矛的战车将士,随身在腰间挂上双锏,一旦冲进敌群时,便于近身攻击和主动防御。历史上,用锏有名的有唐初秦琼和宋朝梁山大将呼延灼。

实战案例:万科 A、招商银行

在古代兵器中,很多是单兵。比如矛、钺、戟。但有的兵器,既可用单,也可用双。比如刀、枪、剑、锏。其实,在股场博弈,主力经常运用组合拳敲打和威吓散户,为自己谋利。那么,作为散户,我们可否进行逆向思维,也来个左右开弓,沉着应对呢?

可能有人要问:咱散户势单力薄,何来左右开弓啊?的确,如果单凭资金和技术实力,主力无疑占据绝对优势。但大家试想一下,倘若散户一方面刻苦学好股市实战技术,另一方面,把普遍焦躁不安的心态锤炼好,并将二者结合起来,是不是无论主力搞什么阴谋诡计,均可轻松搞定呢?

而提高实战技术,必须从多方面入手。除了要学会运用一定技术指标外,还要对股票相关基础知识有所了解,比如 CPI 和 PPI 等宏观数据,主力会经常用它们的变化来打压或拉升大盘和相关板块,从而实现自己的战略目的。下面,我们通过实例来进行演示,大家就会看得比较清楚。

例如,2007 年 12 月 11 日, 国家统计局公布了 11 月份的 CPI 数据,11 月 CPI 涨幅达到 6.9%,再创 11 年新高,高企的 CPI 数据令加息预期升温。因此市场担忧央行将进一步采取诸如加息等紧缩措施,而加息预期明显对房地产股构成利空,因此,就在数据刚刚出炉之后,地产板块出现大幅调整,从而引发市场抛售。

其实,两市股指在 12 月 11 日当天开盘不错,其中,上证综指当天开于 5180 点,最高 5209.71 点,最低 5103.75 点,收于 5175.08 点,全天仅小涨 0.25%。深成指开于 17142 点,最高 17222.22 点,最低 16815.3 点,收于 17036.9 点,全天反而下跌 0.35%。但是,以万科 A(000002)(见图 12-1)、保利地产(600048)、金地集团(600383)、招商地产(000024)为代表的地产龙头个股高开后集体杀跌,直接带动大盘高开低走。此后很长一段时间,因为 CPI 数据高企,地产板块一直处于下跌状态。

虽然,从传统理论看,CPI 高企必将使得加息预期升温,而加息会进一步扩大银行的存贷利差,从而提高银行的利息收入,对银行股短期构成利好。但从另外一方面看,CPI 持续高涨,又可能引发管理层紧缩银根,从而限制银行的业务和利润增长。正因如此,2007 年 12 月 11 日,当国家统计局公布了 11 月 CPI 涨幅达到 6.9%之后,与地产板块联手杀跌的,还有银行板块。

如招商银行(600036)(见图 12-2),12 月 11 日当日早盘高开于 40.89 元,随后逐波下移,午后更是一度大幅跳水。虽然尾盘有所回升,但该股全天竟然重挫 2.06%。与招行走势如出一辙的,还有工商银行(601398)、建设银行(601939)、中国银行(601988)等指标股。

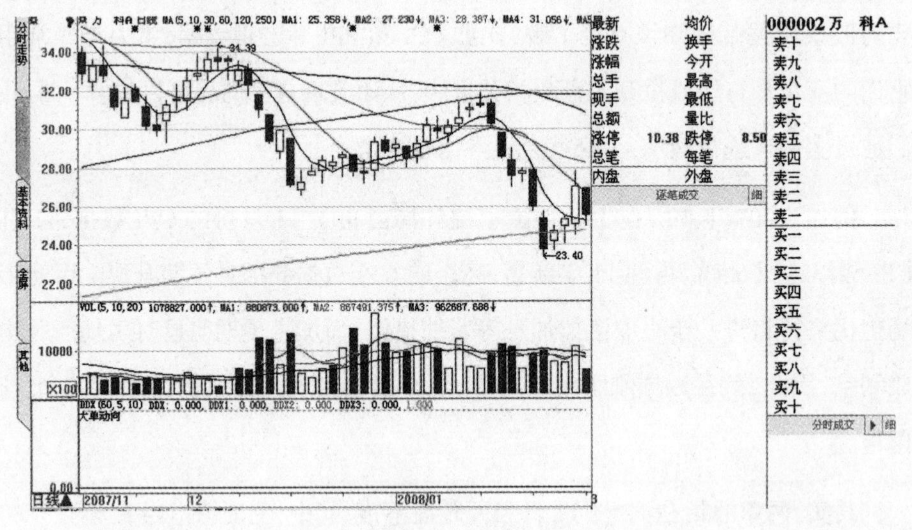

图 12-1 万科 A

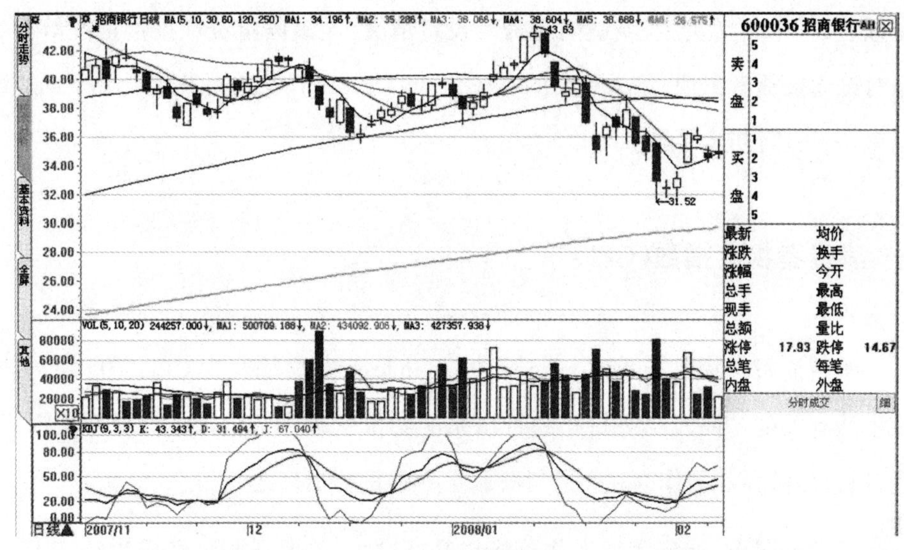

图 12-2 招商银行

从以上两个实例中,估计大家已经看出一点端倪来了。在过去,人们普遍认为,CPI 数据上涨对地产构成利空,对银行股构成利好,但为什么高企反而引发银行股跳水呢?也不是有悖传统理论吗?其实不是的,因为凡事要辩证观点来具体分析,凡事都讲究过犹不及,这也提醒我们,面对一些关键宏观数据,一定要进行深入研究,以便更好地为我们的股票交易行为服务。

只要是股民都知道,尽管大盘指数和股价起伏涨跌,与很多外在和内在因素有关,但是,其中影响最大,最为根本的,还是宏观经济走向。

道理很简单,如宏观经济持续向好,那么上市公司会开足马力生产,其经营活动和业务会得到不断增长,利润会得以提升,二级市场的信心和人气也得到提振,吸引更多资金入场,从而推动大盘和股价上扬。如宏观经济增长疲软,甚至出现连续下滑,那么上市公司一般会压缩生产规模,其生产经营活动及业务必定会受到抑制,利润会出现下滑,二级市场的信心和人气也会受到打击,于是人们纷纷卖股离场,从而导致大盘和股价回落走低。

宏观经济数据有很多,如工业增加值、消费品零售总额增速、房屋销售价格指数、人民币新增贷款、城镇固定资产投资情况、城镇固定资产投资情况等等，但对普通投资者来说，最为重要的有三个：即 CPI、PPI、GDP 数据变化。下面，我们来一一进行初步了解。

一、消费者物价指数（CPI）

所谓消费者物价指数(Consumer Price Index)，英文缩写为 CPI，是反映与居民生活有关的产品及劳务价格统计出来的物价变动指标，该指标具有个滞后性，但它是世界各国作为观察通货膨胀水平的重要指标之一。

通常情况下，如果消费者物价指数升幅过大，表明通胀已经成为经济不稳定因素，央行会有紧缩货币政策和财政政策的风险，从而造成经济前景不明朗。因此，密切跟踪 CPI 指数是各大央行的重要任务。

根据传统理论，当 CPI 指数 >3%的增幅时，即为温和通货膨胀；而当 CPI 指数 >5%的增幅时，就是严重的通货膨胀。

二、生产者物价指数（PPI）

生产者物价指数（PPI），是衡量工业企业产品出厂价格变动趋势和变动程度的指数，是反映某一时期生产领域价格变动情况的重要经济指标，也是制定有关经济政策和国民经济核算的重要依据。目前，我国 PPI 的调查产品有 4000 多种（含规格品 9500 多种），覆盖全部 39 个工业行业大类，涉及调查种类 186 个。

该指数主要用来衡量各种商品在不同的生产阶段的价格变化情形。一般而言，商品的生产分为三个阶段：一、原始阶段：商品尚未做任何的加工；二、中间阶段：商品尚需作进一步的加工；三、完成阶段：商品至此不再做任何加工手续。

根据价格传导规律,PPI对CPI有一定的影响。PPI反映生产环节价格水平,CPI反映消费环节的价格水平。整体价格水平的波动一般首先出现在生产领域,然后通过产业链向下游产业扩散,最后波及消费品。

由于CPI不仅包括消费品价格,还包括服务价格,CPI与PPI在统计口径上并非严格的对应关系,所以,CPI与PPI的变化有时会出现变化不一致的情况。

在不同市场条件下,工业品价格向最终消费价格传导有两种可能情形:一是在卖方市场条件下,成本上涨引起的工业品价格(如电力、水、煤炭等能源、原材料价格)上涨最终会顺利传导到消费品价格上;二是在买方市场条件下,由于供大于求,工业品价格很难传递到消费品价格上,企业需要通过压缩利润对上涨的成本予以消化,其结果表现为中下游产品价格稳定,甚至可能继续走低,企业盈利减少。对于部分难以消化成本上涨的企业,可能会面临破产。可以顺利完成传导的工业品价格(主要是电力、煤炭、水等能源原材料价格)目前主要属于政府调价范围。在上游产品价格(PPI)持续走高的情况下,企业无法顺利把上游成本转嫁出去,使最终消费品价格(CPI)提高,最终会导致企业利润的减少。

PPI通常作为观察通货膨胀水平的重要指标。由于食品价格因季节变化加大,而能源价格也经常出现意外波动,为了能更清晰地反映出整体商品的价格变化情况,一般将食品和能源价格的变化剔除,从而形成"核心生产者物价指数",进一步观察通货膨胀率变化趋势。

一般来说,PPI上升不是好事,如果生产者转移成本,终端消费品价格上扬,通胀上涨。如果不转移,企业利润下降,经济有下行风险。

三、国内生产总值(GDP)

国内生产总值(GDP)是指一个国家或地区范围内的所有常住单位,在一定时期内生产最终产品和提供劳务价值的总和。所谓"常住单位",其内涵与"常住居民”相同。一国的“常住居民”包括:(1)居住在本国的本国公民;(2)暂居(一年以内)外国的本国公民;(3)长期(一年及一年以上)居住在本国的外国居民。也就是说,在一国领土范围内,其居民无论国籍如何,只要符合本国常住居民定义,在一定时期内所生产的最终产品和提供劳务价值都可算作本国的国内生产总值。国内生产总值的价值形态是指国民经济各部门增加值之和,增加值等于国民经济各部门的总产出减去中间产品和劳务价值后的余额。

GDP 是宏观经济中最受关注的经济统计数字,因为它被认为是衡量国民经济发展情况最重要的一个指标。

四、CPI、PPI、GDP 如何影响股市?

1. CPI 对股市的影响

CPI 的涨与跌，主要表现为通货膨胀或者通货紧缩两方面。简单来说,CPI 上涨过快,央行会要采取加息来平抑 CPI 上涨所带来的货币贬值,而加息将会对资金的流动性起到相当大的抑制作用,而且由于股市的合理市赢率(PE)是参考银行一年期利率来决定的,且与利率水平成反比,即利率水平越高,PE 就越低,对应平均股价就越低,所以 CPI 的上涨过快,将会影响资金流动性,并降低股市股价估值水平。同时,CPI 上涨,将加大居民消费成本,从而打击居民消费和投资信心,促使投资者将资金从股市撤离,放进银行,进而拖累股指下滑。所以,简单来说,如果 CPI 上涨过快,有可能引发央行加息,对股市构成利空。

2. PPI 对股市的影响

PPI 上涨是 CPI 上涨的先行指标。也就是说,PPI 上涨最终会传导并加速 CPI 上涨。PPI 上涨,将加大企业采购成本,在原材料价格上涨不能有效转嫁给消费者的前提下,企业利润减少甚至亏损都将是很常见的。对上市公司而言,利润减少,业绩明显下降,对股东回报也减少。一方面,上市公司投资价值下降,股价重心自然会下移；另一方面，投资回报预期降低，就会弱化投资者信心，股市人气就会涣散，从而压制大盘和股价表现。

3. GDP 对股市的影响

GDP 的变化对股市一定影响，但对股市的影响程度要具体情况具体分析。

A. 持续、稳定、高速的 GDP 增长。在持续、稳定、高速的经济增长情况下，它会从以下几个方面对证券市场产生正面的、积极的影响：上市公司的利润总体水平也会持续上升，从而带来股息红利的增加和投资风险的降低，投资者对未来经济形势形成良好的预期，提高对证券投资的积极性，从而增加对股票投资的需求，这就有利于股票价格的上升。

B. 高通货膨胀下的 GDP 高速增长。当宏观经济处于严重失衡状态下的高速度经济增长时，由于总需求大大超过总供给，这就会导致出现比较严重的通货膨胀，这会导致居民实际收入的下降，从而造成证券市场行情的下跌。

C. 宏观调控下的 GDP 减速增长。发生 GDP 在失衡状态下的高速增长时，政府就要采取一定的宏观调控措施来保持宏观经济的稳定增长，政府如此做为今后的经济发展创造了良好的条件，这样证券市场也会对此做出良好的反应，出现平稳上升的行情。

D. 转折性的 GDP 变动。如果 GDP 一定时期以来，呈现负增长，而在负增长速度逐渐减缓并且向正增长转变的时候，表明恶化的经济形势逐步得到改善，证券市场的走势也将由下跌转为上升。反之，如果 GDP 一定时期以来呈现正增长，而在正增长速度逐渐减缓并且向负增长转变的时候，表明经济形势逐步恶化，证券市场也会逐步地趋于冷淡。

五、CPI与加息有何联系?

有经验的老股民知道,每到重要宏观数据的公布日,投资者都格外紧张,尤其是在经济处于扩张状态时。这到底是为什么呢?其实,原因并不复杂。直接一点说,当CPI高企和货币贬值或者说出现明显通货膨胀时,一般会引发央行加息动作。

CPI是衡量通货膨胀的一种指标。如果CPI升幅过大,那么说明通货膨胀情况趋于严重,市场上流通的货币量较大,而货币实际的购买能力减弱。通货膨胀会给社会带来严重的危害,表面上可能造成物价上涨、社会动荡和人心不安等负面影响。但实际上,通货膨胀最严重的后果,是可能破坏市场的健康机制。因此,央行就会通过出台相应的紧缩货币政策,比如采取加息、提高存款准备金等措施,收紧货币的流动性,从而改善通货膨胀,改善经济过热的现象。

所以,当CPI数据过高时,也预示着加息可能随时出现。那么,加息会造成什么影响呢?加息最直接的影响就是,老百姓贷款买房的利率将随之提高,有月供的人必须付更多的利息给银行,存在银行的钱可以获得更多的利息。也就是说,从存款方面来讲,加息就是存款利率提高了,国家是鼓励大家把钱存入银行;从贷款方面来讲,就是贷款利率提高了,个人或者企业需要花费更高的成本才能从银行获得贷款。

六、通胀受益股炒作技法

我们知道,每当CPI数据接近或超过3%的警戒线时,市场都会忧虑央行加息,市场短期波动风险加上。但与此同时,也容易刺激一些通胀受益股强劲走高。自从2009年11月CPI数据由负转正,并在2010年2月攀升至2.7%之后,加息阴影一直笼罩在投资者心头。受此影响,A 股市场 2010 年前 5 个月表现不振,甚至成为全球最差。

不过,虽然大盘环境恶劣,一些通胀受益股却能顽强走出独立行情。如果投资者善于总结,及时转变思维,照样能在不利环境中实现盈利目标,将别人的风险变成自己实实在在的财富。那么,操作通胀受益股到底有何讲究呢?下面是笔者的一些个人经验。

首先,区分板块。随着 CPI 上涨,像石油、煤炭、黄金、有色等资源类板块,以及地产、农业、商业等板块均会受益。但是,这并不意味着这些板块都会整齐划一地同步上涨。因为,到底哪个板块会真正上涨,还要结合当时的宏观政策和经济环境。比如,2010 年 4 月,管理层不断出台新的调控政策,地产股还不照样跌得面目全非?

其次,考虑流通盘大小。既然通胀预期加强,无论大机构还是小散户,在操作时都比较谨慎,一般不敢重仓或全仓搏杀。这时,手法凶悍,胆子较大的游资会找那些流通盘较小的通胀受益股下手。很显然,煤炭、石油、有色等属于权重板块,个股流通市值大多是上百亿,甚至上千亿的大家伙,游资一般不会去碰。相反,像农业股,普通盘子适中,容易得到中小投资者追捧,比较适合游资进行短线炒作。

最后,技术形态保持完美。由于游资比较喜欢短线炒作,为尽可能地吸引人气,在行动之前会提前把 KDJ 和 MACD 等技术指标做成完美攻击形态。

实战举例:作为通胀受益股和农业龙头,登海种业(002041)(见图 12-3)流通市值约 90 亿, 该股 2010 年 4 月 1 日,KDJ 指标率先金叉向上。4 月 6 日,MACD 指标也在底部出现金叉,这两大指标先后形成攻击形态,也预示着该股后市很有可能随时发飙。

果然,4 月 13 日的一根放量中阳线, 正式宣告了登海种业短线井喷行情的来临。此后一个月中，大盘持续下挫，而登海种业股价却是屡创新高，其强悍走势不由让人心生羡慕。

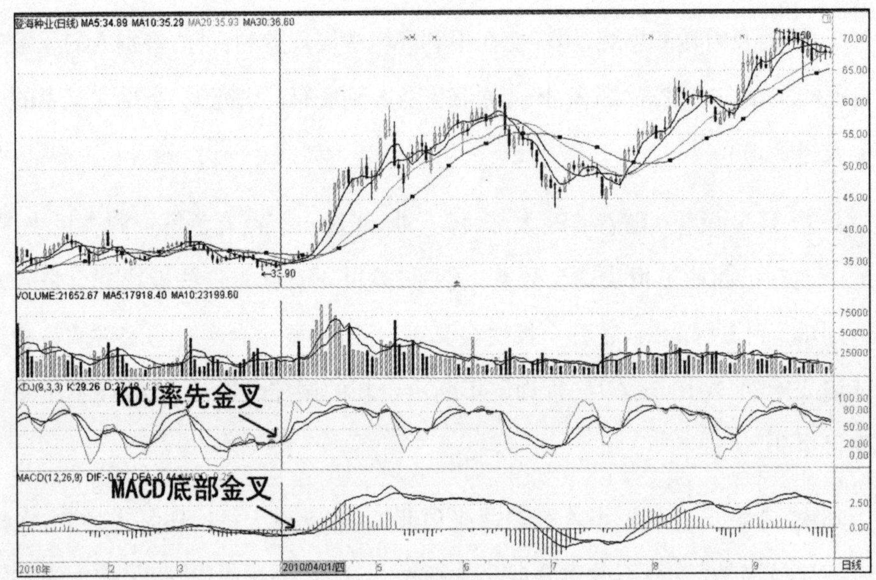

图 12-3 登海种业

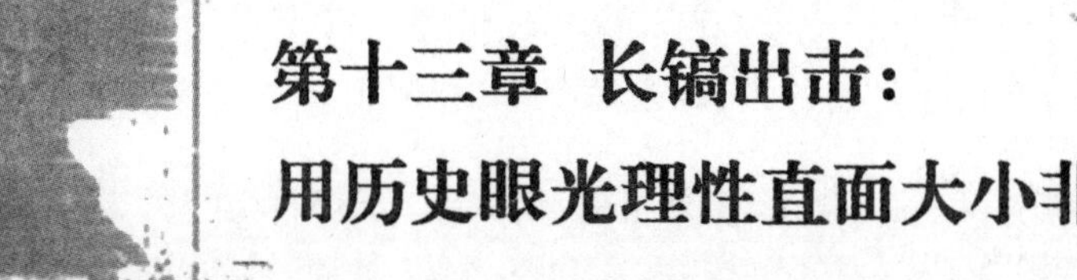

第十三章 长镐出击：用历史眼光理性直面大小非

与前面介绍的杂兵锏相比，镐作为武器，估计听说过的人同样不会太多。但如果告诉你，镐同时也是一种刨土工具，相信大家立即想起十字镐。是的，别说过去，就是当前，仍有很多地方将镐用于农业生产。不过，既然它从成百上千种武器脱颖而出，进入十八般兵器，必定有其独特性和重要性。

从外形看，镐的外形较为奇特，长度约一丈三尺左右。最初，镐的柄端部分安装有一个大拳，拳由铁制成，其重量和斧钺差不多。古代，在仪仗中可以经常看到。后面，经过不断改进，逐步演化成一字型，中间有孔，孔中插上木制或铁质的柄即可。

镐大约在周秦时代就已经出现，由于重量不小，除非身强力壮之辈，一般的人很少使用。后来，专门练习镐的人，越来越少，其技法也日渐失传。

镐又称挝，并与骨朵、椎等武器极为相似，所以被归为同类武器。挝的构造比较复杂。宋代有两种长兵器，一种抓枪，长二丈四尺；一种抓子棒，无刃而有铁爪，都有击抓之作用。

骨朵，类似锤，木柄上安装一个蒜头或其他形状的金属重器，以用此重力来锤击敌人。

镐无刃无钩，使用起来比较随意，没有像刀、枪、剑、斧等武器那样，有固定的招式和技法。无论是镐，还是挝，都有一个特殊的作战功能，就是有抓手，或者有柄。作战时，可以利用最前端的重量打击对手，或者用抓手抓伤敌人。

但是，正因没有锋利的刃面，对敌人造成的损伤远没有刀、枪、剑等主要武器大，所以其推广使用受到一定限制。当前，镐作为武器的功能已经不复存在，但经过改进之后，作为生活和建筑工具，仍在广泛应用。

实战案例:海通证券、宏达股份

在A股市场上,除了遭遇突发重大利空,或主力故意实施跳水打压之外,能够像镐一样,使用起来有雷霆万钧之势,并能瞬间瓦解对手心理防线,瘫痪对手身心的,应该不多。但有一种武器可以达到这一效果,那就是让人“闻之色变”的大小非!

2008年,最先爆发于美国的全球金融危机席卷世界各国资本市场。在这场史无前例的危机中,A股也没能例外,一路单边下挫的结果,直接导致A股全年跌幅超过65%,总市值缩水逾20万亿元。而就是在风雨飘摇的2008年,大小非问题再度浮出水面,一次次成为投资者唯恐避之不及的“瘟神”,也一度引发管理层警觉,并出台了相关文件,规范大小非解禁。

2008年4月20日,为规范和指导上市公司解除限售存量股份的转让行为,证监会公布了《上市公司解除限售存量股份转让指导意见》,文件规定:持有解除限售存量股份的股东预计未来一个月内公开出售解除限售存量股份的数量超过该公司股份总数1%的,应当通过证券交易所大宗交易系统转让所持股份。

然而,即便有八条铁律枷锁加身,但面对持续下滑的大盘和股价,很多焦急上火、迫不及待的大小非们还是选择夺路出逃。而大小非所过之处,可谓“尸横遍野、血流成河”,遭遇大小非打击的个股出现几个跌停是常有之事。

比如海通证券(600837)(见图13-1),曾经在2008年9月下旬连续拉出长阳线,成为短暂牛股。但是,据资料显示,海通证券在2008年将遭遇三次解禁浪潮。其中,11月21日有12.89亿股解禁上市,12月22日为1.6亿股解禁,12月

29日又有20.7亿股解禁,共计超过35亿股获得流通权。

虽然最早的一波解禁日期尚未到来,但该股从11月3日开始,便被机构疯狂打压,盘中一度触及跌停。第二天,股价被封跌停。

11月21日，随着12.89亿股解禁上市，海通证券最为恐怖的时刻真正来临。当天开盘,股价毫无悬念的封死跌停,中途没有出现任何反弹。从盘面看,机构出逃欲望最为强烈,尽管当天午后大盘大幅反弹,但海通证券仍被超过4亿股近50亿元的卖盘将股价牢牢压在跌停板上,全天成交大幅萎缩至2.74亿元。而据数据统计，这些抛盘主要来自机构，卖出榜前五位全是机构席位共成交2.32亿元,占全天成交的85%左右。

此后两天,海通证券继续跌停,确实让人看得触目心惊。而经过一轮又一轮的反复狂跌,不仅套牢散户无数,机构资金被套金额估计高达上百亿元。

与海通证券相比,宏达股份(600331)(见图13-2)的大小非更为凶狠。2008年4月21日,宏达股份发布公告称:“为进一步提高公司的盈利能力、核心竞争力和可持续发展能力，并增强对核心子公司云南金鼎锌业有限公司的控制力，公司拟向四川宏达(集团)有限公司发行不超过3,000万股(含3,000万股)人民币普通股(A股)(最终依据评估值确定),用于收购其持有的金鼎锌业9%股权。最终发行股数由股东大会授权董事会在此范围内确定。”由于上次停牌时间是2007年9月27日,当时上证指数还处于5300多点的高位,因此宏达股份复牌当日立即封死跌停。

此后五天,该股全部封死跌停。从后来公布的数据显示,除了有基金大肆出逃外,早已等得不耐烦的大小非也加入做空行列。因为就在宏达股份复牌前一天,证监会刚刚公布了《上市公司解除限售存量股份转让指导意见》,这让很多大小非感觉很难受,为及时兑现利润,尽快出逃无疑成为现实选择。

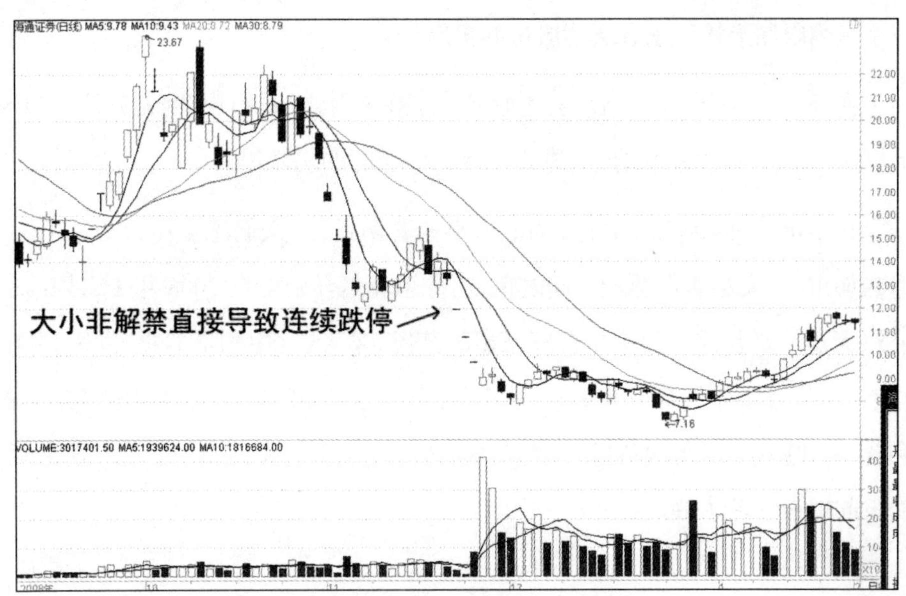

图 13-1 海通证券

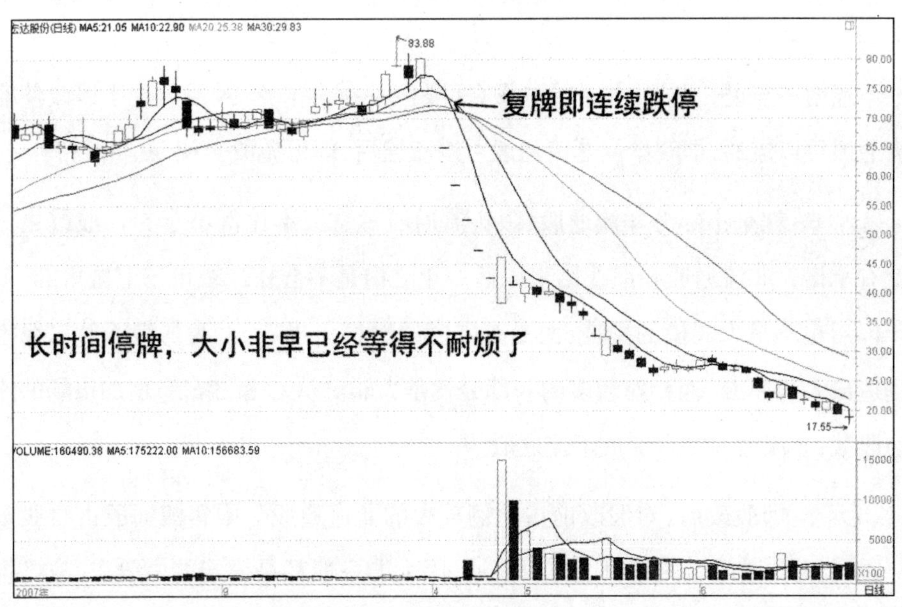

图 13-2 宏达股份

4 月 29 日,上交所发现两个持有解除限售存量股份的宏达股份股东账户平原实业和益多园房地产通过竞价交易系统分别减持了 751.36 万股和 696.23 万股宏达股份,减持比例均超过限制的占总股本 1%。次日,上交所公开谴责并在一个月内限制上述股东在宏达股份的卖出交易。

在经历了6个跌停之后，宏达股份终于在4月29日出现“回光返照”，当天大涨8.24%，但好景不长，随后进入“绵绵无绝期”的阴跌周期。

在牛市中，因为人气高涨，加上大小非普遍惜售，人们感觉压力似乎不大。但在熊市中，大小非却能让人闻之色变，惊恐莫名。记得在2008年12月6日，针对大盘一路狂跌和大小非疯狂减持的情况，笔者在《中国证券报》发表《危机当前，A股为什么急需平准基金？》一文，为证券市场的健康发展和保障投资者利益进行呼吁。那么，到底什么是大小非？它对大盘和个股有何影响？现在，我们一起进行学习了解。

一、什么是大小非

通俗一点说，“非”是指非流通股，即限售股，或叫限售A股。由于股改使非流通股可以流通，即解禁。非流通股可以流通后，即可抛股套现，就叫减持。

小非：就是小部分非流通股，限售流通股占总股本比例小于5%，股改之前就有承诺，非流通股在股改结束以后一年之内是不会在二级市场上抛售的，一年以后也不是大规模的抛售，而是有限度的抛售一小部分，为的是不对二级市场造成大的冲击。而相对较多的一部分就是大非。“大小非”解禁：增加市场的流通股数，非流通股完全变成了流通股。

大非：即股改后，对股改前占比例较大的非流通股。限售流通股占总股本5%以上者在股改后两年以上方可流通，因大非一般都是公司的大股东，战略投资者一般不会抛。

二、何为平准基金

所谓平准基金，又称干预基金，是指政府通过特定的机构以法定的方式建立的基金。这种基金可以通过对证券市场的逆向操作，比如在股市非理性暴跌、股票投资价值凸显时买进；在股市泡沫泛滥、市场投机气氛狂热时卖出的方式，熨平股市非理性波动，达到稳定证券市场的目的。

一般情况下，平准基金的来源有法定的渠道或其基本组成是强制性的，如国家财政拨款、向参与证券市场的相关单位征收等，也不排除向自愿购买的投资者配售。从广义来说，平准基金通常是指政府通过特定的机构以法定的方式建立的基金，通过对某个具体市场的逆向操作，降低非理性的市场剧烈波动，以达到稳定该市场的目的。

2008 年，曾有很多业内专家建议政府启动平准基金，专门用于接盘大小非，但经过激烈争论之后，仍然无法达到共识。如今，这一问题随着我国宏观经济好转，大盘企稳回升，也逐步平息下来。

三、大小非是怎样产生的

所谓大小非，可以说是 A 股所独有。中国股市自成立之日起，就因制度设计缺陷，出现股权结构不合理，大量的国有股、法人股不能上市流通等问题。

上市公司的一部分股份上市流通，另一部分暂不上市流通。这种股权分置问题造成上市公司股权被人为地割裂，非流通股股东持股比例较高(约为 2/3)，且通常处于控股地位，同股不同权，极易产生一股独大、甚至一股独霸现象，使流通股股东特别是中小股东权益遭受损害。

2005 年 4 月 29 日，证监会发布《关于上市公司股权分置改革试点有关问题的通知》,启动股权分置改革试点。

在股权分置改革下,大小非股东在支付股改对价后摇身变成流通股。为避免冲击二级市场,这些非流通股上市需要一个过渡期,“大非”限售股解禁期为股改后1到3年,“小非”解禁期则为3个月至1年。

这个过渡期限业内称“限售流通股”,过了期限后可以和一般的流通股一样进行买卖,这便是所谓的“大小非解禁”。

由于大小非们所持股权不仅成本低廉, 而且经过上市公司多年的分红,成本也早已收回。所以,当大盘极差,个股普遍下跌时,大小非即便以当时的现价抛售,仍会获利丰厚。所以,在全球金融危机席卷而来的2008年,大小非疯狂出逃,更是助推股指进一步下滑。

四、大小非解禁有何影响

1. 对大盘的影响

通常情况下,大小非对大盘有无影响,要看当时的大环境。比如,当外围市场普遍走高,国内经济持续向好,A股市场人气高涨时,大小非也想尽量卖个好价钱而产生惜售心理,就算大规模解禁对股指负面影响极为有限,如2007年。

但是,如果全球经济普遍下滑,国内经济受到波及,A股市场人气低迷时,成本极低的大小非即便按照暴跌后的市价套现,大多能获得暴利,这也在很大程度上刺激了大小非的套利冲动。而大小非的加速出逃,更加造成市场恐慌,于是演变为“多杀多”的悲惨局面,如2008年。

2. 对个股的影响

对个股而言,情况相对要复杂一些。有时,获得流通权既可能带来投资机会,又可能带来风险。当市场处于牛市或持续上行时,若公司业绩较好,则限售股很可能带来投资机会。这是因为在限售股解禁前期,因投资者心理压力,股价往往会出现调整。而一旦解禁之后,优质的基本面容易吸引更多的资金关注,股价可能被推高;当市场处于熊市或持续下行时,公司业绩较差,则限售股解禁很可能加速股价下滑。

五、怎样用历史眼光理性看待大小非解禁

虽然,大小非问题经常困扰着投资者,但我们必须用历史的眼光去理性看待这一问题。而不要老是抱怨和责怪。其实,如果换个角度,就会发现,这一问题还有下列好处。

1. 实体经济和金融经济之间的套利机制变得更加流畅,大股东将对实体经济和金融经济的收益率进行比较和判断,来选择是将手中的股票套现,还是继续将实体经济金融化。促进中国经济的结构转型。

2. 受实体经济的影响,近两年股市的估值持续地下降,市场将在大幅波动中找出它合理的价格中枢。

3. 有利于抑制股市的过度投机,使股价与国际接轨,使股市成熟,使股市的投资理念建立,使各方参与者成熟。

4. 让老百姓能买到具有投资价值的股价接轨股票。给投资机会和渠道不多的中国人一个热钱余钱投资的方向。

5. 有助于上市公司的优胜劣汰。大小非解禁对好公司的股票长期向上趋势的影响有限,而对绩差公司的股票则是毁灭性的。有利于资源配置。有利于中国经济结构的转型。

6. 能使广大投资者认识到大投入就有大回报,只要能把握好机会。

六、大小非减持股实操技巧

对大小非来说，因为具有无可比拟的成本优势，任何时候减持都有利润可赚。因此，如果遇到大盘环境很差时，大小非大多会争相出逃。有鉴如此，投资者一定要谨记如下操作原则。

1. 尽量不买大小非即将解禁的个股。通常，无论股价处于什么位置，是高是低，还是什么板块，大小非随时套现都能盈利。如果大盘处于牛市时，大小非普遍愿意持股带涨，以求卖个好价钱。但如果大盘不幸进入熊市时，熬了几年的大小非大多会急于减持。因此，最保险的做法就是尽量不要去买即将有大小非解禁的个股。

2. 尽量买已全流通的个股。这样做的好处很明显，既然已经全流通，大小非基本减持完毕，后市能否上涨，更多依靠公司的自身业绩、大盘环境以及主力战略意图。

3. 尽量买入刚上市不久的新股。最起码，新股暂时没有大小非减持的问题，首发限售股如果要减持的话也有时间限制，并且其成本要远高于传统意义上的大小非。换句话说，虽然首发限售股解禁浪潮对市场的整体压力不容小视，但具体到个股而言，新股短期内很少有那种令人恐惧的抛售压力。

4. 尽量买入中小盘优质个股。当大盘很弱时，机构不愿做长线庄家，于是，那种流通盘在 8000 万股以下的小盘股，容易得到游资和其他机构的青睐。如果还有业绩支撑，甚至有可炒作的题材，则更具短期投机价值。

实战举例：一般来说，大小非解禁会增加供给，从而造成股价短期回落。这也是笔者建议大家尽量不买大小非即将解禁个股原因。不过，在实战中，情况并非完全如此。一些看好公司未来发展潜力，或实力超强的主力，甚至会趁解禁时大肆吸筹，然后伺机拉升攫取利润。

如 2008 年 12 月 26 日，金风科技(002202)(见图 13-3)有 40,338 万股限售股解禁。按照以往的记录，如此大规模的解禁压力，股价不跌停才怪。早盘，该股低开于 20.61 元，但让人意想不到的是，开盘没多久股价迅速止跌回升，午后更是逆市封上涨停，见图 13-3。而从盘后数据来看，当日疯狂买入的席位均为机构专用。这似乎表明，金风科技这只大盘股在解禁日当天不跌反涨，应是机构趁机收集廉价筹码所为。果然，该股主力并未就此满足。此后 4 个月，随着金风科技股价一路走高，也充分证明此次大胆行动其实是有备而来，见图 13-4。

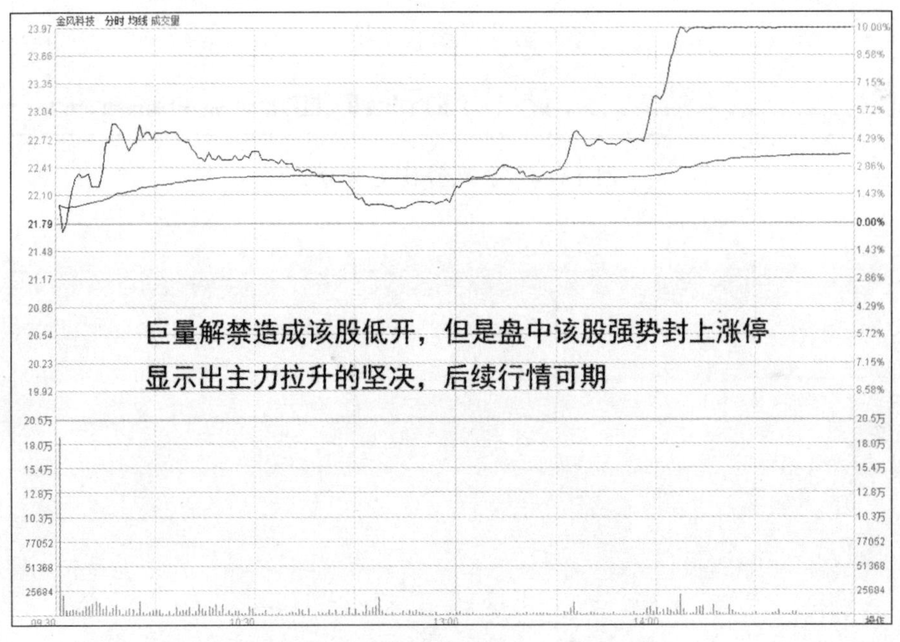

图 13-3：金风科技盘口解读

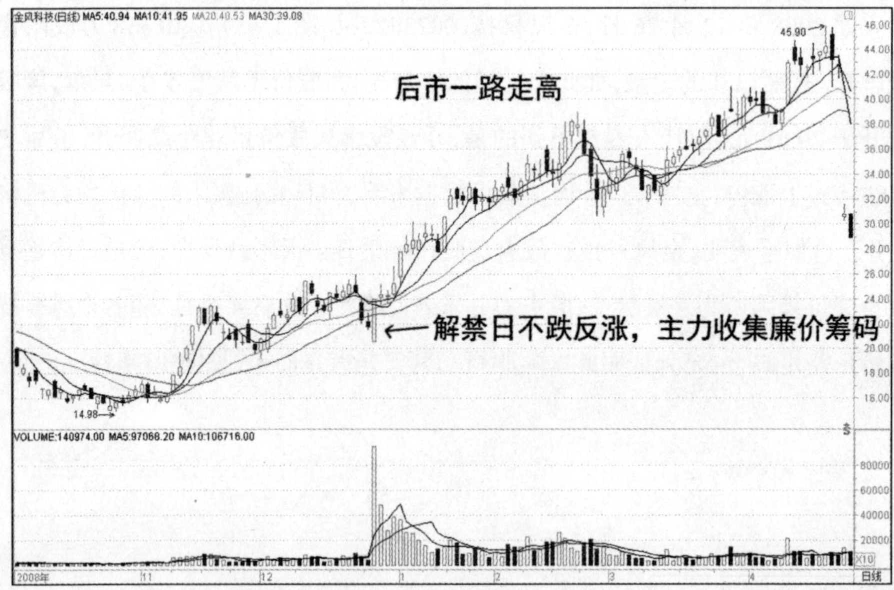

图 13-4 金风科技走势分析

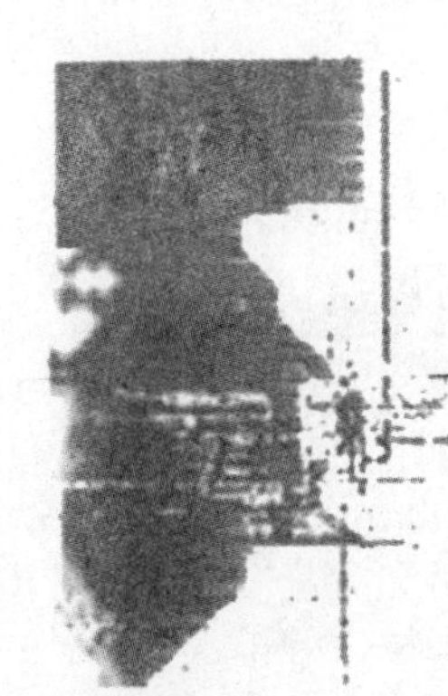

第十四章 神棍杀敌：善用布林线擒拿疯狂概念股

从古至今，棍作为武器的功能从未中断过。因为便于就地取材，长短粗细可依据个人性格和喜好而定，再加上对身体无太大要求，棍在几千年的历史进程中，逐渐演变成普通大众最为常见的主要兵器之一。

棍的起源估计已无从考证。因为远在原始社会，人们就顺手将较为粗大的树枝折断，用于防御毒蛇猛兽攻击，或者抵御外来族群侵袭。

棍的构造比较简单。古人最早使用的棍，长约两米至两米五左右，从头到尾，没有任何机关和柄把之类的东西，全身上下就是一根坚质木杆，对材质要求也不高，只要不易折断即可。其中，用白蜡杆制造的棍较为结实。同时，棍的长短和粗细也没有固定标准，完全根据个人喜好。

后来，随着时代进步，棍的材质得以提高。于是，金属铁棍开始出现。在武术长器械中，木制的棍有齐眉棍、三节棍、二节棍等。金属制的棍有铁头棍、浑铁棍、浑铜棍等。各朝各代不管是部队将士，还是武术爱好者，练习棍的人可以说是遍及大江南北，流传甚广。仅在明代就有少林棍、张家棍等十几种棍术比较有名。棍的主要技法有劈、崩、抡、扫、缠、绕、绞、云、拦、点、拨、挑、撩、挂、戳等。

棍术最大的作战特点是勇猛有力、可攻可守、变化多端。一旦某人遭到棍(特别是铁棍)攻击，轻者可致皮开肉绽，鲜血直流；重者可造成严重内伤，甚至顷刻毙命，所以说，棍虽无刃，但杀伤力惊人。

按照结构和材质的不同，棍可分为：少林棍、齐眉棍、盘花棍、拐棍、连珠棍、水火棍、梢子棍、连珠双棍等几十种。

目前，棍已经被列为正式的武术竞赛项目之一。此外，民间还是大批人练习棍术，以强身健体，自娱自乐。从远古时代流传至今，棍的影响力仍然很大。

实战案例:中大股份、中国石化

通过前面的介绍,大家已经明白了棍术的作战特点是刚劲有力、变化多端。而在股票市场,每个人都一样,都想“输少赢多”,成为常胜将军。但“一赚两平七亏”的股市规律,却无情地告诉我们,赢家终归是少数。而赢家之所以在大多数时候能笑到最后,关键在于他们懂得根据时局变化,不断调整和转变做庄方式,换着法子打击对手。而散户屡战屡败,除了资金和技术处于劣势,还败在喜欢惯性思维。

当前,随着创业板的成功推出,融资融券及股指期货先后上市,中国资本市场正趋于多层次和多样化发展。不过,这些新业务的不断推出,在为投资者带来更多交易渠道和机会的同时,潜在风险也同步放大。比如,一些主力就利用普通投资者对股指期货和融资融券等新生事物不太熟悉的现实,像耍棍一样变着花样戏弄散户,今天还是手耍长棍,“一分长一分强”,明天又像刘谦那样手持短棍,耍起了“一分短一分险”的戏法。如果散户只懂得唱周杰伦的“快使用双截棍哼哼哈嘿”,自然是不够应付日新月异的市场变化。

虽然,直到2010年4月16日,股指期货合约才正式上市交易,但相关概念股却已经被无数次爆炒过。特别是,2009年12月30日的那次,似乎更具可信度。毕竟,从种种迹象显示,股指期货和融资融券破茧而出已经不远。并且,自2006年9月8日中国金融期货交易所成立以来,已接近4年时间。而在这4年时间里,无论是期货市场的法制建制到沪深300指数,到股指期货的合约设计、交易规则、风险控制、技术准备等方面都做了充分的技术准备。只要发令枪一响,股指期货即可随时上市运行。

当天上午,因一条“股指期货已获国务院批准”的消息迅速在网上传开,受此利好传闻刺激,以中大股份(600704)(见图 14-1)为代表的股指期货概念股立即集体应声飙升。截至收盘,相关概念股如大恒科技(600288)、新黄浦(600638)、中国中期(000996)、美尔雅(600107)、弘业股份(600128)最终被封涨停。

考虑到股指期货一旦推出,沪深 300 的成分股将受到更多投资青睐,12 月 30 日当天,一直疲软不振的大盘蓝筹股也展开强劲反弹,中国银行(601988)、工商银行(601398)、中国石油(601857)、中国石化(600028)(见图 14-2)均强势走高,但是,尽管 2009 年倒数第二个交易日沪深股指涨幅均超 1%,但由于指标股集体拉抬,导致“跷跷板效应”显现,当天下跌个股接近 1000 只。

而从后面一段时间的个股走势来看,随着大盘持续回落,12 月 30 日曾有精彩表现的股指期货概念股如中大股份(600704)和大盘蓝筹股如中国石化(600028)很快重回跌势,一蹶不振。很显然,当日怀着无比兴奋的心情追高入场的投资者实际上已经跳进了主力精心设置的陷阱,基本已被死死套牢。悲观一点看,短期内解套希望估计不大。要知道,主力好不容易得到有人杀进场内,帮助他们打掩护出货呢。

从以上案例中,我们不难得出一个结论,与题材股类似,概念股的行情也是来得快,去得也快,高收益永远伴随着高风险,所以在实战操作中最好以短线为主。

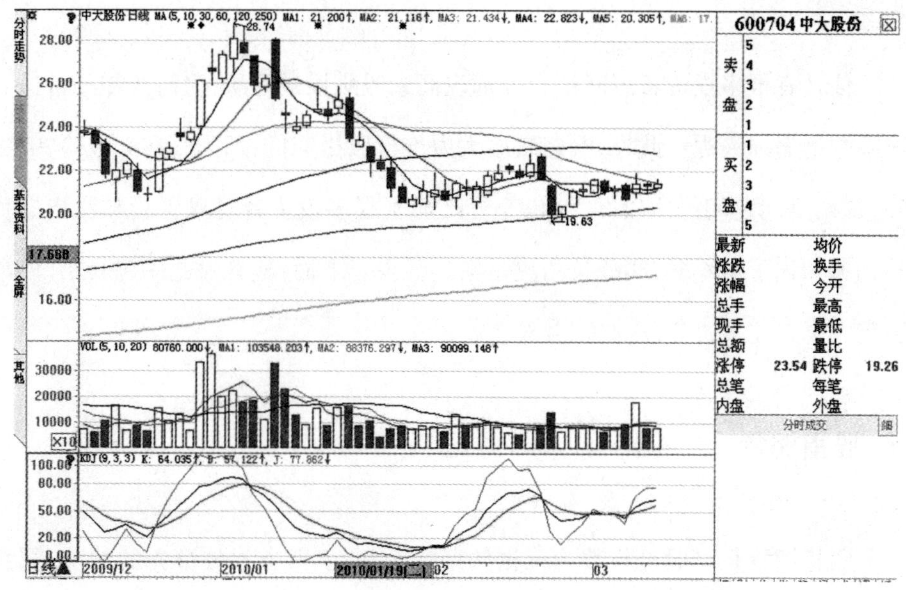

图 14-1 中大股份

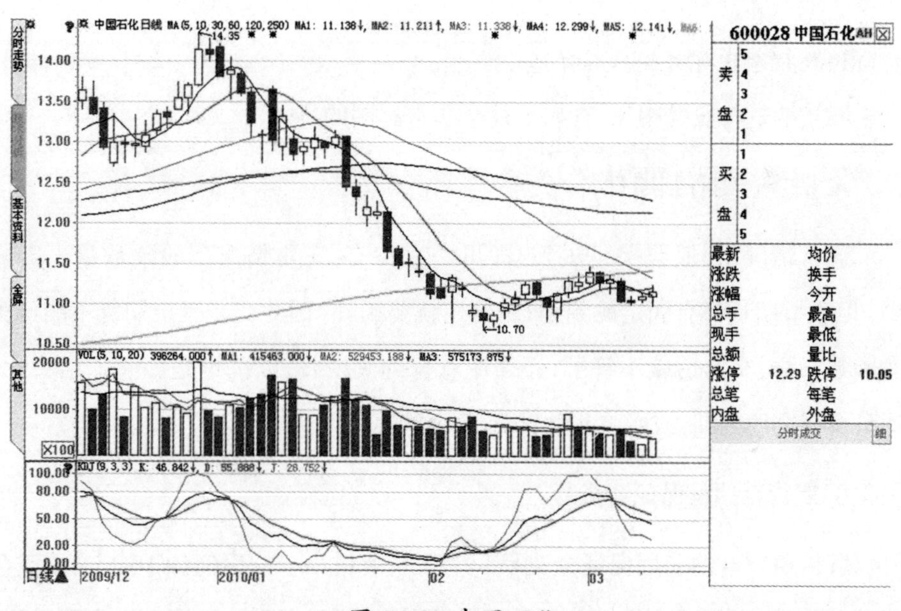

图 14-2 中国石化

估计有很多投资者想问:“人人都说概念股赚钱最容易,为何我却经常遇到陷阱并遭遇损失呢? 此外,既然政府大力推行股指期货,那到底有无风险? ”的确,这两个问题问得比较好,这也充分凸显了很多投资者对概念股和股指期货的相关知识了解不多,实战技巧更是知之甚少。下面,笔者对此一并介绍,以期引起大家关注及思考,达抛砖引玉之效。

一、股指期货

股指期货是以股价指数为依据的期货,是买卖双方根据事先的约定,同意在未来某一个特定的时间按照双方事先约定的股价进行股票指数交易的一种标准化协议合约。

1. 股指期货有哪些基本特征

股指期货与股票相比,有如下几个非常鲜明的特点。

A. 期货合约有到期日

通常情况下,股票一旦买入,即可一直持有,正常情况下股票数量不会减少。但股指期货都有固定的到期日,到期就要摘牌。因此交易股指期货不能像买卖股票一样,交易后就不管了,必须注意合约到期日,以决定是提前了结头寸,还是等待合约到期,或者将头寸转到下一个月。

B. 期货合约是保证金交易

股指期货合约采用保证金交易, 一般只要付出合约面值约 10-15%的资金就可以买卖一张合约,这一方面提高了盈利的空间,但另一方面也带来了风险,因此必须每日结算盈亏。买入股票后在卖出以前,账面盈亏都是不结算的。但股指期货不同,交易后每天要按照结算价对持有在手的合约进行结算,账面盈利可以提走，但账面亏损第二天开盘前必须补足（即追加保证金）。而且由于是保证金交易，亏损额甚至可能超过你的投资本金，这一点和股票交易不同。

C. 期货合约可做多也可卖空

股指期货合约可以十分方便地卖空，等价格回落后再买回。股票融券交易也可以卖空，但难度相对较大。这与目前A股只能靠低价买入，高价卖出获利差别很大。

D. 股指期货实行现金交割

期指市场虽然是建立在股票市场基础之上的衍生市场，但期指交割以现金形式进行，即在交割时只计算盈亏而不转移实物，在期指合约的交割期投资者完全不必购买或者抛出相应的股票来履行合约义务，这就避免了在交割期股票市场出现“挤市”的现象。

E. 强行平仓制度

股指期货交易采用当日无负债结算制度，交易所当日要对交易保证金进行结算，如果账户保证金不足，必须在规定的时间内补足，否则可能会被强行平仓；而股票交易并不需要投资者追加资金，并且买入股票后在卖出以前，账面盈亏都是不结算的。

F. 交易时间不同

沪深300指数期货早上9时15分开盘，比股票市场早15分钟。9时10分到9时15分为集合竞价时间。下午收盘为15时15分，比股票市场晚15分钟。最后交易日下午收盘时，到期月份合约收盘与股票收盘时间一致，为15时。

2. 股指期货交易时有哪些制度

A. 保证金制度

投资者在进行期货交易时，必须按照其买卖期货合约价值的一定比例来缴纳资金，作为履行期货合约的财力保证，然后才能参与期货合约的买卖。这笔资金就是我们常说的保证金。

B. 每日无负债结算制度

每日无负债结算制度也称为“逐日盯市”制度，简单说来，就是期货交易所要根据每日市场的价格波动对投资者所持有的合约计算盈亏并划转保证金账户中相应的资金。

期货交易实行分级结算，交易所首先对其结算会员进行结算，结算会员再对非结算会员及其客户进行结算。交易所在每日交易结束后，按当日结算价格结算所有未平仓合约的盈亏、交易保证金及手续费、税金等费用，对应收应付的款项同时划转，相应增加或减少会员的结算准备金。

交易所将结算结果通知结算会员后，结算会员再根据交易所的结算结果对非结算会员及客户进行结算，并将结算结果及时通知非结算会员及客户。若经结算，会员的保证金不足，交易所应立即向会员发出追加保证金通知，会员应在规定时间内向交易所追加保证金。若客户的保证金不足，期货公司应立即向客户发出追加保证金通知，客户应在规定时间内追加保证金。目前，投资者可在每日交易结束后上网查询账户的盈亏，确定是否需要追加保证金或转出盈利。

C. 价格限制制度

涨跌停板制度主要用来限制期货合约每日价格波动的最大幅度。根据涨跌停板的规定，某个期货合约在一个交易日中的交易价格波动不得高于或者低于交易所事先规定的涨跌幅度，超过这一幅度的报价将被视为无效，不能成交。一个交易日内，股指期货的涨幅和跌幅限制设置为10%。

涨跌停板一般是以某一合约上一交易日的结算价为基准确定的，也就是说，合约上一交易日的结算价加上允许的最大涨幅构成当日价格上涨的上限，称为涨停板，而该合约上一交易日的结算价格减去允许的最大跌幅则构成当日价格下跌的下限，称为跌停板。

D. 持仓限制制度

交易所为了防范市场操纵和少数投资者风险过度集中的情况，对会员和客户手中持有的合约数量上限进行一定的限制，这就是持仓限制制度。限仓数量是指交易所规定结算会员或投资者可以持有的、按单边计算的某一合约的最大数额。一旦会员或客户的持仓总数超过了这个数额，交易所可按规定强行平仓或者提高保证金比例。

E. 强行平仓制度

强行平仓制度是与持仓限制制度和涨跌停板制度等相互配合的风险管理制度。当交易所会员或客户的交易保证金不足并未在规定时间内补足，或当会员或客户的持仓量超出规定的限额，或当会员或客户违规时，交易所为了防止风险进一步扩大，将对其持有的未平仓合约进行强制性平仓处理，这就是强行平仓制度。

F. 大户报告制度

大户报告制度是指当投资者的持仓量达到交易所规定的持仓限额时，应通过结算会员或交易会员向交易所或监管机构报告其资金和持仓情况。

G. 结算担保金制度

结算担保金是指由结算会员依交易所的规定缴存的，用于应对结算会员违约风险的共同担保资金。当个别结算会员出现违约时，在动用完该违约结算会员缴纳的结算担保金之后，可要求其他会员的结算担保金要按比例共同承担该会员的履约责任。结算会员联保机制的建立确保了市场在极端行情下的正常运作。

结算担保金分为基础担保金和变动担保金。基础担保金是指结算会员参与交易所结算交割业务必须缴纳的最低担保金数额。变动担保金是指结算会员随着结算业务量的增大，须向交易所增缴的担保金部分。

3. 个人投资者怎样开户

根据中金所公布的股指期货开户流程，个人投资者办理股指期货开户大致有下面几个步骤。

A. 选择合适的期货公司

期货公司是投资者和交易所之间的纽带，除交易所自营会员外，所有投资者要从事股指期货交易都必须通过期货公司进行。对投资者来说，寻找期货公司目前有两种渠道，一是通过所在的证券公司，另一种途径是投资者直接找到具有金融期货经纪业务许可证的期货公司。

投资者选择期货公司，应注意选择具备合法代理资格的期货公司：该公司是否执照齐全，执照是否在有效期内；期货公司的商业信誉如何，能否确保客户的资金安全；期货公司的交易速度、咨询服务、手续费收取标准如何。

B. 正式办理开户

(1) 对客户的条件要求

客户应至少具备以下条件：具有完全民事行为能力；有与进行期货交易相适应的自有资金或者其他财产，能够承担期货交易风险；有固定的住所；符合国家、行业的有关规定。

根据此前已经确定的股指期货投资者适当性管理的相关办法，投资者须满足多个条件。

首先，投资者开户的资金门槛为 50 万元。

其次，拟参与股指期货交易的投资者需通过股指期货知识测试。据了解，该测试将由中金所提供考题，期货公司负责具体操作，合格分数线为 80 分。

第三，投资者必须具有累计 10 个交易日、20 笔以上的股指期货仿真交易成交记录，或者最近三年内具有 10 笔以上的商品期货交易成交记录。

除以上三项硬性要求外，投资者还须进行一个反映其综合情况的评估，投资者必须在综合评估中拿到 70 分以上，才能算作“合格”。

(2) 股指期货开户需要提供以下资料

银行卡复印件或者扫描件 1 份；身份证扫描件(电子版)（如果是旧身份证，扫描正面；如果是新身份证，正反两面都扫描）；个人数码大头照（500 万以上像素，整体上身尺寸占整个照片比例的 60%），签合同时候的正面照；客户本人的身份证原件、客户本人的银行卡或者存折。

(3) 开户的具体程序

客户提供有关文件、证明材料。

期货公司向客户出具《风险揭示声明书》和《期货交易规则》，向客户说明期货交易的风险和期货交易的基本规则。在准确理解《风险揭示声明书》和《期货交易规则》的基础上，由客户在《风险揭示声明书》上签字、盖章。填写客户资信情况登记表和确定交易手续费。

期货经纪机构与客户双方共同签署《客户经纪合同书》，明确双方权利义务关系，正式形成合作关系。

期货经纪机构为客户提供专门账户，供客户从事期货交易的资金往来，该账户与期货经纪机构的自有资金账户必须分开。客户必须在其账户上存有足额保证金后，方可下单。

办完以上这些程序，只要股指期货合约一挂牌，即可参与交易了。

4. 影响股指期货价格的五大主要因素

股指期货价格受多种因素的影响，其中既有宏观经济方面的因素，也有投资或投机者心理方面的因素。总结起来，以下是影响股指期货价格的主要因素。

A. 期货合约的多空供求关系。股指期货本身没有具体的实物资产相对应，因此，它的价格变化受期货市场合约供求关系的影响很大。当空头供大于求时，期货合约价格下跌；反之，当多头供大于求时，期货合约价格就上升。

B. 现货股票市场的走向直接影响股指期货的价格。尤其是股指期货标的指数中的大盘股的股价变化往往会对股票指数的涨跌影响很大，从而也带动股指期货价格的变化。股指期货投资者往往很关注股指中大盘股或者活跃板块股的股价变化趋势。

C. 投资者的心理因素也会影响股指期货的价格。通常人们所说的“人气”反映了交易者对市场的信心程度，或者说他们对未来股票市场的信心。当“人气”旺时，即使当时的股市指数不高，股指期货市场价格也会上涨；反过来说，如果“人气”衰，即使当时的股市指数很高，股指期货市场价格也会下跌。

D. 从整个股市的层面看，股市经济周期影响着股指期货的价格。由于股指期货的价格是基于现货市场股市而形成的，而股市大盘变动又受经济周期的影响，因此，随着经济周期的变化，股指期货的价格也会出现上涨和下跌的行情。

E. 从政策层面上，政府制定的方针政策也会直接影响股票指数期货的价格。除此之外，很多宏观变量，如通货膨胀、汇率、利率变动均能从不同程度上影响股指期货合约的价格。

二、何为概念股

概念股是指具有某种特别内涵的股，并且这种内涵通常会被大资金视为选股和炒作题材，并成为股市某一阶段的市场热点。通常，概念股都会有特定具体的名称等，比如例如期货概念、物联网概念股、世博概念股、奥运概念股、低碳概念股等。

有经验的老股民都知道，因为种种原因，A 股市场的短期投机氛围远胜于长期投资,而由于游资的推波助澜,炒作之风从未停歇。其中,概念股的炒作就是最为火爆的源头之一。远的不说,仅从 2008 年以来,创投概念(如复旦复华)、南方冰雪灾害概念(如五洲明珠)、汶川大地震概念(如四川金顶)、迪斯尼概念(如中路股份)、4 万亿投资概念(如太行水泥)等均被反复爆炒过。

三、用 BOLL 指标炒作概念股实操技法

首先,甄别政策力度和层级。由于各种各样的概念股层出不穷,让人眼花缭乱,投资者第一步要做的,就是分析政策力度和层级。比如,2009 年 5 月 4 日,国务院常务会议讨论并原则通过《关于支持福建省加快建设海峡西岸经济区的若干意见》。虽然这一计划国家极为重视,但相关概念股主要集中在福建,外加浙江、江西等省一部分。而在全球气候变暖等现实威胁下,低碳理念已经成为世界主要经济体的国家战略,中国也不例外。所以,国家在制定低碳经济的战略发展规划、涵盖范围和执行力度等方面,肯定要比海西经济区这种区域性规划强得多。也就是说,相比海西概念股,低碳概念股应可作为中长期炒作目标。

其次,尽量买领涨龙头。无论是游资还是大户抱团炒作概念股,他们也会进行精心挑选,而不是把相同概念的个股全炒上去,因为资金分配不允许,也无必要。根据经验,注意在挑选龙头时,一般会选择盘子适中,有一定业绩支撑的个股。那么,散户如果想要跟着游资"吃肉喝汤",最好先将同一板块的概念股放入股票池,然后再根据市场热点表现锁定龙头股。

最后,充分运用好 BOLL 指标。BOLL 指标即布林线,它的主要作用是利用上轨、中轨、下轨来监测股价极端运行情况。此外,还可根据指标的开口大小变化,来决定买进或卖出。由于概念股经常有"脉冲式"暴涨或"雪崩式"下跌特征,故用布林线指标有较强实战价值。

实战举例:2010 年 2 月下旬,随着全国两会临近,加上有媒体提前爆出两会

一号提案可能锁定低碳经济,低碳概念股的炒作也开始逐步升温。2 月 26 日,北矿磁材（600980)(见图 14-3）的股价突破 30 日均线,5 日、10 日均线也发散向上,MACD 指标即将上穿 0 轴,这也表明该股即将短线爆发。3 月 1 日,北矿磁材果然强势涨停！与此同时,BOLL 指标上轨和中轨拐头上行,通道开口也出现放大,此时择机建仓,即可斩获一段报复性上涨行情。

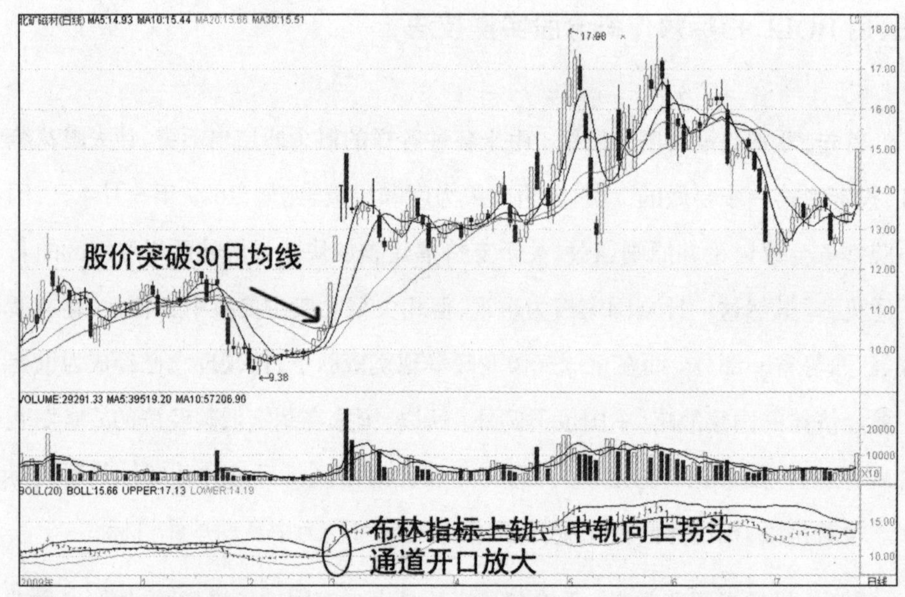

图 14-3 北矿磁材

第十五章 飞叉在手：BIAS指标结合布林线抓超跌股

与刀、镐等兵器一样，叉也具有多种功能。古代战争爆发时，叉可以作为杀敌武器。日常生活中，它也可以用于农业及渔业生产，为老百姓的物质生活提供便利。

早在远古时代，作为捕鱼狩猎的生产工具，叉应运而生。至于成为战场武器，比其他常见兵器要晚一些。至少在宋代和元代以前，还没有看到将叉用于打仗。而到了汉代，开始有人以叉作为武器。

叉的构造极为简单。由叉尖和叉巴两部分组成。叉把为木制或铁制。叉尖多为铁制或钢制，有三股叉，中股直而尖，两侧股由中股底端弧形向前，后粗前尖。通体为圆形或扁平形。顶端有两股叉的为牛角叉，顶端有三股叉的为三头叉。柄长2.33～2.67米，重约2.5千克。三股叉中锋挺出0.1～0.13米，叉的尾端有瓜锤。考古发现，在陕西西安半坡村遗址出土的原始鱼叉，尾端带有结节，便于系缚绳索，使用时将叉掷出，然后抓着绳索将叉收回。

经过血与火的洗礼，叉的主要实战技法有捣、搓、刺、截、拦、横、拉、横、挑、掏、贯、拍等。由于叉尖比较锋利，作战时，如果被叉刺中或射中，对手非死即伤，战斗力惊人。

从外形结构和材质划分，叉可分为马叉、钢叉、铁叉、独股叉、两股叉、三股叉等多种。

关于叉的用法，据传在宋代才出现。最初的创立者名叫张纯。该人为花县人，是一位偏将，身强力壮，善使飞叉，能在二十步之外将叉投出，并且发发命中。从那以后，军队中练习叉的人逐渐增多。时至今日，叉的作战功能基本失去，但在生产生活方面的功能却大大得到加强。

实战案例:吉恩镍业、中江地产

通过介绍,相信散户朋友已经看出来了,叉的厉害之处,除了锋利的尖,更为让对手胆寒的独特之处,是它可以远距离投掷。不过,如何确保投掷出去的钢叉刚好不偏不倚射中敌人要害,则在时间和力道上有很多讲究。很显然,投早了,无法达到最佳效果。投晚了,别人早已挥舞着利刃攻至近前,一切已经来不及了。

其实,炒股也是一样,主力何时建仓、何时拉升、何时出货,均有一整套详细的运作计划,有的甚至还备有多种可选方案,以应对突发情况。

既然能够在涛涛股海兴风作浪的机构都如此小心,那么,作为弱小散户,到底有无必要针对庄家的坐庄习惯和步骤,有个周详的应付策略呢?答案是肯定的!

可能有人就说了:“这股市好比娃娃的脸,五月的天,说变就变,有再好的计划也是白搭啊。”这话从表面上,似乎有一定道理,但却经不起任何推敲。试想,主力无论从哪方面说,够强大够牛叉了吧?但为何他们还要耗费巨大的人才和财力制定相关“作战”计划呢?随心所欲不就行了?多省事啊?他们之所以坚持这么做,其目的只有一个:更好地打击利用对手,尽可能地实现最大盈利!

这就清楚无误地告诉我们,正是因为股市比较复杂和难以把握,所以才要对对手有深入了解和研究。对散户而言,最简便的获利途径是跟庄,而跟庄能否成功,何时入场?何时出场?这两个时间点显得至关重要,千万马虎不得。

如果大家对个股买入和卖出时间点不太了解的话,请看如下两个实战案例。

2008年10月28日，A股市场在历经一轮异常惨烈的暴跌后，终于触底回升。此后几天，惊恐不安的市场慢慢趋于稳定。

11月10日，官方媒体公布，温家宝总理5日主持召开国务院常务会议，会议确定了进一步扩大内需、促进经济增长的十项措施。这十项措施分别是：

一、加快建设保障性安居工程。加大对廉租住房建设支持力度，加快棚户区改造，实施游牧民定居工程，扩大农村危房改造试点。

二、加快农村基础设施建设。加大农村沼气、饮水安全工程和农村公路建设力度，完善农村电网，加快南水北调等重大水利工程建设和病险水库除险加固，加强大型灌区节水改造。加大扶贫开发力度。

三、加快铁路、公路和机场等重大基础设施建设。重点建设一批客运专线、煤运通道项目和西部干线铁路，完善高速公路网，安排中西部干线机场和支线机场建设，加快城市电网改造。

四、加快医疗卫生、文化教育事业发展。加强基层医疗卫生服务体系建设，加快中西部农村初中校舍改造，推进中西部地区特殊教育学校和乡镇综合文化站建设。

五、加强生态环境建设。加快城镇污水、垃圾处理设施建设和重点流域水污染防治，加强重点防护林和天然林资源保护工程建设，支持重点节能减排工程建设。

六、加快自主创新和结构调整。支持高技术产业化建设和产业技术进步，支持服务业发展。

七、加快地震灾区灾后重建各项工作。

八、提高城乡居民收入。提高明年粮食最低收购价格，提高农资综合直补、良种补贴、农机具补贴等标准，增加农民收入。提高低收入群体等社保对象待遇水平，增加城市和农村低保补助，继续提高企业退休人员基本养老金水平和优抚对象生活补助标准。

九、在全国所有地区、所有行业全面实施增值税转型改革，鼓励企业技术改造，减轻企业负担 1200 亿元。

十、加大金融对经济增长的支持力度。取消对商业银行的信贷规模限制，合理扩大信贷规模，加大对重点工程、"三农"、中小企业和技术改造、兼并重组的信贷支持，有针对性地培育和巩固消费信贷增长点。

经初步匡算，实施上述工程建设，到 2010 年底约需投资 4 万亿元。

受此重大利好消息刺激，11 月 10 日当天，沪深股市较前一交易日收盘分别大涨 7.27%和 6.50%，甚至出现 200 多只个股大面积涨停的奇观。

而从 2007 年 10 月 25 日最高点 132.6 元最低跌到 7 元(除权后)的吉恩镍业(600432)(见图 15-1)，实际上已经进入严重超跌阶段。该股除了在 2008 年 11 月 10 日跟随大盘强势涨停之外，后面继续走出连阳之势。11 月 13 日、14 日、15 日，吉恩镍业连续三天冲击涨停，也有力地带动了有色金属板块强势回升。如焦作万方(000612)、云南铜业(000878)、锌业股份(000960)等主流品种也纷纷大涨。

通过吉恩镍业的 K 线图看，可能很多朋友都在后悔，假如当时要是 11 月 7 日左右买入的话，可就赚大发了。不过，这种假设性的东西，确实不好把握，就算错过了，也没什么大不了的。别说普通散户，就算资深投资专家，在熊市思维的禁锢下，也很难在特殊时刻做出正确投资抉择。但是，如果今后再遇到类似情况时，大家就要务必引起高度注意了。

如果说吉恩镍业是因严重超卖出现绝佳买入时机的话，那么，当你遇到像中江地产(600053)(见图 15-2)这样的技术走势时，也要特别注意。因为该股经过一轮连续涨升，股价已经严重超买，后市随时会进入中级调整。

2009 年 11 月 3 日，中江地产以一根放量长阳，宣布新一轮强劲反弹开始。在随后的 13 个交易日里，该股几乎没有什么像样的调整，成交量也出现逐步放大的态势。不过，随着股价不断攀升，风险也随之来临。11 月 23 日，中江地产收出一颗假阳星，KDJ 指标开始从高处拐头向下，MACD 白线也开始下弯。

其实，如果持股该股的投资者细心一点的话，11 月 23 日的技术指标已经发出严重超买的预警信号。退一步说，就算当天信号不好判断，第二天股价早市高位横盘不涨，午后突然跳水也该引起高度重视，因为这是主力坚决出货的征兆。换句话说，只要投资者稍微有点经验，及时卖股出逃，仍可锁定前期大部分利润，更能防止后市消极被套的命运。

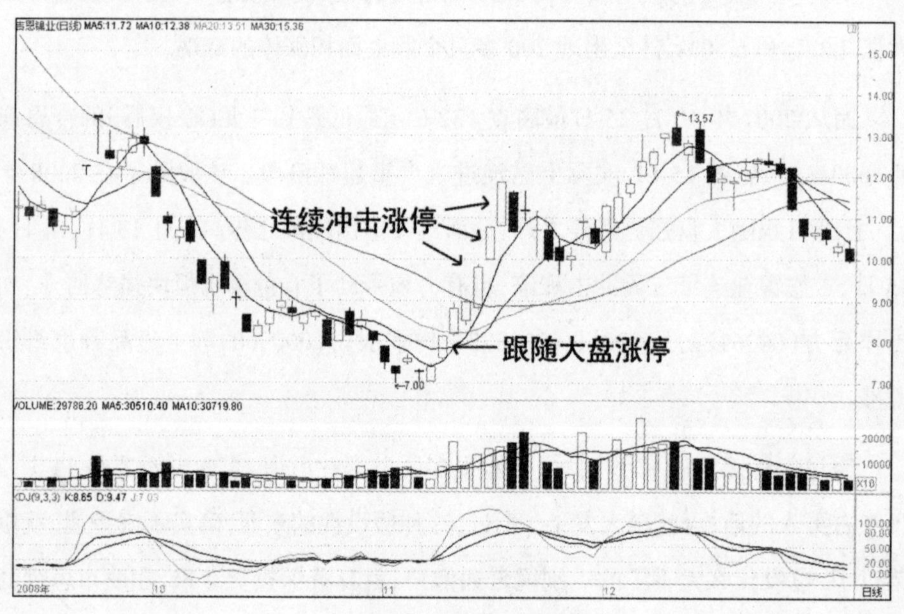

图 15-1 吉恩镍业

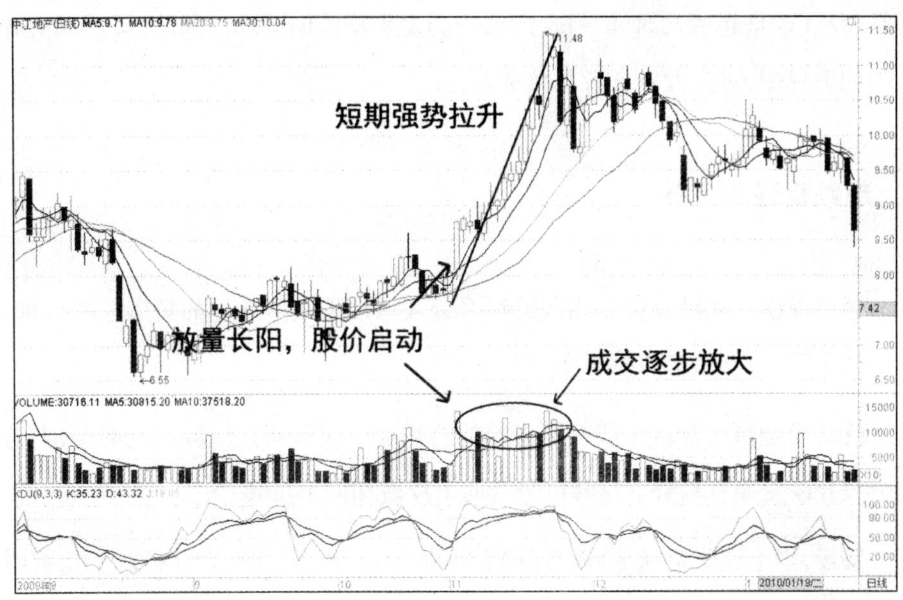

图 15-2 中江地产

在上两个案例中，我们谈到了因超跌（或超卖）带来的建仓机会，以及因超涨（或超买）可能出现的股价回调风险。但笔者估计很多投资者依然搞不清楚其中的道理。在本节内容中，将专门来学习一下相关知识。否则，再威力无穷的叉，如果投掷时间不对，其作战效果也会大打折扣。

一、超跌（或超卖）与超涨（或超买）

所谓超跌（超卖），就是指大盘或股价经过连续下滑，已经跌得远远低于正常水平。也可以说下跌过度。

与之相反，超涨（超买）就是指大盘或股价经过不断上涨，已经涨得远远超过正常水平。

一般说来，根据股市涨久了必跌，跌久了必涨的规律。无论是超跌（或超卖）

还是超涨(或是超买),时间一长,后市均会发生反方向运动。因此,灵活掌握并运用相关规律,对广大投资者意义重大。

二、超跌反弹与反转

通俗地说，超跌反弹是指因恐慌升级或过度下跌所产生的短期上涨行情。反弹结束后,原有趋势保持不变。

反转则是指大盘或个股朝原来趋势的相反方向移动。反转一旦确立,大盘或个股会改变原有趋势。反转可分为向上反转和向下反转。

假设,当上证指数从5000点跌到2000点时,跌幅已高达50%以上,这就叫超跌。当指数从2000点处开始上涨,并且回升到2500点时再继续下跌,则从2000点到2500点之间这段涨幅就是超跌反弹。而当上证指数从5000点跌到2000点,又继续涨到5000点时,即可称为反转。

三、BIAS指标及使用原则

1. 概念

BIAS指标又称乖离率,是移动平均原理派生的一项技术指标,其功能主要是通过测算股价在波动过程中与移动平均线出现偏离的程度，从而得出股价在剧烈波动时因偏离移动平均趋势而造成可能的回档或反弹，以及股价在正常波动范围内移动而形成继续原有趋势的可信度,并据此判断买卖时机。

2. 使用原则

A. 乖离率有正有负,若股价大于平均线,则为正乖离;股价小于平均线,则为负乖离;当股价与平均线相等时,则乖离率为零。正乖离率越大,表示短期趋近超买，股价有可能短期见顶回落；负乖离率越大，表示短期趋近超卖，股价有可能触底反弹。

B. N 的参数一般软件默认为 6 日、12 日、24 日，投资者可以根据个人喜好重新设置。比如，本人就比较喜欢设置成 5 日、10 日、30 日。以 5 日和 10 日乖离率为例，在弱势市场上，股价的 5 日乖离率达到－5 以上，表示股价趋近超卖，可以考虑买入股票；而当股价的 5 日乖离率达到 5 以上，表示股价趋近超买，可以考虑卖出股票。而在强势市场上，股价的 5 日乖离率达到－10 以上，表示股价超卖现象出现，可短线买入；当股价的 5 日乖离率达到 10 以上，表示股价超买现象出现，可短线卖出。

此外，因 BIAS 指标存在买卖信号过于频繁等缺陷，故最好与其他指标（如布林线）配合使用效果更佳。

四、BIAS 结合布林线抓超跌反弹牛股的技巧

通常而言，无论大盘还是个股，在经过了过度超跌过后，都会有反弹发生。至于超跌反弹会否成为反转，还需其他条件配合。但如果个股出现以下情况时，投资者可随时做好入场准备。

1. 跌得越深，超跌反弹才更有力

如大盘经过一轮猛烈下跌后，个股也跟随下跌，且下跌幅度达到 30%~50% 以上，则比较容易吸引新的主力进驻。也就是说，股价跌得越深，超跌反弹才更有力。

2. BIAS 指标已经严重超卖

既然渴望抓到超跌反弹，那么，务必等 BIAS 指标显示严重超卖时，才根据大盘变化情况入场更为妥当。另外，因为超跌反弹容易中途夭折，因此，在操作

时要尽量以短线为主。并且,选择目标股时,最好寻找有业绩支撑、或有政策支持的小盘股。

3. 密切注意布林线“喇叭口”变化

“喇叭口”是 BOLL 指标所独有的研判手段。由于布林线的上轨、中轨和下轨不断变化,就形成了类似喇叭口的形状,而通过喇叭口的演变,即可判断超跌之后是否可以买入。

实战举例:因为地产调控政策不断出台,A 股市场从 2010 年 4 月 15 日开始,再次进入新一轮快速下跌期,直到 5 月 21 日才出现暂时止跌迹象。而作为地产业新政的直接调控对象,宜华地产(000150)股价同样也经历了短期的巨幅调整。

然而,随着大盘企稳回升,该股立即展现出超跌反弹的走势。即便是 5 月 25 日,当两市股指大幅回落时,宜华地产依然逆势暴涨 8.11%,强悍表现令人艳羡不已!其实,如果将 BIAS 指标和布林线结合起来分析,就在 5 月 21 日行情启动这天,BIAS 指标的 5 日乖离率达到−4 以上,10 日乖离率更是达到 -12 以上;而布林线的上轨和下轨形成的“喇叭口”急速扩大,见图 15-3。所有这些,都显示股价即将变盘,甚至展开短期大幅拉升行情。从后面两天的走势看,该股无疑是一只超跌反弹之后的短线牛股!如果投资者能多加练习和总结,今后遇到类似机会时,即可轻松抓住。

宜华地产(日线) MA5:5.85 MA10:6.43 MA20:7.05 MA30:7.27
8.45
5.18
VOLUME:89110.36 MA5:88826.40 MA10:86982.80
BIAS(5,10,30) BIAS1:-4.34 BIAS2:-12.95 BIAS3:-22.87
BIAS数值呈现超卖信号
BOLL(20) BOLL:7.05 UPPER:8.66 LOWER:5.45
喇叭口急速放大
2010年
2010/05/21/五
日线

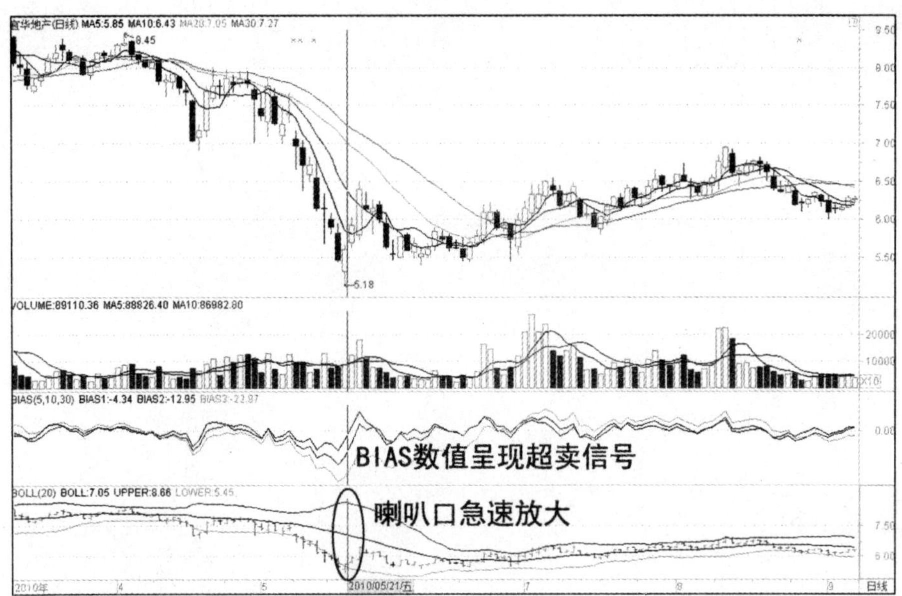

图 15-3 宜华地产

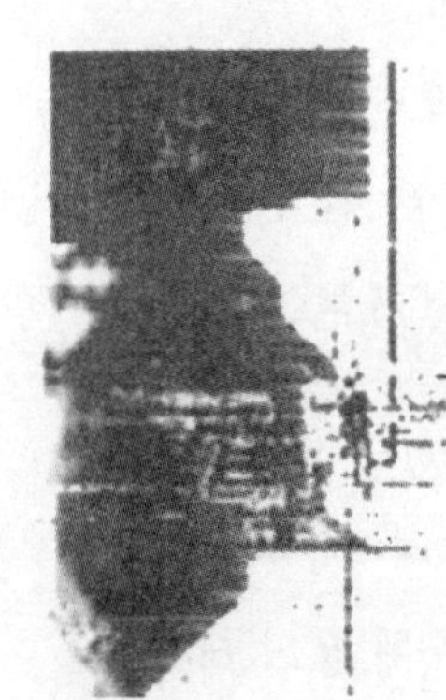

第十六章 钉耙勤挥：辨别题材股及短线涨停技法

电视剧《西游记》中，除了孙悟空威力无穷的金箍棒，无数读者对猪八戒的九齿钉耙也印象深刻。其实，钉耙最初的功能是作为农具，而不是可致人于非命的厉害兵器。只不过，在古代冷兵器时代，很多原来用于农业生产的器具，慢慢就被有智慧勤思考的人挖掘出来，加以改造并逐渐演变成可怕的武器。

耙的发展历史比较悠久，在中国至少存在一千年以上。据传，耙是神农氏所制造，几乎与弓、弩、矛和盾在同一时代出现。最开始，耙主要是木质材料，后来，随时科技进步和作为兵器之后，开始选用铁制，使得重量增加，可砸破敌人盔甲并震伤内脏。

耙作为农具时，主要用于盆栽花卉和为幼苗松土。耕作深度一般为5厘米到25厘米。用于农业生产的钉耙类型有圆盘耙、钉齿耙、水田星形耙、往复驱动耙、式转齿耙、弹齿耙、网状耙、滚笼耙、星轮耙、水田星形耙、水田驱动耙等十多种。作业时，主要起翻土、碎土、灭茬、起浆、平整等作用。

钉耙之所以能造成巨大的杀伤力，主要靠既长又锋利的耙齿。作为武器的钉耙，大多用铁打造成手柄，柄长约2.5米至3米。柄端横一长方形铁板，长60厘米左右，厚12厘米。上面有20厘米长的耙齿6到12个，我们可以想象一下，如果不幸被这么多又长又锋利的铁齿挖到，即便不立即毙命，至少也要造成重伤。

经过使用者不断改进，钉耙的实战技法有格、架、挑、拨、挡、划、刺、撩、拍、拦、扫、刨、绞、抡、砸、钩等几十种。基本步型有弓、虚、歇、仆、独立、跪步等。

根据外形和材质的不同，作战的钉耙有：六齿耙、七星耙、排耙木、大耙。用于武术单练套路的则有荷叶耙、九齿钉耙等。

几千年来我们祖先正是使用一些像耙这种看起来比较粗糙的工具，加上他们的勤奋和智慧，生产出丰足的物质财富，不断繁衍生息和推动社会进步。目前，除了在农业生产活动中使用，已经很难看到有人将耙作为武器了。

实战案例:熊猫烟花、厦门空港

众所周知,农民是天底下最辛苦的群体,他们任劳任怨,日出而作日落而息,终日在田间地头劳作。不过,在我国这个最大的群体中,靠做农业发家致富的毕竟是少数,相当大一部分人仅能糊口养家,不亏不赚。同时还有一部分人如果除掉生产成本,估计连本钱都捞不回,也就是处于亏损状态。

其实,大家只要仔细想想,这与股市"一赚二平七亏"的规律,是不是极其相似呢? 答案是肯定的。这也就警示我们,要想在农业生产过程获得好的收成,除了必须的勤奋和努力,还需要紧跟市场需要,生产出符合社会大众喜欢的作物。同样的道理,散户炒股也要学习农夫种田,一方面需要刻苦努力,勤奋劳作。另外一方面,不断拓展知识面,提升实战技术。唯有端正态度,充分发挥聪明才智,才能最终达到目标。

对于做中长线的价值投资者而言,一般只要筛选出业绩增长稳定、主营业务突出的优秀公司,并且尽可能在低位建仓,那么技巧性的东西要求相对少一些。但短线交易(即 6 天至 60 天)就不一样了,如何通过对当时的外围环境、政策走向和主力动向的了解和掌握,对散户能否获胜至关重要。有经验的股民都知道,如果早一步辨识、发现并及时介入题材股,经常会抓到大牛股。

例如熊猫烟花(600599)(见图 16-1),尽管 2009 年 8 月 4 日上证指数创出年内新高之后,开始一路下滑。但题材股的炒作热潮从未停止过。7 月底,在离"新中国 60 周年庆典"还有 2 个多月的时候,蓄谋已久的主力资金开始提前进驻,并从 7 月 30 日开始进行表演。第一波,凶狠的主力连续拉出四个涨停。随后,进入几天的修整期。

而后,主力故意放出熊猫烟花获得"建国 60 周年国庆庆典焰火燃放权"的消息,利用该股具有国庆题材的概念大肆炒作,吸引更多投资者进场。8 月 20 日,熊猫烟花再度涨停,量能也持续放大。第二波,主力一口气又拉出 3 个涨停板。随后,在第三波上涨途中,该股又在 9 月 7 日和 9 月 8 日封住 2 个涨停。不过,9 月 18 日的涨停,基本宣告一轮疯狂的炒作结束。如果加上 8 月 7 日的那天,熊猫烟花在 36 个交易日中,一共拉出 11 个涨停。其股价从 12.1 元起步,至 9 月 18 日收盘,居然股价达到 26.91 元,翻了二倍多。而同期大盘却是连续下跌,该股表现可谓精彩异常。

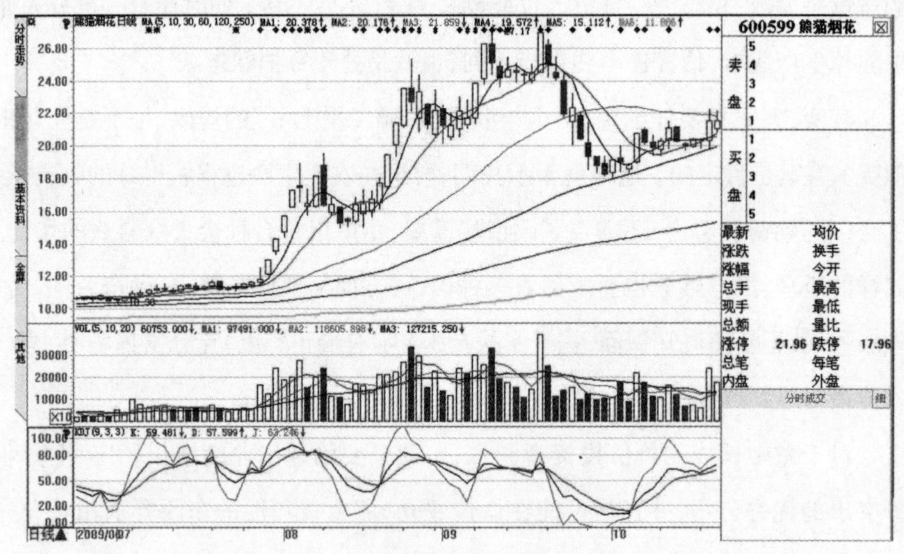

图 16-1 熊猫烟花

可能很多朋友觉得奇怪,为什么题材股的表现经常与大盘表现在时间上不一致呢? 的确,熊猫烟花从 7 月 30 日开始进入炒作期,而在 9 月 19 日就题材结束,似乎与 10 月 1 日才过国庆的时间完全不吻合。其实,这正是主力的聪明之处。试想一下,如果主力每一步动作都让大家知道,然后全部跟着他进出,那岂不是白帮大家的忙吗?既然他也是为了赚钱,自然要出其不意。而及早选中题材股,并很快发动行情,趁题材处于朦胧阶段时,正是吸引市场眼球的最佳时机。一旦利好兑现之后或者敏感时间点到来时,主力一般均已顺利出货完毕,拿着巨额利润转战寻找新的机会去了。

下面，再看另外一个利好兑现、相关题材股立刻回调的案例。2008 年 10 月中旬，因为媒体报道称“大三通”即将开通，相关受益股如厦门空港(600897)(见图 16-2)、厦门港务(00905)等立即得到主力资金关注，并很快成为市场炒作热点，不过，当 12 月 15 日，备受两岸人民期待的“大三通”终于全面启动，利好最终兑现时，股价立即应声回落。并且，就在前两天，即 11 日和 12 日，该股主力开始迫不及待地出货，导致股价分别下跌 4.85%和 7.42%。当天，“大三通”题材股厦门空港出现高开低走。此后几天，两市大盘连续回升，但该股股价却一路下滑，前期介入未及时卖股离场的投资者，几乎全部被套，损失不小。

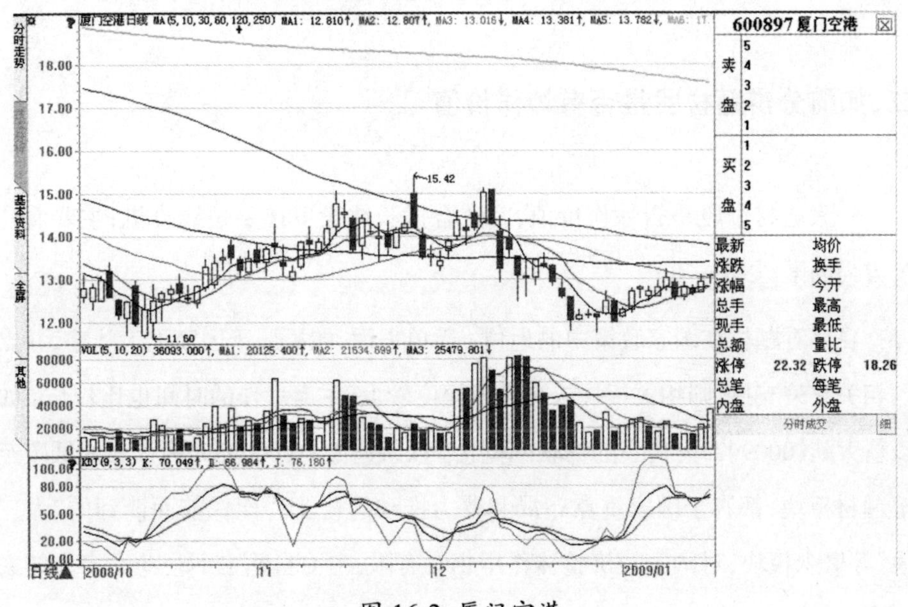

图 16-2 厦门空港

从上述案例中，可以看出，题材股虽然永远是市场的炒作主题之一，并且经常跑出大黑马，但对于什么是题材股？题材股如何分类？该题材是适合长线投资价值或短线投机等细节问题，很多散户感到模糊不清，甚至完全不懂。正因如此，关于如何操作题材股，确实有很多值得我们学习的东西和技巧。

一、什么是题材股

题材股,是一个比较宽泛的概念。主要是指一些具有炒作题材的股票,而它所包含的题材,至少能够让主力(或庄家)很容易包装和发挥,并引起其他投资者跟风。比如,我们经常在财经媒体和网站上看到的新能源题材、奥运题材、甲流概念、低碳经济、物联网等概念板块或个股。但值得注意的是,有些题材股有实质内容,有的则是虚无的,甚至是主力故意捏造出来欺骗中小投资者的。

二、如何分辨题材股是否有炒作价值

一只题材个股是否炒作价值,是适合做长线投资还是短线投机,主要看几个方面因素。

1. 要看题材在国家政策中的地位。简单来说,如果属于国家重大战略,并出台相关政策支持,则相关板块未来升值幅度较大,主力炒作的时间也比较长。如以新大陆(000997)为代表的物联网概念。以凯迪电力(000939)为代表的低碳经济题材板块,都属于国家重点布局和着力推动的行业。而像前面谈到的"大三通"等概念板块,对国家经济整体作用相对有限,主力自然也不会花太多力气去运作。

2. 要看个股的业绩和盘子大小。一般情况下,一只题材股能否得到中长线庄家的关注,其业绩和盘子大小也是值得重点考察的对象。如果个股业绩太差,或者流通盘太大,运作成本太高,均不利于主力反复炒作,最多快速拉两波后便选择出货。

三、经常被主力用来炒作的题材有哪些

1. 经营业绩已经改善或有望改善

简单而言，上市公司的业绩好坏，始终是大盘和股价涨跌的基础。那么，经营业绩已经改善或可望改善，最容易引起主力兴趣。只要公司稍加配合，股价翻番并不困难。

2. 拥有大量闲置土地资产

在目前房价不断攀高的大背景下，一个公司如果拥有大量土地资产，一旦被充分挖掘出来，很容易跑出大黑马。

3. 得到国家的产业政策大力扶持

炒股需要懂政策，相信这个道理大家都明白。根据经验，随着社会进步和经济发展，中央会在一定时间内根据国内外现实环境，对国家产业政策进行调整。很显然，受到国家相关政策支持的新产业板块，是未来牛股最多的地方。

4. 即将或正在进行合资合作或股权转让

通常，当一家上市运行出现困难，或者面临退市风险时，会主动寻找合资合作或股权转让方。如果合作伙伴实力雄厚，并且项目合作成功，会对上市公司带来转机。一些嗅觉灵敏的主力，就擅长在题材尚处朦胧阶段，没有兑现时提前发动攻击，抢占先机。

5. 增资配股或送股分红

客观来说，增资配股对投资者吸引力不大。分红送股最容易受到引起投资者兴趣。因为，人们认为，分红送股表现上市公司经营业绩很好，未来填权可行性很大。

6. 被具有实力的大公司控股或收购

如果一个公司被更具实力的大公司盯上并实施控股或收购行为，那么有可能会带来新的资金、技术和先进的管理经验。有了这些，可以令人讨厌的黑乌鸭摇身一变成为金凤凰。

四、短线题材股实操技法

和概念股类似，投资者参与炒作题材股，好处在于很容易获得短期巨额收益。危险在于容易中了庄家圈套，在糊里糊涂中接最后一棒。那么，作为普通散户，又该如何稳健参与题材股炒作呢？笔者的经验是：

第一步，判断题材真假与持续性。

真的题材可以为公司带来实实在在的利益，假的题材只会带来一时的热闹。对绝大部分投资者来说，不太可能去实地考察公司经营情况，所以，认真研究公司公布的报表，即能发现蛛丝马迹。同时，注意主营业务是否跟题材有无直接联系。与此同时，还需特别注意题材有无持续性及时效长短。

第二步，常用技术指标最好相互支持。

实战中，这点很重要。有的投资者炒股根本不看技术指标，全是依靠所谓的“内幕消息”，用的指标也只是光看一个，这样一来，主力要骗线很容易。但是，如果像 KDJ、MACD、BIAS、均线、成交量等常用指标相互印证支持的话，则操作的成功率会大大提高。

第三步，谨记“入场早，出场快”。

任何题材，无论价值大小，越早发现，越早入场，是取得胜利的第一步。道理很简单，等股价炒得很高了，再冲进去，危险性很大。大家可以通过相关中央部委的负责人电视讲话，撰写的专业文章以及券商的研究报告，特别是某一阶段的群体性板块异动来发现。对于何时离场，要具体情况具体分析。因为不同的庄家，其操盘风格和拉升目标也有不同。通常，短线题材炒作，股价一旦跌破10日均线，建议先锁定利润出场观望，后面即便拉上去了，也不必后悔，以防止快速回落立即被套的可能。此外，股价跌破30日均线且该线向下拐头，坚决清仓离场，绝不能恋战。

第四步，不要贪得无厌。

题材股的一个显著特征就是行情来得快，去得也快，像海里的浪潮一样。除了获得国家重大政策支持的那种，大部分题材股都属于短线投机型，行情一旦启动，很快拉出几个涨停，然后没多久，马上又快速回落，甚至直接砸到跌停，等你想卖都卖不出去。面对这种情况，千万不要把获利目标设定得过高，发现情况不对劲，立即走人。否则，贪得无厌的结果是来回坐电梯，白白忙活一场，结果却仍旧在原地，啥好处都捞不着。

实战举例：2009年2月，由于北方旱情异常罕见，国家防总屡次强调要加大投入力度，努力扩大灌溉面积。据不完全统计，河北、安徽、甘肃、山东等旱情严重省份用于“保粮抗旱”方面的资金已超过31亿元，特别是中央财政紧急拨付1亿元资金支持冬麦区抗旱工作，再次引发了二级市场对相关节水灌溉板块的关注。从2月4日开始，以利欧股份(002131)，新疆天业(600075)为代表的抗旱题材股全面活跃。

从技术上看，2月4日当天利欧股份大涨6.07%，使得MACD指标喇叭口继续向上放大，红柱快速增大，KDJ指标也保持金叉向上格局，均线系统也构筑了完美多头排列，这表明该股随时可能出现脉冲式上涨行情。不过，需要特别注意的是，随着季节变化及国家采取果断应对措施，旱情终会缓解。所以抗旱题材不具备很长的时效性，再加上KDJ指标中J值很快接近100，调整随时会来，所以，该股只适合短线操作，必须讲求快进快出，见图16-3！

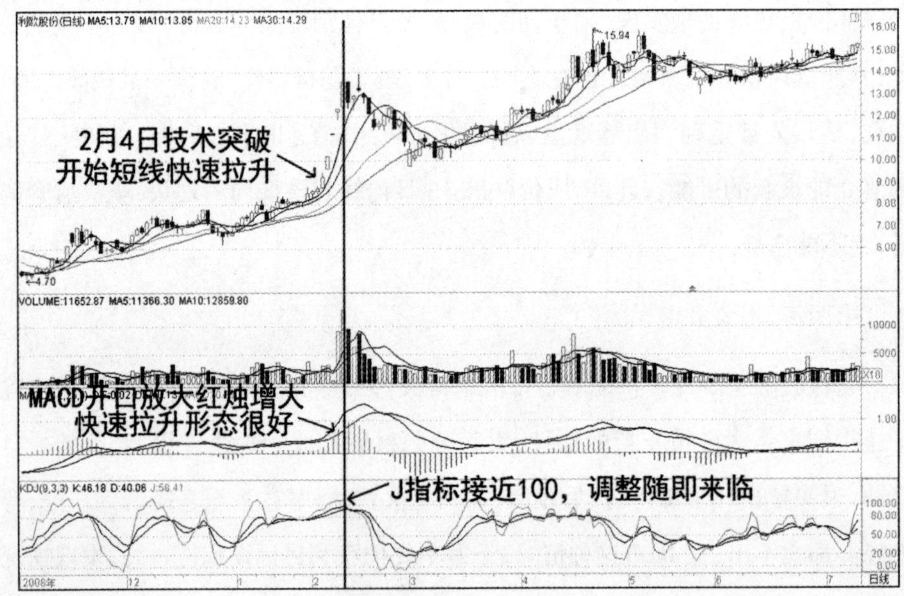

图 16-3 利欧股份

而从后面的 4 个强势涨停，以及长达 2 个月的调整周期来看，笔者认为按照短线操作的研判极为精准。

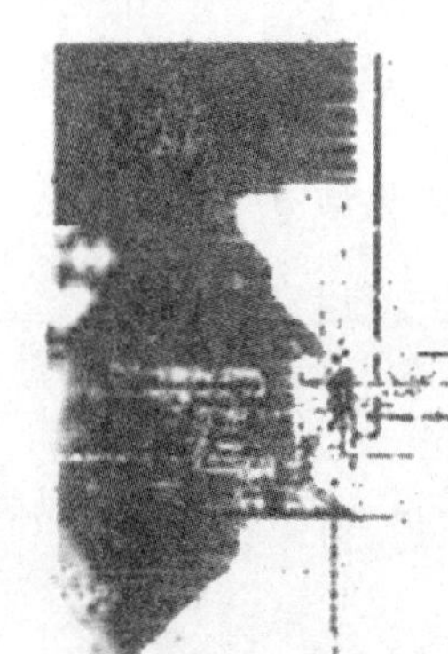

第十七章 铁拐凶猛：CCI指标研判个股趋势技巧

拐也属于相对少见的兵器。除了专门的练习者，大多数人对于拐作为武器的认识，应该主要靠从影视和文艺中得来，比如八仙之一“铁拐李”的法宝兵器。其实，只要开动脑筋，我们会发现，拐最原始的功能也不是用于搏击的兵器。

大家对年迈老人手持的拐杖肯定很熟悉。作为扮演“腿”的特殊工具，拐的最基本功能就是协助行走。只不过，因为古代各个小国和民族之间战争延绵不绝，拐最终演变成了一种斗争兵器和用于表演的武术器械。

在取材上，拐最开始主要用比较结实的木质制成，后来，逐步发展到铁制，如今，用作警棍的拐大多用□、不锈钢及塑料、人造纤维制造。

从外形来看，拐可分为长拐和短拐两类。长拐一般长约1米至1.5米。拐柄为圆柱形。在柄端的垂直位置，有一根30厘米至40厘米的横拐。短拐多为丁字形，长度相对较短，只有不到1米长。根据经验，长拐一般单独使用，而短拐多为双拐同使。此外，短拐还经常与刀、剑、枪等主要兵器配合使用。

仅在单拐方面，又可以分成：二字拐、十字拐、卜字拐、上下拐、钩镰拐、鸳鸯拐等。拐的主要技法有：劈、拨、挑、甩、摆、扫、挂、架、压、勾、点等。使用时，手持方法较多。如握紧手柄，将长棍一截置于前臂下方，前端指向前方；手持长棍一截，并高举棍体，手柄部分向前，如同握着一把镰刀；手持前端部份，长棍部分棍体向前，手柄指向上方或下方等十多种。

拐的实战特点是携带方便，套路结构紧严，出招攻防兼备，实战性强，不仅可以锻炼体质，而且还可防身自卫。

历史上，善于使用拐的有元代的子安，明代的觉训、本整、海参、湛举、寂袍等武僧。目前，使用拐的国家或地区还有中国、日本、泰国、菲律宾等。不过，因为形状和流派不同，各地的使拐方法有一定差异。

实战案例:中国人寿、中国太保

“拐”与很多单一进攻性兵器不一样的地方,就是它既可发动进攻,又可退让防守。而在股市的激烈博弈中,面对诡计多端的庄家,散户切不可僵硬死板,固步自封,同样也要懂得根据时局变化来随时调整操作策略,达到进退自如的境界。

简要来说,散户要想在牛市时尽量扩大胜果,在熊市时减少损失,就必须要学会判断牛市和熊市特征,以及懂得如何顺势而为。否则,如果冒险逆势操作,只会带来惨痛后果。下面,我们以大家熟悉的中国人寿(601628)(见 17-1)为例。

A 股上一轮大牛市,以 2005 年 6 月 6 日上证指数最低下跌至 998 点为标志,然后在两年多的时间里,上证指数在 2007 年 10 月 16 日创出 6124 点历史新高。至此,A 股的疯狂终于宣告结束。而国内保险业三大巨头之一的中国人寿在 2007 年 1 月 9 日上市时,正好赶上中国证券市场的一轮大牛市。

该股上市后立即冲高,随后在 3 月中旬逐步回落。不过,稍作整理后,立即跟随大盘震荡攀升。到 10 月 31 日,中国人寿最高创下 75.98 元历史高点。很显然,从上市日 1 月 9 日直到 10 月 31 日,该股走势与大盘走势相差无几,属于标准的一副牛市格局。也就是说,如果散户通过各种方法判断大盘进入牛市之后,尽早买入,积极做多必定有不同程度的利润空间。倘若明明知道是大牛市,你非要经常做空,那就叫逆势操作,就算不亏,也是光赚指数不赚钱。

与此同时,另一保险巨头中国太保(601601)(见图 17-2),自 2007 年 12 月 25 日上市时,可谓时运不济,正好碰到 A 股的一轮大牛市基本已到尽头。当天,沪深大盘涨跌互现,两市股指的 60 日均线已经向下拐头,而中国太保上市首日表现也差强人意，全天呈高开低走态势，当日最高价 51.97 元也成为绝响，至今仍未突破。

更让人大跌眼镜的是，2008 年 3 月 26 日，因 2007 年发行时的 3 亿股网下配售股份于当天上市流通，而在当时市场开始走低的情况下，巨额限售股上市，无疑对太保股价构成巨大压力。当天，中国太保早盘跳空低开于 28.50 元，开盘即破发行价 30 元大关，成为全流通以来破发第一股。此后，该股继续一路单边下滑，直到一年之后的 2008 年 12 月 25 日创出 10.02 元的历史新低后，该股的熊市历程才终于结束。本来，当大盘和股价均处于大熊市时，我们应该选择空仓观望，如果非要强行做多，必定会导致大面积亏损，甚至可能失去“继续征战股海”的最后一点资本。

图 17-1 中国人寿

笔者曾说，散户要真正把拐这种武器的精髓学到家，做到进退自如，攻防自然，最关键的就是要学会顺势而为，而不是逆势而为。那么，什么叫顺势而为？用什么指标可以研判个股趋势？实操技法又该如何做？下面我们来一一学习。

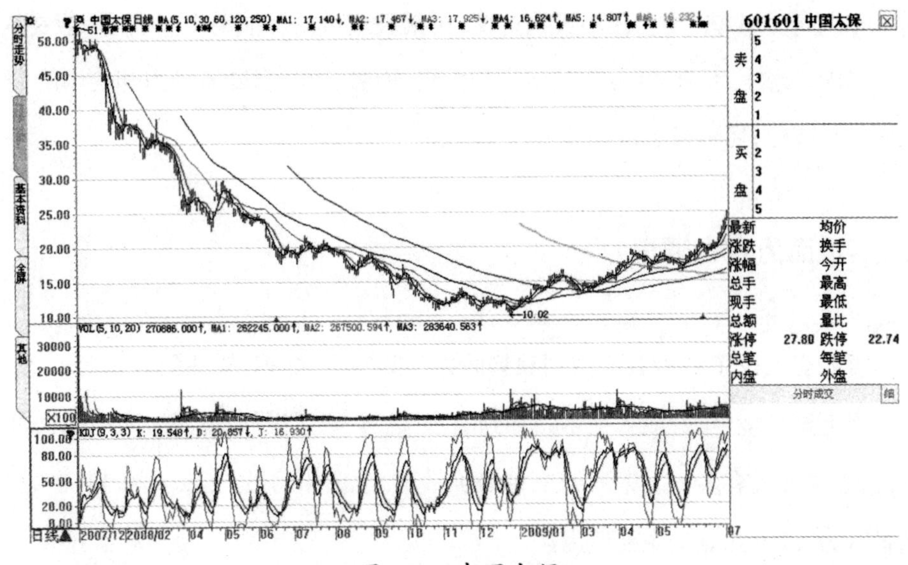

图 17-2 中国太保

一、什么叫顺势而为?

简单而言,顺势而为就是要依照大盘或股价的运动方向进行操作,具体就是在大盘或股价的上升阶段尽量低位买进,然后持股待涨不要抛出,而在大盘或股价的下跌阶段尽量高位卖出,然后空仓等待,不要轻易买进。可能有人就说了,顺势而为说起来容易,做起来很难。因为就是这个"势"太难把握。所以先知"势"后为之是相互依存的关系。

二、如何理解股票的"势"?

估计很多人都问了,到底什么是股票的势?说实话,要回答好这个问题不容易。简单来说,"势"又分为大势、中势、小势。

顾名思义,"大势"主要指大趋势,大方向。一旦大势确立,无论是向上还是向下,时间至少维持在一年以上。"中势"即指中级行情,时间一般保持在 3 个月到一年之间。"小势"主要指小级别行情,包括破位后的反抽动作。时间一般在3个月以内。此外,大家还要注意,所谓的大势、中势、小势会随着外力和内因的变化而互相转化,切不可思维僵化。

三、顺势而为难在哪里?

可能有人说了:"炒股要做到顺势而为,如同武士练拐,要达到人拐合一,完全算得上至高境界,一般人根本做不到啊?"是的,毫无疑问,练武之人能成大师的,古今中外没有多少。投资股票,能赚大钱的,也屈指可数。那么,原因何在呢?笔者认为,以下几点是主要原因:

1. 影响股市运行因素太多,导致判断经常出错

投资股市的根本目的是为了盈利,而盈利的最基本前提的对大盘和个股走势作出预测。但因影响股市走向的因素太多太复杂,会经常发生判断出错的情况,从而做出逆向操作。

2. 心理活动导致愿望落空

人有七情六欲,是典型的感情动物。在股市交易中,当大盘和个股上涨时,我们会期望卖在最高位,而当大盘和个股下跌时,我们又期望能买在最低位。可事实上,正是因为这些不切实际的心理活动,最终导致美好的愿望落空。

3. 股市没有标准程序

在很多现代化工厂,当工人们要生产某种产品时,只要把预先设置好的标准程序输入电脑,即可得到规格、外形、功能、颜色等全部一致的东西。但炒股就不同了,尽管大盘所用的技术指标一样,但因个人经验、性格、投资风格等不同,最终获得的判断相差很大,甚至完全相反。换句话说,股市没有标准程序可言,

所以,每个人在顺势而为时,所顺的其实是自己的“势”,而非客观的“势”!

四、CCI 指标的概念及运用原则

1. 概念

CCI 指标又叫顺势指标,是目前期货和股市投资中最为常见和实用的中短线指标之一。它专门用于测量股价是否已超出常态分布范围,波动于正无限大和负无限小之间,属于超买超卖类指标中较特殊的一种。

2. 运用原则

实战中,CCI 指标的判断标准和方法有很多, 比如 CCI 指标区间的变化、CCI 指标的背离、CCI 曲线的走势和 CCI 曲线的形状等就是比较常见的几种。不过,大家要注意,+100 到 -100 之间的震荡区,该指标将失去作用,无法对大盘及个股的趋势作出精准预测。所以,在正常情况下 CCI 指标最好不用,除非极端行情即将出现。下面仅以 CCI 指标的背离为例,来说明一下该指标的基本运用原则。

CCI 指标的背离是指 CCI 指标的曲线走势和股价 K 线图的走势方向正好相反。这种背离可分为顶背离和底背离两种。

A. 当 CCI 曲线处于远离 +100 线的高位,股价在创出新高后,CCI 曲线反而拐头下行,与股价运行方向相反,即为顶背离。顶背离一般出现在高位,表明股价随时会下跌调整,见此信号可先行卖出,锁定利润。

B. 当 K 线图上的股价一路下跌,而 CCI 曲线却率先翻身向上,与股价运行方向相反,即被视为底背离。底背离一般出现在低位,表明股价随时会展开反弹,见此信号可短线买入,逢低建仓。

五、运用 CCI 指标研判个股趋势的技巧

虽然没有人能完全做到顺势而为，但为了减少损失，提高盈利，散户朋友还是需要尽可能地去做到最好。在笔者看来，要达成这种难度很大的目标，主要有如下步骤：

1. 冷静研判宏观经济环境

这点不难理解。宏观经济不断好转，上市公司的业务和利润就会增长，投资者入场的热情就会高涨，市场人气起来了，大盘和股价也会被人为推高。此时，看多做多，自然赚钱容易。相反，若宏观经济日益变差，上市公司的业务和利润就会萎缩，投资者入场的热情就会受到打击，市场人气就会陷入低迷，大盘和股价也会被人为打压下来。此时，看空做空，自然不会亏损。

2. 用 CCI 指标研判个股趋势

大家务必要注意，有的个股并不完全跟随大盘做同向运动，甚至唱反调。比如有的股当大盘暴涨时，它反而下跌。当大盘暴跌时，它却逆势连封涨停。这也就告诉我们，如果要做到顺势，除了看大盘，对具体的个股长、中、短期趋势还得具体分析。实践证明，利用 CCI 指标，可以提前监测股价异动情况及后市发展趋势。

3. 学会读懂政策

前面分别从宏观和微观来看势。其实，在中国证券市场上，大家一定要学会读懂国家政策。因为一项重大政策的出台，有时可以立即使原来运行的大盘趋势产生逆转，而大盘趋势逆转之后，大部分个股走势自然也会跟随发生同向变化。也就是说，随时保持对政策的敏感度，一旦有大事发生时，到时是做多还是做空，相信您在第一时间心理早已有数。如 2008 年 11 月 10 日，官方媒体公布，国务院召开常务会议，会议确定了进一步扩大内需、促进经济增长的十项措施。

受此重大利好消息刺激,A 股市场率先从凶猛的金融危机中翻身向上，整个2009 年,还走出了一轮小牛市行情!

4. 密切注意主力资金动向

笔者经常说,任何一波强有力的主升行情,或持续下跌行情,机构主力是绝对的幕后推手。否则,单靠小散户,根本没有那么大的能量,能改变大盘或个股股价运行方向。由此可见,密切跟踪主力资金动向,是顺势而为取得胜利的又一重要技巧。至于如何去发现和分析主力资金进出情况,有两条路可以选择。一是购买收费软件。如大智慧、同花顺等公司均有此类软件。二是查阅免费资金监测系统。如策略大师 DDE 资金流向系统,网址:http://dde.18vr.com/,虽然精确性不如收费软件,但对散户来说已经够用了。

实战举例:2009 年 9 月 18 至 30 日,虽然星马汽车(600375)股价持续走低,但 CCI 指标已经从 -100 下方率先拐头向上,与股价运行方向走势相反,出现明显的底背离现象。与此同时,KDJ 指标也在 9 月 30 日这天出现低位金叉。紧接着,10 月 12 日,MACD 指标也形成金叉,均线系统向上发散,这就表明该股短线即将爆发。由于几个指标相互印证,投资者随时可以选择入场。此后,随着 CCI 曲线持续攀升,并于 11 月 30 日超过 200,星马汽车开始正式进入连续 5 个涨停的疯狂表演,见图 17-3。

从第三个涨停板开始,CCI 曲线出现拐头下行的顶背离现象，这也表明离调整日期不会太远。如果投资者感觉不放心,可以将后市股价能否封死涨停作为持股还是离场的条件。也就是说,像 12 月 7 日这天,尽管股价继续上涨,但未能涨停,此时短线卖股离场,可以说相当从容和安全,见图 17-4。

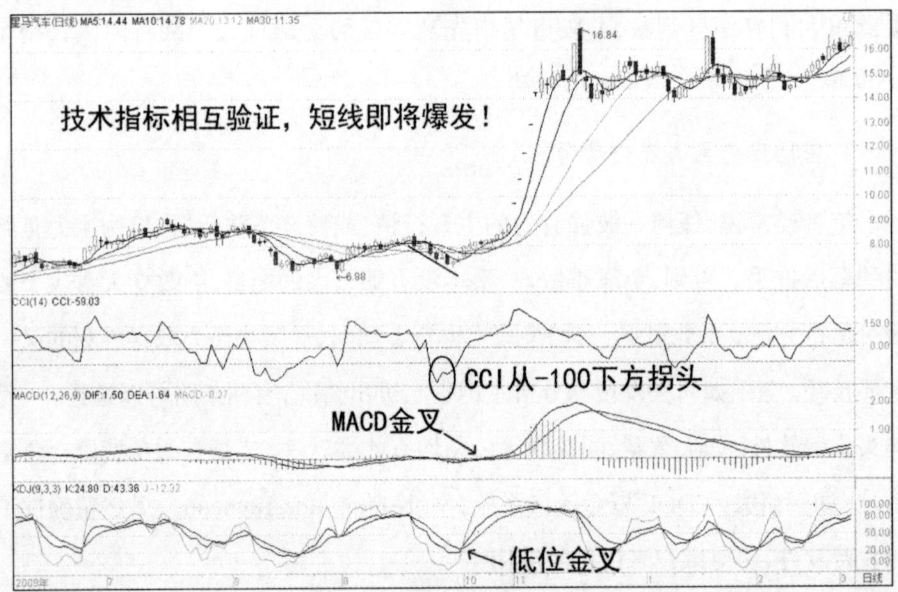

图 17-3 星马汽车

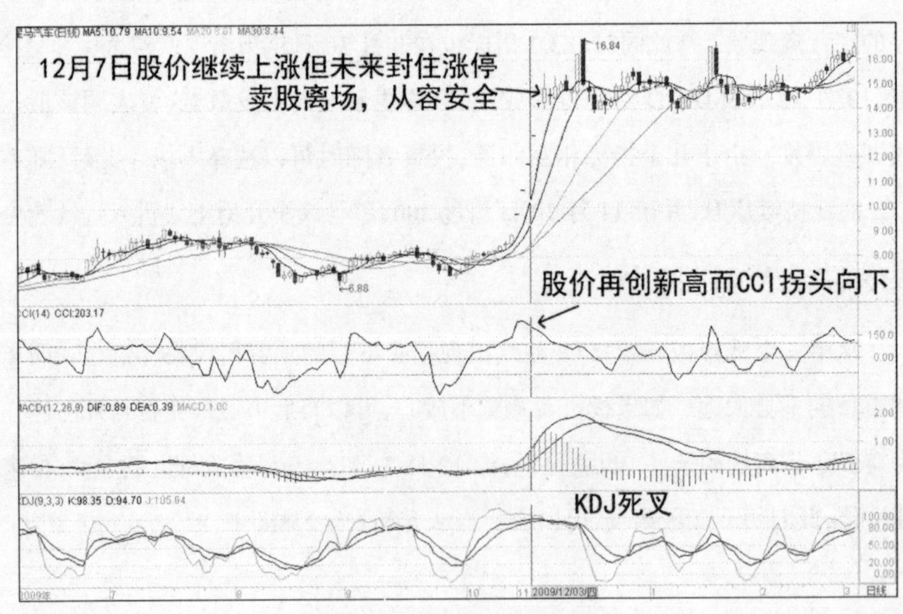

图 17-4 星马汽车走势分析

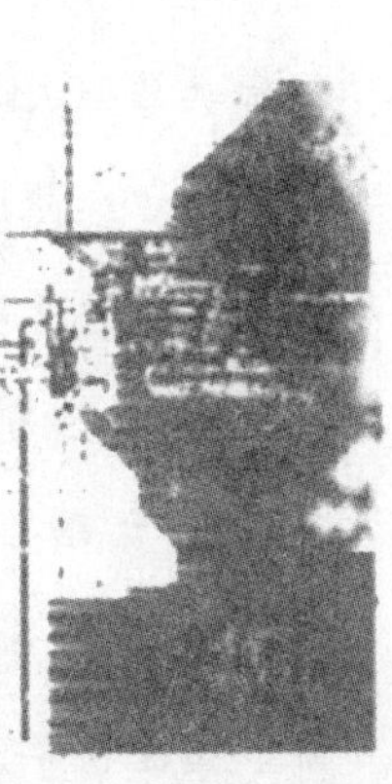

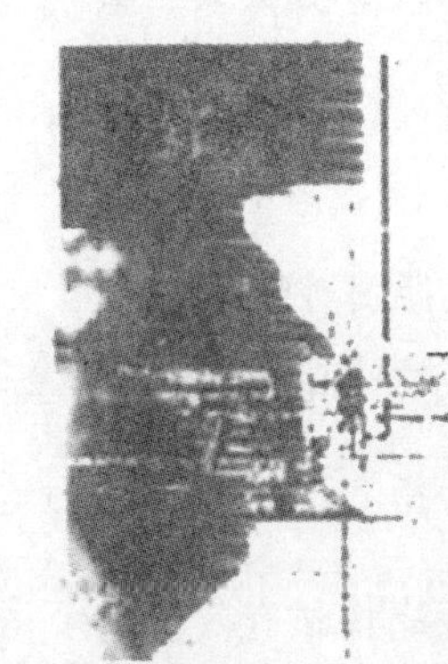

第十八章 流星重锤：科学仓位管理持续创造盈利

锤也是古代兵器之一。最开始，锤的材料是木制，后面才逐步发展成为用铁、铜等金属制造。常见的结构是一柄把手以及顶部。顶部的一面是平坦的以便敲击，另一面则是锤头。锤头的形状可以像羊角，也可以是楔形，其功能为拉出钉子。但需要特别说明的是，生活中的工具锤，跟作为武器的锤区别很大。

锤的分类有很多种。按材质区分有硬锤和软锤。按照用途区分，可分为工具锤和兵器锤。其中，用于军事的锤又分长柄锤、短柄锤、链子锤等。长柄锤和链子锤一般单独使用，短柄锤大多双使。不过，人们听闻得最多的，估计是流星锤。这种锤属于软兵器，从构造看，将金属锤头系于长绳一端或两端制成。如果系一只锤，绳长大约五米；而系两个锤的，绳长为1.2米左右。锤有瓜形、多棱形、浑圆形等，大小如鸭卵。锤身末端有象鼻眼，用于串连环。有人说，在中国兵器中流星锤算是最特殊，也是最难学的一种武器，而杀伤力之强可以在远距离外就取人性命。民国初年，陈萝夔善用流星锤，曾于两丈外击石柱，每发必中，接连击断四柱。陈萝夔所用流星锤，是以熟铜铸成，重3.5公斤，长绳粗过拇指。

由于锤的特点不同，使用方法区别也很大。比如，硬锤的实战技法有敲、挂、砸、架、扫、盖、顶等。软锤则相对灵活，尤其讲究使巧劲，力求做到收放自如。

作战时，锤具有重量大，震伤力大、不宜使用等特点。同时，对使用者的身体素质要求较高。无论那种锤，均以近战为主，立即毙命的杀伤力不如刀、枪、剑等刃面比较锐利的武器，但却容易给敌人造成极重的内伤。

据相关资料记载，历史上比较有名的锤主要有：乌铁锤、铜锤、混元锤、四楞锤、卧瓜锤、混铁锤、博浪锤、震山锤、骷髅锤、雷公锤、破天锤、梅花锤、流银锤、青龙锤、烂银锤、斗银锤、灭地锤、金瓜霹雳锤。善于使锤的有岳飞手下的四员猛将，每个人有两把大锤，合称“八大锤”，分别是：金锤严成方、银锤岳云、铜锤何元庆、铁锤狄雷。

实战案例:领先科技、攀钢钢钒

作为兵器,流星锤的最大特点是能够收发自如,攻守有序,否则很可能收放不及,伤了自己。反观炒股活动,只要散户能灵活控制仓位,不轻易满仓或空仓,那么,无论股指暴涨或大跌均能得心应手,不会因仓位失控而陷入被动局面。时间一长,自然能打遍股海群雄!

肯定有朋友就说了:股票的知识和技术可以学,但仓位实在太难控制了。因为这个问题属于心理学范畴,每天看着大盘和股价一会儿飙升,一会儿跳水,心里受不了,于是赶紧操作了,生怕事后后悔。而等到交易一结束,还真的是经常后悔不迭呢。

的确,与其他问题不一样。对于如何控制仓位,别说普遍散户,很多大户甚至专业操盘手,都很难做到让自己完全满意。因为仓位问题,既涉及技术层面,又涉及心理层面。技术方面的东西相对好办一些,只要通过持续努力,不断提升是可以预见的。而心理方面的东西,太过复杂,受情绪和承受能力的影响太大。所以,在笔者看来,散户经常亏多赢少,牢骚满腹,并不是他们比主力的技术差多少,更多的被主力故意引诱或恐吓,最后导致满仓或空仓,从而错失卖出和买进良机的。

通常情况下,可积极做多,并且仓位可适当提高的,要么是大盘处于牛市阶段,要么是目标个股处于上升通道。例如领先科技(000669)(见图 18-1)。

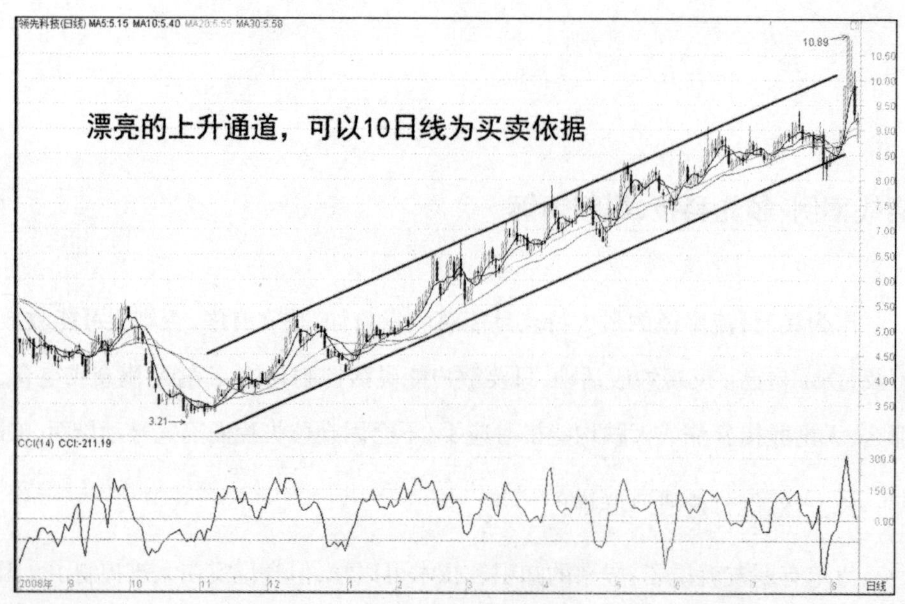

图 18-1 领先科技

从日 K 线图上看,该股自 2008 年 10 月 28 日跟随大盘触底回升以来,一直处于明显上升通道。期间,上证指数在 2009 年 8 月 4 日创出 3478 点年度新高后,开始翻身下滑,中途几次上攻,均未突破前期高点,半年线也被多次跌破。而领先科技除了在 2009 年 8 月下旬、9 月底 10 月初出现两次幅度相对较大的调整之外,中途多以阳线为主,属于典型的慢牛走势!

简单计算一下,领先科技在一年多的时间里,股价从 2008 年 10 月 28 日的最低价 3.21 元起步，至 2010 年 3 月 9 日收盘价 15 元计算，股价竟然暴涨 367%。而同期上证指数的涨幅仅为 84%。两相比较,领先科技的表现远远超越同期大盘。如果说在此时间段内大盘是窄幅震荡市的话,那么,领先科技无疑是大牛市!

我们可以设想一下,如果散户朋友看准了领先科技这种大牛股,从中长线来看,虽然业绩不佳,但因具有重组概念,加上盘子很小,后市大幅上涨的概率很大。此外,2009 年 11 月 17 日,国务院正式批复《中国图们江区域合作开发规划纲要——以长吉图为开发开放先导区》，标志着长吉图开发开放先导区建设已上升为国家战略。而领先科技属于图们江区域板块概念股，后市极有可能被市场主力反复拿出炒作。综合以上因素，一旦买进后持股待涨应无太大问题，并且仓位可以按照分批加码的策略，由三成逐步增加至五成，直至八成左右。如此一来，利润比较可观。

而从短线来看，该股同样具有反复操作的价值。具体交易也不复杂，一般以10日均线为参考依据，保持半仓左右即可，以保证随时有一点后备资金支援。换句话说，当该股收盘价在10日均线上方时，可考虑买或持股待涨，当收盘价在10日均线下方时，先了结利润，卖出股票，等待下次入场时机的到来。如此这般滚动操作，依然大有赚头。并且，在比较熟悉的一只股上操作，比不停换股有很多好处。

2009年，A股市场走出一波小牛市，甚至跑出了以大元股份(600146)(年度累计涨幅高达663%)、海通集团(600537)(年度累计涨幅高达625%)、银河动力(000519)(年度累计涨幅高达565%)等为首的超级牛股。但是，股票市场上向来是“几家欢乐千家愁”。与那些牛气冲天的大黑马不同相比，像攀钢钢钒(000629，现已更名为*ST钒钛)(见图18-2)这样的大熊股，却是让人唯恐避之不及。

攀钢钢钒2009年1月5日以9.15元开局，至2009年12月31日收盘时，竟然跌至7.68元。这种逆大盘上涨趋势背道而驰的糟糕走势，却很是少见。如果一些投资者恰好是该股的衷心支持者的话，无论长线，还是中短线，都要严格控制仓位，甚至空仓应对，否则，一年下来，不但不挣钱，反而会遭遇大幅亏损，得不偿失！

很多朋友可能有这样的经历，当大盘或个股暴涨时，却一直抱着熊市思维，迟迟不敢入场，即便大着胆子进场了，但因信心不足，仓位过低。当大盘或个股开始暴跌时，却总认为牛市还没结束，经常满仓操作。显然，这两种情况对于我们扩大战果和减少损失都是不利的。

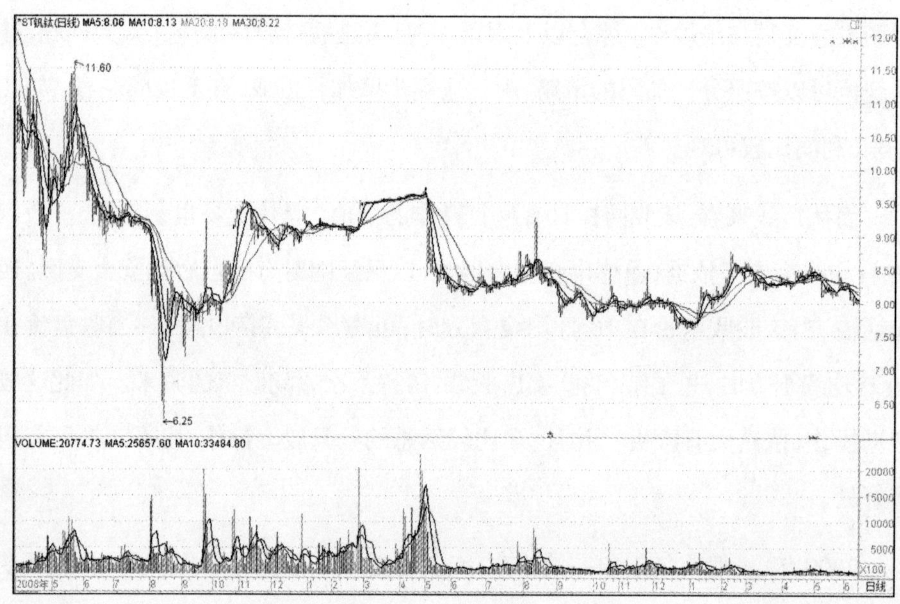

图 18-2 攀钢钢钒

根据笔者观察了解，大部分普通散户对如何跟庄、如何应对庄家洗盘、何时入场和出场等问题比较重视，但对如何根据大盘形势变化控制仓位，却很少关心。

其实，在白热化的股市实战中，仓位管理的战略地位和所发挥的特殊作用至关重要。

一、仓位及仓位管理

简单来说，仓位是指投资人实际投资和实有投资资金的比例。仓位管理就是投资者在进行股票交易时，尽量根据内外环境变化，灵活进行资金控制，及时进行加仓或止损动作，以达到提高盈利比率或减少损失的战略目的。有股谚说：“不涨不卖、小涨小卖、大涨大卖；不跌不买、小跌小买、大跌大买”，说的就是仓位管理问题。

二、为什么要进行仓位管理?

1. 科学地进行仓位管理,可增强投资者风险意识,提高风险控制能力。

2. 合理地进行仓位管理,可减少不必要的损失,不断累积利润。

3. 可尽量避免不良情绪的干扰,帮助投资者坚定信心,从而做出正确交易抉择。

三、仓位管理基本方法

经过前面打基础的阶段,实战技法也掌握不少了,很多新股民心情很激动,特别想跳进股海,试试水温和搏击风浪的感觉。从交易流程看,简单来看无非就三步,即低位买入、持股待涨、高位卖出。不过,说起来简单,做起来很难。别说毫无经验的新股民,就是部分老股民,每次真正开始交易时,心理就觉得犯难。为什么犯难? 说穿了就是对资金管理没有计划和经验。

对资金本来就不大的散户来说,如果一次性全仓买入,账面很快出现盈利,心情自然很爽。可是,如果时机把握不对,或者大盘变脸,主力使坏,全仓杀进后连续遭遇跌停,不但账面资金会出现损失,还会对信心产生不可估量的打击。正因如此,如何根据各种因素的变化,科学合理地对仓位进行调整,一直是一个重点和难点问题。

可能心急的朋友就问了:难道仓位变化就没办法解决了吗? 也不是的。虽然,天下无人敢保证次次都能踏准节奏,全胜而归,但以下几点策略,还是值得参考。

1. 依据大盘趋势而定

这里指的大盘趋势，不是具体点位，而是看其是出于上升通道还是下降通道？通常情况下，如果经过一轮大跌之后，大盘从谷底反弹，并且相继突破重要压力位，回升趋势确立，成交量稳步放大，30 日或 60 日均线开始向上拐头，表明后市大盘中期涨势形成，此时，仓位可由三成逐步增加到五成以上，直至八成。如果经过一轮暴涨之后，大盘从峰顶回落，并且相继跌破重要支撑位，下滑趋势确立，30 日或 60 日均线开始向下拐头，表明后市大盘中期跌势形成，此时，仓位必须尽快从八成降低到五成以下，直至空仓。

2. 依据投资风格而定

我们知道，股票市场上参与者众多。但是，因每个人的性格、风险承受能力和风险偏好的不同，投资风格可分为激进型和稳健型。投资周期又可分为中长线投资和短线投机等。很显然，激进型投资者喜欢满仓操作，其盈亏比较最大；稳健型投资者则大多喜欢半仓操盘，基本不空仓也不满仓，永远留有余地。这样做的好处就是盈利不会太高，出现系统性风险时，也不会遭遇全军覆没的惨剧。中长线投资属于长线操作，可以按照分批买入，仓位不断提高的方法进行；而短线投机仓位变动就比较灵活了，一般根据大盘形势、目标股技术形态和股价变动等进行随时调整。

3. 依据个人资金实力而定

客观而言，个人资金实力如何，是影响仓位控制的主要因素之一。比如，现在有两位投资者，甲有 20 万元，他打算全部用于短线投机，为最大限度控制风险，提高利润，那么，在仓位处理时就需要考虑多重因素，故不宜随便满仓。而乙只有 2000 元，不管怎么折腾，盈亏都不会太大，故满仓操作对个人影响都不会太大。

4. 依据目标股所处位置而定

和大盘的涨跌变化相似，当目标股经过连续下跌之后，股价开始触底反弹，并且相继突破重要压力位，回升趋势确立，成交量稳步放大，30 日或 60 日均线开始向上拐头，表明该股后市中期涨势形成，此时，仓位可由三成逐步增加到五成以上，直至八成。而当目标股经过连续大涨之后，股价从峰顶回落，并且相继跌破重要支撑位，下跌趋势确立，30 日或 60 日均线开始向下拐头，表明该股后市中期跌势形成，此时，仓位必须尽快从八成降低到五成以下，直至空仓。

四、为何不宜随便满仓

很多投资者可能有这样的经历，当自己看好某只股的后市表现，满仓杀进时，却不料股指变盘或主力诱多出货，股价开始快速回落，结果不幸被深套其中，导致亏损累累。而此时恰好看到另外一只即将发飙的潜力股，却苦于再无资金进行追击，只得眼睁睁看着牛股一路狂奔，“望股兴叹”！正因如此，笔者认为投资者不宜随便满仓。原因如下：

1. 长期满仓以亏损居多

众所周知，股市的运行状态，无非上涨、下跌，横盘三种。也就是说，每一种的概率大致相当。如果当市场处于上涨状态时，满仓操作自然盈利最大。但问题是，世界没有只涨不跌的股市，在经过一段时间上涨后，必然要进入下跌和横盘阶段，以酝酿下一轮上涨。而在下跌和横盘时，继续满仓的风险可想而知。因此，大家可以清楚看出，长期满仓最终以亏损居多。

2. 容易对信心造成打击

炒股除了要掌握必要的技术，有时心里博弈占据重要地位。如果满仓操作，正好逮到大牛股，心情自然愉快。不过，一旦遭遇重大亏损，极易让那些自以为是的所谓“股神”从云端跌落凡间，从而对信心造成打击，弄得不好，未来交易时会出现患得患失的心理顾忌。

3. 容易失去更好的机会

很明显，满仓出击如同部队打仗。当我们与一队敌人正面对抗时，如果把所有的弹药摆在阵地上，的确能够集中优势兵力。但是，当另外的敌人出现在不同方位时，由于手里已无后备弹药支援，必将使自己陷入绝境。炒股也一样，当你满仓操作的个股被套，而新的机会出现时，想割肉吧，舍不得，想买新股吧，已无资金可用。这就表明，满仓能使资金成为死水，容易失去更好的机会。轻仓则可让资金成为活水，轻松做到收发自如。

五、何时空仓更有利？

在A股市场只能单边做多获利的情况下，很多散户明知道天天操作精力消耗很大，并且给券商多交了不少手续费，但就是客服不了这个毛病。

其实，股海搏斗，如同军人作战。再厉害的将士，如果不吃不喝，时刻让他处于紧张对抗状态，到最后即便不被对手消灭，估计也要被累死。因此，炒股也要学会空仓休息。事实证明，善于空仓等待的投资者，往往更能抓到赚大钱的机会。那么，在实战中，何时空仓更有利呢？

1. 当大盘发生系统性风险时

众所周知，股市的涨跌与宏观经济密切相关。当宏观经济走软时，必定会打击投资者的持股信心和股票市场人气，进而引发大盘系统性风险。而一旦系统性风险出现，绝大多数个股都难逃跟随下跌的命运。此时，投资者要做的，就是坚决空仓等待，不宜反复操作，否则，只会是“高买低卖”，而不是“低买高卖”！比如，当2008年的全球性金融海啸席卷全球股市时，A股市场同样没能例外。

2. 当突发重大利空消息时

由于A股市场仍有“政策市”的烙印，所以政策面和消息面对大盘及个股的影响极为明显。假设某一时间段，大盘本来疲软不堪，却同时遇到加息、上调准备金率、提高印花税、大小非巨额解禁、新股加速扩容等其中一两项不利情况时，市场发生变盘反转向下的概率很大。此时，选择空仓可以减少损失，保存未来战斗的有生力量。

六、补仓技巧

补仓是指投资者已经持有一定数量的某种证券，后面因价格下跌被套，为摊低成本又买入同一种证券的行为。

笔者多次说过，我一向反对补仓，特别是大盘不好的时候。原因是很多人由于不懂技巧，结果越补越亏。一般来说，补仓是被套牢后的一种无奈之举，这个动作本身有很大风险，所以，只能在某些特定情况下实施。为规避可能出现的风险，个人认为补仓时要坚持“三不二可原则”。

1. 当大盘刚进入下降通道时不能补仓

一旦这种情况出现，大部分个股会跟随下跌，就算那些短期表现特别突出的大牛股，也支撑不了多久。毕竟，市场信心遭遇打击之后，人心思逃，越来越强大的抛压会将牛股打回原形。此时补仓，无异于自杀。

2. 刚被爆炒过的个股不能补仓

此类个股，股价大多被炒得很高，主力获利很大，一有风吹草动，庄家会疯狂出货。如果你不幸在高位买入，只要见到技术形态出现破位，建议立即止损离场，而不是盲目补仓。

3. 太弱的个股不能补仓

特别是那些大盘涨它不涨，大盘跌它跟着跌的无庄股。因为，补仓的目的是希望用后来补仓的股的盈利弥补前面被套股的损失，既然这样大可不必限制自己一定要补原来被套的品种。补仓补什么品种不关键，关键是补仓的品种要取得最大的盈利，这才是要重点考虑的。所以，补仓要补就补强势股，不能补弱势股。

4. 超跌优质小盘股可以补仓

牛市时，如果你买入的个股已经暴跌 30%以上；或者熊市时，已经下跌 50%以上，此时再割肉已无太大意义。若手中个股业绩尚可，流通盘很小，属于典型的错杀对象，后市一旦大势好转，这种股反弹力度会强于大盘股，因此可以考虑补仓。

5. 技术指标的周线转好后可以补仓

通常，在短线操作中，我们使用 KDJ 和 MACD 等指标时，大多会用 10 分钟、30 分钟、60 分钟线或日线来决定买卖时机。但补仓时，为力求更稳妥、更安全，一定要等技术指标的周线转好之后，才能实施补仓动作。

实战举例：2009 年 12 月 8 日，深圳成指在创出 14096 点新高后，开始陷入调整。荣盛发展（002146）（见图 18-3）也从 2009 年 12 月 10 日开始，跟随大盘持续下滑。截止 2010 年 2 月 1 日，该股最大跌幅高达 38%，在震荡市中，这已经属于严重的超跌反弹。如果投资者不幸在 2009 年 12 月买入被套，那么可以考虑补仓。

原因在于：该股盘子适中，业绩还算不错。从技术上看，日线 KDJ 指标和 MACD 指标均在 2010 年 2 月 8 日出现金叉。从周线看，2 月 12 日 KDJ 指标有金叉迹象，MACD 指标虽然继续下行，但绿柱缩短。从这些积极变化进行综合分析，预计股价短线会有反弹。果不其然，该股自从分别在 2 月 1 日和 2 月 3 日成功进行双针探底之后，立即展开强势反弹。本轮反弹在 4 月 2 日结束时，最高曾上摸 22.48 元，这一价位与前期高点已经相差不大。所以，如果操作得当，在牛市或震荡市进行巧妙补仓，不但能减少亏损，甚至还有可能实现小幅盈利。

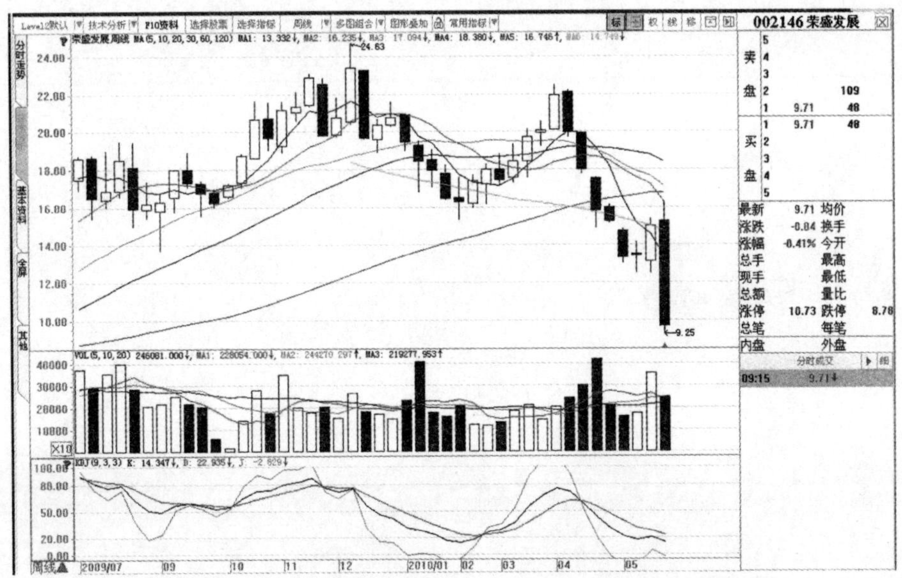

图 18-3 荣盛发展

后 记

历经无数个不眠之夜的笔耕与修改，当本书终于顺利完稿时，笔者的心情极其复杂。一方面，眼看着自己长期操盘和股海实战的经验与心血结晶，在键盘上被一个个敲出来时，心中甚感自豪；另一方面，又能为长期支持和鼓励笔者的广大读者和博友提供一本实用的股市书籍，而心怀感激。说实话，"中国风"股市系列书籍的写作，越往后，难度越来越大，也越来越感觉痛苦。好在，还是凭靠着自己对证券业的孜孜热爱以及对广大读者的真诚承诺，硬是挺了过来。

按照写作构想，"中国风"系列应在三本以上，并且，在阅读难度上有一个由浅入深，由易到难的规划。有鉴于此，第一本《老鼠戏猫》和第二本《搏杀主力》在内容上有很大区分，以方便初学者和具有一定基础的散户群体。

《老鼠戏猫》自 2010 年 1 月上市之后，笔者收到了很多读者通过不同方式回馈的信息。在这些信息中，主要有两种：一是认为将古代文化和股市结合的写作方式很有创意，值得值得进一步的拓展和挖掘。因为既可学到一点历史知识，又能掌握股市实战技术。二是认为书中案例和图表少了一些，建议适当增加。对于各地读者的鼓励，我倍感珍惜，在此深表谢意。对于朋友们的建议，我也在后续写作中积极加以采纳。在这本书中，实战图表已经大幅增加。不过，需要特别说明的是，由于"中国风"系列所要表达的侧重点不同，案例和图表确实相对要少一些。

回顾整个《搏杀主力》写作及出版过程，得到了很多专家、前辈、朋友和亲人的鼓励和鼎力相助。特别感谢舵手证券的李鸿呈先生，给予笔者多方面及时的鼓励和真诚的协助，并对本书的撰写事项、封面设计等倾注了大量心血；笔者的夫人、知名作家何竞女士也对本书的文字润色和校对工作做了大量的工作。借此机会，笔者向各位表示衷心感谢。

本书由股市实战专家、财经作家姚茂敦总体策划并撰写大纲，卢涵宇博士也参与了部分章节的撰写工作。全书共分 18 章，其中第 1、3、5、6、7、10、11、12、13、14、15、16、17、18 章由姚茂敦撰写；第 2、4、8、9 章由卢涵宇撰写。最后全书由姚茂敦统稿。

由于笔者水平有限，加上时间仓促，书中难免有疏漏和不妥之处，因此，恳请业界先贤及广大读者不吝赐教，以便再版时进行改进和修正。

最后，要感谢全国各地的读者朋友对"中国风"系列书籍的信任和支持，没有你们，这个系列必定难以完成。真诚希望在股海博弈中，笔者的拙作能对散户们带去一些买卖技巧和炒作手法上的帮助，帮助大家捕捉到更多的赚钱收益机会，从股市收获更多的财富，如是，笔者将欣慰无比，心甚快哉！

应广大读者和博友们的要求，现将作者联系方式公布如下，随时欢迎大家交流、指正。

姚茂敦电子邮箱：yaomaodun@163.com

姚茂敦财经博客：http://blog.cnfol.com/guhaishentu